SANA MENTE

Consejos invaluables sobre salud,
actitud positiva y bienestar,
en voz de los mejores expertos

SANTIAGO ROJAS

SANA MENTE

Consejos invaluables sobre salud,
actitud positiva y bienestar,
en voz de los mejores expertos

AGUILAR

© 2012, Santiago Rojas Posada
De esta edición:
D. R. © 2014, Santillana Ediciones Generales, S.A. de C.V.
Av. Río Mixcoac 274, Col. Acacias.
México, 03240, D.F.

Edición y coordinación general: Juan Sebastián Sabogal Jara
Diseño de cubierta: Luisa Cuervo
Corrección de textos: Fabián Bonnett Vélez
Diagramación: Samanda Sabogal Roa

ISBN: 978-607-11-2926-0

Primera edición en México: enero de 2014

Impreso en México.

PRISA EDICIONES

ÍNDICE

BIENESTAR Y CALIDAD DE VIDA   281

*A aquellos que por el oído les logramos
activar su corazón cada noche.*

DE «NOTAS DE LUZ» A «SANA MENTE»

Desde que conocí al doctor Santiago Rojas hace veinte años, me di cuenta de que no solo era un gran médico sino también un Ser de Luz destinado a hacer el bien, dotado, además, del don de la palabra.

Desde entonces he compartido su fecunda existencia y he sido un privilegiado alumno de sus enseñanzas, que se manifiestan y proyectan hacia los demás, aprovechando todas las coyunturas y oportunidades.

Santiago es eso: un apóstol, cuyo centro son sus pacientes, las más de las veces muy humildes, por cierto. Y a todos trata con el mismo rasero de humanidad y bondad. Por eso lo invité a que sus intervenciones periódicas en 6 AM de Caracol Radio se transformaran en una sección diaria, que él denominó «Notas de luz y vida».

Su acogida fue tal, que hace dos años y medio nos aceptó otro reto: acompañar a nuestros oyentes en un programa nocturno de diez y media a once, dirigido a personas adultas, y enfocado con sentido humano y de solidaridad. Él escogió el horario y lo bautizó: «Sana Mente».

Este libro recoge los cuarenta y tres temas más demandados durante estos dos años y medio del programa, que ya llega a casi 600 emisiones. Aquí está Santiago Rojas, el médico, el ser humano excepcional que ha dedicado lo mejor de su vida a pacientes terminales, a quienes ha llevado a bien morir, y que mezcla su ejercicio profesional con la comunicación, entendida como un apostolado de servicio.

DARÍO ARIZMENDI POSADA
Director de Noticias de Caracol Radio

PRÓLOGO

Santiago Rojas es radial. No todos los médicos pueden decir lo mismo. La radio acompaña y entretiene, pero también muele a la gente, porque una cosa es hacer radio y otra muy distinta escucharla. No es que se necesite ser un superdotado para salir bien librado de un episodio radial, pero se requiere de «algo» para que ella sea una herramienta de grato uso y no un instrumento de tortura. Ese «algo», infortunadamente, no lo venden en ninguna parte. Ni siquiera en una bien dotada farmacia de Siu Tutuava.

Rojas tiene una gran voz, que, aclaro, no tiene nada que ver con Otto, Juan Harvey o Eucario. Una gran voz en radio es una voz que transmite. Y que, además de transmitir, genera credibilidad. Si Rojas no fuera tan recto y cuidadoso como es, saldríamos de dudas mañana mismo: bastaría con pedirle a Rojas que aprovechara su programa para recomendar a los oyentes dormir con el directorio telefónico en el abdomen como remedio para el insomnio y, seguro, cientos de miles de colombianos despertarían con las Páginas Amarillas entre las cobijas. Voy más allá: al entrevistarlos, muchos dirían que durmieron delicioso y que Rojas es un «brujo», como lo llama cariñosamente Darío Arizmendi.

Encontrar médicos radiales no es fácil. Pero sobre todo de aquellos que, sin dárselas de sabelotodos, pueden pasar la prueba de atender las inquietudes imprevisibles de los oyentes. He visto cómo Rojas lo hace sin libros, sin Google, sin «pastel»: lo he tenido frente a mí tres horas resolviendo inquietudes que van de los sabañones al cáncer de páncreas, pasando por el reflujo, la intoxicación con mercurio y el estrés, y todo sin inmutarse. Para distraerse, arma, alicate en mano, unos poliedros que tienen un inocultable aire a un juego de mi infancia, el Mecano.

Que su programa sea un éxito en las noches de Caracol Radio es algo que todos sabíamos desde que ni a él se le había pasado por la mente hacerlo. Y cuando, a punto de arrancar, me lo comentó, no tuve más remedio (¡dándole yo remedios a un médico, hágame el bendito favor!) que revelarle ese «secreto» empresarial: que iba a ser un éxito. Y así fue. Que ahora su programa se convierta en libro es otra de sus alquimias merlinescas, porque Rojas hace con las consultas libros, con los libros programas, con los programas columnas, con las columnas conferencias, con las conferencias programas y, de nuevo, con los programas libros. Aunque es mago en sus ratos libres, repito, esto no es magia, es alquimia, que es distinto.

La magia es una cosa, la química otra... pero, bueno, me rindo, reconozco que Rojas cuando habla (sobre todo en radio) tiene magia y química. El *kit* completo. Y creo sinceramente que en su trabajo radial se reflejan cuatro de las cinco características para mí fundamentales de un médico: conocimiento, sensibilidad, precisión, olfato... y, obvio, la quinta, que es muy personal e imposible de percibir en radio: que Rojas tiene barba, y siempre he confiado más en los médicos con barba. Sobre todo en este, el genial y radial Barba Rojas.

Gustavo Gómez Córdoba
Periodista

INTRODUCCIÓN AL PROGRAMA RADIAL

M e gusta mucho la radio, pues ha sido una compañera fiel a lo largo de mi vida. La considero más cercana que la misma televisión, dado que me permite usar la imaginación y trasladar lo que escucho en imágenes, emociones y sentimientos muy propios. Por otro lado, cuando estamos juntos, puedo seguir usando mis ojos y demás sentidos en otras actividades de manera natural.

Éste es sin duda un medio de comunicación excepcional, que pone al alcance información, conocimientos y recreación de todo tipo al instante, de acceso fácil e ilimitado, gracias a la Internet. Además actualmente vía telefónica o mediante las redes sociales es posible interactuar en vivo, generar una comunicación real en ambas direcciones y motivar a que las cadenas radiales construyan programas dirigidos a las necesidades específicas de su público, generando su fiel audiencia.

Caracol Radio, valorando el tema de la salud integral, la calidad de vida y el bienestar personal y grupal, creó el programa Sana Mente. Ricardo Alarcón, su presidente, con la ayuda directa de Kathy Osorio y John Camacho, me hizo el honor de permitirme participar en este programa desde el primer día. Su primera emisión se dio en la primera quincena de agosto del 2010, y de ahí en adelante se siguió emitiendo de lunes a viernes desde las 11 de la noche. Este horario tuvo en cuenta que las personas enfermas, ya sea del cuerpo o del «alma», los ancianos, aquellos que viven en soledad, los que trabajan en la noche, así como las víctimas del secuestro, entre otros, estarían atentos en este horario a escuchar un programa que además de acompañarlos durante media hora, les ayudaría a sopesar sus dificultades en salud y les daría herramientas para vivir mejor a pesar de las condiciones en que se encontraran.

Ya 10 años atrás me había vinculado cada mañana a la emisora con una pequeña sección en directo, de un par de minutos, en el programa *Hoy por Hoy* que dirige Darío Arizmendi, donde hablábamos sobre salud y calidad de vida. Allí me sentí muy a gusto con ese motivante reto.

Desde el principio los programas se desarrollaron como entrevistas sobre un tema específico con el especialista indicado. Los primeros temas fueron escogidos por nuestro equipo, pero sin embargo rápidamente la interacción del público llevó a la consecución de los siguientes temas, como continúa primando en la actualidad. El público también llevó a que se adelantara el horario, que aún persiste a las 10:30 pm.

Además de la guía y supervisión de Katty y John, el equipo de Sana Mente se completó con un veterano de la producción, William Rojas, y una estudiante de último semestre de comunicación social Ángela Quintero, así como con el equipo de master, entre quienes estaban Ricardo Bedoya, Eduardo Macías y el popular Yesid Rodriguez («Nené»).

Las preguntas del público (por correo electrónico, en página web y a través de las redes sociales) eran incorporadas a las del equipo de producción en cada programa, siendo en esencia sus miembros los generadores de la búsqueda de especialistas de diferentes nacionalidades y lenguas, previo acuerdo con el invitado. Decidimos que por lo menos una vez cada semana abriríamos las líneas telefónicas para que de manera directa formularan sus inquietudes, al aire, al especialista de cada noche.

Ya en el año 2011 se incorporaron Vanessa Ortiz Severino, como productora directa de la generación del programa, y Diego Felipe Gutiérrez, productor de la emisión de cada noche. También estuvieron las estudiantes Brigitte Trujillo, Viviana Triana, Dallán Arévalo y actualmente Natalia Sarmiento, así como en el máster Juan Carlos Abril, Raúl Córdoba y Omar Sánchez. Todos ellos aportaron su capacidad, conocimiento e interés en sacar adelante cada programa.

Como respuesta también a nuestra fiel audiencia y de común acuerdo entre Caracol Radio y el sello Aguilar, de editorial Santillana, se decidió plasmar gran parte del conocimiento recibido de los diferentes especialistas, mediante este libro.

Los invito a que nos acompañen en este viaje que resume un trabajo muy gratificante para todos nosotros en Sana Mente y que esperamos sea muy útil para todos ustedes.

¡¡Muchas Gracias!!

Santiago Rojas Posada
Bogotá,
Noviembre de 2012

INTRODUCCIÓN
AL LIBRO

É ste es el libro de lo que un grupo de especialistas duran-te el programa radial Sana Mente aportó de su conoci-miento y experiencia de manera concreta para que po-damos vivir mejor. Lo hicieron para que mediante el conoci-miento compartido tuviéramos herramientas para afrontar me-jor las propias dificultades. Es además un compañero de viaje en el camino de la vida, que sirve siempre como puerta de acceso a la sabiduría de quienes con su vida y obra han aprendido sobre algo que en el programa nos trasmitieron. Es entonces una opor-tunidad que no vale la pena dejar pasar, ya que podemos mejorar nuestra vida, salud y proyecto personal.

Aprovechando al máximo el espacio del libro, intentamos trasladar los mejores programas que hemos construido cada no-che en Sana Mente. Después de analizar y revisar los más de 500 programas emitidos desde el 2010, escogimos los que tuvieron mayor impacto en nuestra audiencia. Dado que mediante la pá-gina web, las redes sociales o los comentarios personales cono-cimos que algunos de los programas gozaron de más interés entre los escuchas, decidimos escoger los 100 que más sobresa-lieron. Luego optimizamos la selección a menos de la mitad, intentando no repetir temas y cubriendo así más áreas de la vida humana, logrando adaptarlos al formato del presente libro.

Aunque no estarán todos los que pudieron haber pertenecí-do a la obra, sin embargo con seguridad los que están fueron unos de los de mayor interés para nuestros oyentes, que es en esencia el objetivo de nuestro programa.

La forma como ha sido diseñado este libro encierra el mismo principio con el que podríamos validar a un árbol frutal de la naturaleza. El árbol se encuentra en un **terreno apropiado** lle-no de nutrientes, que toma mediante su **raíz**. Crece mediante su

tronco y evidencia su bienestar mediante su **follaje y florescencia**, para dejar como resultado sus **frutos**. Para hacer una analogía tomamos estos cinco elementos y a cada uno le dimos una parte, en donde incluimos diversos programas.

La **raíz** es al árbol lo que la **vida espiritual** es al hombre. Es lo que lo nutre internamente en todo momento, aunque no sea evidente en el mundo externo. Así como la raíz sostiene al árbol en los momentos más críticos, así lo hace la vida espiritual, íntima y profunda, al hombre. Si la raíz es superficial y poco estable ante los vientos, no soporta al árbol, hecho que acontece por igual en la vida humana.

En esta obra, el **tronco** corresponde a las diversas **terapias en salud**, que son las que con un marco de conocimiento específico permiten que crezca la salud en las personas. Sin ellas, como sin el tronco, no se podrían manifestar una buena salud, un buen follaje. Entonces la manifestación de **la salud y la enfermedad** es la evidencia final que en este nueva parte correspondería en el árbol a lo que vemos en el **follaje y florescencia**, o sea a las hojas y las flores. El color, aspecto, fortaleza, aroma y textura nos muestran qué tal está el árbol como está la salud en el ser.

Sin embargo todo esto, ni en el árbol ni en la vida, puede ser posible sin el **terreno**, con los nutrientes que se asemejan en este ejemplo a todas las prácticas y estrategias que nos dan el **bienestar y calidad de vida**, que nos permiten disfrutar y vivir mejor sin importar si padecemos o no de algún tipo de malestar. La calidad de vida está dada por acciones diarias que de manera consciente y apropiada nos permiten disfrutar nuestra existencia.

El árbol frutal cumple su misión mediante la creación del **fruto**, que es el resultante de todo lo anterior, así que todo lo que le ocurra en cada nivel tendrá en efecto final en su obra cumbre. Esta parte en el libro está representada por historias de vida de pacientes que habiendo tenido dificultades y sufrimientos diversos lograron salir avante. Lo que hicieron es su triunfo y el legado para que los demás podamos aprender de su experiencia.

Cada capítulo de cada parte contiene las preguntas y respuestas originales de la conversación de cada programa. Se ha obviado la presentación al inicio de cada emisión al aire, la pauta comercial y algunas informaciones que no son relacionados con el tema, así como algunos resúmenes que son importantes solo para la presentación radial. En todos los capítulos he incluido algo no dicho esa noche, quedando esto al final del capítulo como corta reflexión. En ningún caso se ha cambiado palabra, frase o expresión alguna del entrevistado. De todas maneras siempre se ha mantenido lo esencial de cada comunicación, respetando la forma y estilo que ocurrió entonces, validando la autenticidad de cada momento.

Es bueno aclarar que cada capítulo es un tema independiente y no guarda relación directa ni secuencia alguna con los otros capítulos, dado que cada programa que se realiza es independiente de los demás. Como complemento al final del libro está el directorio telefónico de los invitados para que el lector pueda tener contacto con ellos en caso de desearlo.

Solo me resta decir que para mí preparar cada noche el tema por tratar y aprender de quien bien lo domina es un regalo que la vida misma me ha dado en cada programa, que ahora se ve aumentado en la revisión de esta obra. Me da alegría compartirlo con todos.

ESPIRITUALIDAD

Remedios para el espíritu

SE PUEDE DEFINIR una búsqueda espiritual como aquella que se dirige al significado y el propósito de la vida, con una voluntad de vivir, respetando la vida propia y ajena, así como con una fe o creencia en uno como parte de un todo mayor, en los demás o en Dios como fuente de la creación. En este camino existen sentimientos, pensamientos y experiencias, así como diversos comportamientos que conducen a la búsqueda de lo sagrado. Se puede hacer mediante una religión, como lo hacen personas que comparten algún tipo de creencias, prácticas y valores particulares, que son propuestas por una entidad organizada, con la cual buscan el sentido y lo divino y trascedente mediante un estilo de vida particular. También se puede hacer en procesos personales mediante el arte, la ciencia, el contacto con la naturaleza, entre otros. Lo importante es la constancia y la conciencia con que se realice para que esa búsqueda, además de darle sentido a su vida, le otorgue paz, bienestar y salud. Es bueno resaltar que todos los seres humanos tenemos el anhelo y la capacidad de conexión y esta conexión está disponible en todos lados, como Iglesia, música, arte, etc...

Muchas personas acceden a este camino producto de una enfermedad, duelo o sufrimiento, cuando las preguntas que se hace en la vida no tienen las respuestas adecuadas, lo que lleva a una búsqueda de este tipo. Claro está que hay personas que deciden hacerlo por convicción de querer ser mejor humanos sin tener que pasar por una crisis, incluso sintiendo lo que algunos denominan un «llamado interior». Sin importar la manera de ingresar y el camino a seguir, las posibilidades de beneficio en su vida son muy importantes. Cada día aparecen más investigaciones y estudios médicos que demuestran cómo las personas que tienen alguna

práctica espiritual de diverso tipo tienden a tener mejor
salud y calidad de vida, incluso con menor tendencia al suicidio, aun en los casos de enfermos en fase terminal. Es evidente también cómo al seguir alguna práctica de este tipo se
tiene un efecto favorable en la depresión y la ansiedad, y en
la velocidad de recuperación de diferentes enfermedades. En
general se ha observado que es una fuente de fortaleza y de
promoción de una mejor calidad de vida, logrando adaptarse mejor a la enfermedad, si esta se presenta, dejando de buscar culpables, haciéndose responsables de lo que ocurre y
participando en el proceso que lleve a su propia recuperación.
Es bueno recordar a grandes líderes espirituales del planeta,
como Jesús, Buda, Krishna, Mahoma, entre otros, que con
su vida y ejemplo mostraron lo que era una plenitud de este
camino.

Quiero añadir que la práctica de la meditación oriental
y la oración occidental, sin importar cuál, han sido además
ampliamente investigadas en los últimos años, mostrando
cambios evidentes en el cerebro de quién las practica, cambios que se traducen en efectos favorables ya sin discusión
alguna en la salud a todo nivel.

Así que vale la pena tener un camino de este tipo, que
sea vivido con convicción personal junto a un profundo respeto de quienes practican el propio.

DIOSAS

Conversación con la
Dra. Mika Widmanska

*Existe dentro de cada una de nosotras una diosa en potencia,
una diosa oculta, una diosa que aguarda el momento de salir
a la luz porque la diosa tiene mil nombres y mil caras.*
—George Sand

Vamos a hablar con Mika Widmanska sobre un tema que ella también trabaja: las diosas. Las relaciones con las siete diosas de la mitología y lo que significa para cada una de las mujeres en esta época. Vamos a hablar del papel del hombre y la mujer, no de ese hombre poderoso y esa mujer sumisa, ni por supuesto de lo contrario, sino de estar hombro a hombro. Pero para eso hay que desarrollar esas condiciones que la mujer tiene, esa capacidad de liderazgo que permite no solo ver hacia dónde se dirige, sino todo el proceso. El portal de las personas y no solamente la meta.

Éste es un tema para todos, no solo para las mujeres, que por supuesto desarrollan esa condición de diosas que ya tienen, sino también para los hombres, para que entendamos esa realidad, esa persona que nos acompaña, que nos dio la vida, que está al lado de nosotros, que trabaja con nosotros, que nos guía, en fin, ese maravilloso ser que es la mujer.

Mika es experta en crecimiento personal, lleva más de 30 años trabajando en las relaciones familiares, investigando sobre estos temas. Ella es polaca y vive en España.

Santiago.- Hablemos de este principio, de los arquetipos de las siete diosas, y cómo se desarrollan las mujeres que hoy en día son simbólicamente diosas en el vivir cotidiano, en cualquier sitio del planeta.

Mika.- En el vivir cotidiano tenemos arquetipos de cada diosa. Yo divido al ser humano en siete niveles energéticos y cada una de las diosas pertenece a un nivel energético en nuestro cuerpo, correspondiente a su vez a cada chacra.

Yo puedo ahora definir cada diosa en cada uno de los chacras. Sabemos que el primer chacra es el que toca la tierra, toca la vida muy material, muy densa. Perséfone es la diosa doncella que fue raptada por Hades y estuvo sumergida en el mundo subterráneo durante muchos años. Su madre estuvo buscándola, hasta conseguir su liberación.

Perséfone sale a la luz, a la tierra y su madre dice: ¿Qué te dio Hades antes de salir? Y ella responde: Una granada. La granada es el símbolo de volver a ser diosa del submundo. Entonces, ¿qué mensaje hay para una niña raptada, violada, maltratada, separada de la familia o escondida dentro de ella misma por el dolor que sufrió? Debe adueñarse de la vida que vivió dolorosamente, salir de allí victoriosamente y ser la diosa de la luz. Entonces será una mujer completa.

Santiago.- Es decir, que es claro que debemos dejar de ser víctimas, salir de la oscuridad a la luz. Esto me acuerda de la victoria regia, esa flor que está en el fango, en el barro, en los estanques, en la mugre, y nace debajo del agua, florece y sale a la luz, o sea, conquista la luz desde la oscuridad, desde el fango.

Mika.- Es una flor blanca, preciosa. Este es el primer centro de energía.

> Una mujer que haya sido violentada pueda desarrollar la condición de ser dueña de su vida, salir victoriosa y volver a la luz.

Santiago.- Contacto de las suprarrenales en la parte biológica, contacto con la materia, con la tierra, pero es la tierra de la oscuridad que nace a la luz y sirve para que una mujer que haya sido violentada, agredida, que haya tenido algún tipo de violencia en su cuerpo, pueda desarrollar la condición de ser dueña de su vida, salir victoriosa y volver a la luz. Es decir, que muchas mujeres que han sido violentadas en nuestra Colombia recuerden que en ellas hay una diosa, Perséfone, una diosa victoriosa que puede volver a salir. Sigamos y subamos en este camino maravilloso de las diosas.

Mika.- Bien, subamos al segundo centro. El segundo centro es la diosa Deméter. Deméter ocupa el segundo centro energético, el segundo chacra, que está en el vientre. Ella es la madre, es la que le encanta esperar y dar vida a un hijo. Es una madre absolutamente abnegada por sus hijos. Aquí yo diría que, por ejemplo, cuando hice talleres con las diosas, algunas ginecólogas me mandaron a pacientes que no podían quedar embarazadas y después del taller algunas han concebido y después han tenido dos o tres hijos. Una se viste de diosa Deméter, pone una almohada sobre su vientre, se relaja, habla con esta diosa y le dice: Deméter, yo, como tú, quiero ser madre, amorosa, abnegada, y dar vida a un nuevo ser humano.

Santiago.- Bueno, entonces esta no solo recibe sino que está dispuesta a dar como cualquier madre en su vientre. Deméter, la madre de la fecundidad.

Mika.- Señores y señoras ginecólogas, obstetras, mujeres que quieren tener hijos, sobre todo las ejecutivas que ignoran esa faceta y que se dedican más bien a construir desde lo racional: es bien interesante que las muchas mujeres que pagan las consultas de obstetricia porque no pueden quedar embarazadas están trabajando todo el día en un puesto diferente. Las atletas también, las personas muy competitivas que desarrollan ese aspecto masculino disminuyen la capacidad de producir una adecuada ovulación y tienen dificultades de fecundidad.

Santiago.- Sigamos para arriba. Ya pasamos de la que fue violentada y salió a la luz, de la madre, o sea de Perséfone, a Deméter.

Mika.- Ahora vamos a la esposa, Hera.

Santiago.- La esposa de Zeus, la celosa.

Mika.- La celosa. Es una madre que vigila mucho a su familia, a sus hijos y a su esposo. Es la mujer enemiga de todas las amantes de su marido.

Santiago.- ¿Cómo así? ¿No le pelea al marido sino a las amantes?

Mika.- No le pelea a Zeus, le pelea a las mujeres. Las persigue y quisiera hacerles el mayor daño posible, y también a los hijos fuera del matrimonio de Zeus. Toda mujer que se vuelva tan celosa, tan solo perseguidora de las amantes de su marido, por favor, tenga cuidado de no lastimar a la otra mujer, porque él también tiene algo que ver con irse de la casa. Porque busca.

Santiago.- La celosa, esa autoafirmación pero también esa posesividad, está en la zona del plexo solar. Bueno, vamos un poquito más arriba para que haya una diosa mejor.

Mika.- Ahora llegamos a Afrodita.

Santiago.- La diosa Afrodita, Venus, el amor.

Mika.- Amor. Ama su cuerpo, ama la vida, ama el amor, y es ella quien elige al hombre con quien quiere pasar el disfrute de la vida. No se ata con los hombres durante mucho tiempo. Le encanta tener un amante elegido por ella, porque considera que la vida es para vivirla ricamente. Sus hijos son sus amigos, ella habla con ellos de todo y solo puede tener un marido que le permita ser libre y amar a quien ella elija amar.

Santiago.- Esta es una diosa del amor, por supuesto, pero incluso por ella hubo conflictos y guerras, ¿no?

Mika.- Sí, porque su amante era Marte.

Santiago.- Precisamente un amor que no es tranquilo sino patológico o violento. Pero aquí tiene la capacidad de elegir, no de celar como Hera, sino de elegir.

Mika.- Y gozarse la vida. Tan pocas mujeres lo hacen.

Santiago.- Sigamos entonces.

Mika.- Después tenemos el quinto centro y la diosa Hestia. Hestia es la mujer que ya ocupa un lugar superior. Es primer centro superior en nuestro cuerpo y habla palabras de oro. No habla mucho. Habla lo justo, lo que hay que decir. Ella, cuya versión latina es Vesta, cuidó el fuego del templo, mantuvo la llama viva siempre en un lugar. En su casa le encanta poner una vela, tener un lugar tranquilo, cuidarlo, tener flores, música y contemplación.

Esta es Hestia. Si está casada y tiene marido, le encanta que el marido esté por fuera de casa. La casa le encanta para ella y su disfrute.

Santiago.- O sea, Hestia es la que cuida, la que reconoce que la palabra es divina porque el lenguaje es humano, como dirían también los antiguos. Mantiene la llama viva, la llama encendida, pero quiere tener su espacio libre. O sea, cuenta con la luz para iluminar pero no le gusta que nadie «se le meta» y le haga sombra.

> Sus hijos son sus amigos, ella habla con ellos de todo y solo puede tener un marido que le permita ser libre y amar a quien ella elija amar.

Mika.- Le encanta su libertad. Y bien, subimos al sexto centro, que pertenece a Artemisa. Artemisa o Diana es una mujer muy certera y cuando dispara...

Santiago.- La cazadora...

Mika.- Sí, la cazadora. Representa a una mujer que le encanta el campo, ir en el caballo, la libertad, sobre todo la libertad. Normalmente las mujeres simbolizadas por Artemisa son mujeres muy libres, persiguen su libertad y la liberación de la mujer; son grandes mujeres pero no son feministas, sino luchadoras por la causa de la mujer.

Santiago.- O sea, las que se solidarizan con las causas femeninas. En Colombia hay que hacerlo permanentemente.

Mika.- El nivel de violencia del hombre hacia la mujer es altísimo, tal vez se reconoce más en los países desarrollados, aquí infortunadamente no se reconoce en su totalidad.

Santiago.- Vayamos entonces a la corona, donde está Atenea.

Mika.- La última es Atenea, una diosa que nace de la cabeza de su padre Zeus. De ella viene el nombre de la ciudad griega Atenas. Es la diosa inteligente, capaz, estratega: en todas las guerras que tuvo Grecia con Atenea como estratega jamás hubo víctimas. La estrategia fue tal que el enemigo se retiró y Grecia venció.

Santiago.- ¿Cómo se identifica la diosa en cada persona a través de su evaluación? ¿Cuál de estas diosas necesita como expresión, como símbolo, como arquetipo estructural del ser, del comportamiento? ¿La consulta consiste en investigar a través de la estrategia terapéutica el conocimiento, de la charla, de métodos de diagnóstico, qué le falta a cada persona y cómo desarrollar esa diosa? Porque eso es lo que genera un bienestar en la persona. Esa fuerza interior que todas las mujeres tienen se equilibraría si se desarrolla esa diosa. ¿Cómo se desarrollaría?

Mika.- Lo mejor es que yo pueda contar un ejemplo de cómo trabajo. En mi último taller le enseñé al grupo de personas cómo se trabaja. A través del péndulo pregunté qué necesitaba la persona que voluntariamente salió a la camilla, cuál es la diosa que más necesitaba en este momento, y me salió Afrodita.

Santiago.- El amor.

Mika.- El amor. Yo me ubiqué en el cuarto centro con el péndulo y este empezó a moverse, fue a la cabeza, bajó su ritmo, se fue al primer chacra y subió por todo el cuerpo. En un momento dije: «¿Qué sientes?», y la persona dijo: «Siento mucho miedo, mucho miedo». Yo dije: «Sigue sintiendo, ¿qué pasa?» Y ella dijo: «Mi papá no me puede querer porque mi hermanita murió cuando era pequeña. Yo nací y mi papá temía que si me quería a mí también, a lo mejor podría morir. Entonces no quería involucrarse sentimentalmente conmigo». Llorando, sacamos y cambiamos esto desde la conciencia que ella tiene ahora de que el papá no supo qué hacer con su dolor de la pérdida de la niña anterior. Y ella, respetando el dolor del papá, le devolvió el dolor y le dijo: «Papá, este dolor es tuyo, pero yo nazco y sí que merezco tu amor». Empezó a normalizar la respiración, mientras todo el tiempo el péndulo se movía. En un momento paró el ejercicio y ella se sintió totalmente diferente. Y dijo: «Durante esta terapia tuve muy claro por qué mi papá siempre ha sido tan alejado de mí. En la terapia supe por qué». Porque no podía sustituir a la otra hermana.

Santiago.- El padre creía que si la amaba se moría… Bueno, a veces muchos de los criterios que tenemos son errados pero son los que lideran nuestra vida de una manera infortunada. Recuerden: Existe dentro de cada una de ustedes una diosa, una diosa en potencia, una diosa culta, una diosa que aguarda el momento de salir a la luz porque la diosa tiene mil nombres y mil caras: Patricia, Alejandra, Marcela, Josefina, cualquiera, y lo importante es que puedan desarrollarla para que sean lo que son, diosas latentes para ser diosas vivientes y expresadas. Mika: por favor, una última reflexión para todas las mujeres.

Mika.- A todas las mujeres yo les diría que revisaran las diosas que tienen y cuál les falta. De mi propia observación, y por mí misma hablo, nos falta Afrodita, porque todas de alguna manera o nos subimos mucho a la cabeza o nos subimos a los pies de la víctima. Afrodita es la que une la diosa superior con la diosa inferior y puede hacer algo tan bonito como una rosa en el corazón. Seamos esa rosa que está contenta consigo misma, que puede acariciar su cuerpo, que puede verse bonita y que puede mirar al hombre y decir: Este hombre me gusta, a este hombre le puedo dar un abrazo y decirle gracias, gracias por permitirme abrazarte. Seamos afroditas, por favor.

REFLEXIÓN DEL AUTOR: Todos podemos entonar una obra musical única y original en la vida, que se integra de manera activa en la sinfonía de la creación planetaria, aportando lo mejor de nosotros a los demás. En el caso de cada mujer su composición musical propia tiene como base estas siete notas «celestiales» que, de ser empleadas en el momento que corresponde, lograrán resonar en su mundo de manera armónica y se traducirán en salud, amor y alegría.

DUELO

Conversación con Gonzalo Gallo González

Lo que una vez disfrutamos nunca lo perdemos.
Todo lo que amamos profundamente
se convierte en parte de nosotros mismos.
–Hellen Keller

Vamos a hablar con un personaje que yo quiero mucho, que no necesita presentación, que admiro profundamente, un líder espiritual en todo el sentido real del término. Él es Gonzalo Gallo.

Vamos al tema del duelo. Este dolor por las pérdidas, esta forma de afrontarlo, esta manera que tiene él tan peculiar de enseñar a personas que han tenido la pérdida de un ser querido. Él tiene esa particularidad de llenar los corazones cuando los corazones están «espichaditos» por la pérdida de un ser querido.

Santiago.- Gonzalo, gracias por estar en Sana Mente.

Gonzalo.- Gracias Santiago, muy amable por tus bondadosas palabras. En realidad tanto tú en tu excelsa labor de servicio como yo en lo que hago somos simples pincelitos en las manos del artista que es Dios, sanando corazones que están rayados, que están partidos, sobre todo, como tú dices, en nuestra cultura occidental con tantas cosas buenas pero con tantas carencias, tantos falsos paradigmas y tantos frenos para manejar la partida de los seres amados.

Santiago.- Bien, empecemos por ahí. Vamos a hablar de esa salida, de esa pérdida de los seres amados, de ese duelo. ¿Cómo entiende Gonzalo el duelo y cómo lo enfoca?

Gonzalo.- Yo creo que no es casual que la palabra duelo en nuestro lenguaje se escriba con la «d» de dolor, porque se va un hijo, el esposo… Nos duele mucho, sobre todo la muerte de los papacitos, parejitas que pierden su primer bebé, un suicidio… bueno, tantos tipos de muerte. Aunque sean ancianos duele el alma. Nosotros somos simples aprendices de los expertos en el duelo. Hablamos de un dolor total, como si te doliera el pelo, te doliera cada célula. Ese dolor es como un paso normal del duelo… Habitualmente alimentamos sentimientos opresores y dañinos de culpa, porque la culpa forma buena parte de nuestra religión judeo-cristiano-católica. Sin criticar la religión, yo creo que ya en el siglo XXI estamos en mora de que los rabinos, los sacerdotes, los pastores, que hacen tan linda labor, eliminen la culpa para siempre, porque yo creo que he conocido muy poquitas personas que no se castiguen y se flagelen y se laceren con la culpa.

Otro sentimiento que también es muy común con ocasión de una muerte es la rabia, incluso rabia con el ser que parte porque no se cuidó o porque pensamos que podía haber vivido más si hubiera tomado ciertas medidas. Ahí hay muchas clases de emociones encontradas: rabia, culpa, miedo, tristeza, pero yo he querido hablar un poquito de la culpa porque me llama una cosa la atención: fíjense por ejemplo que ustedes van al Tíbet y cogen un diccionario y buscan la palabra culpa y no existe, para nada; o sea, un tibetano no se culpa porque no conoce esa emoción y por lo mismo tampoco conoce esa palabra. Sencillamente acepta que todo se da cuando tiene que darse, que él hizo lo mejor que pudo en su estado de conciencia y que no tiene por qué estarse lacerando y castigando con la culpa.

Santiago.- O sea que tenemos que abolir la culpa. Sin embargo, yo creo que a mucha gente le daría culpa no sentir culpa.

Gonzalo.- Pues yo no sé… Todavía hay sacerdotes que quizá no toman conciencia de eso, y yo pienso que de diez misas católicas… en ocho días, todos los domingos o entre semana se reza eso de «por mi culpa, por mi culpa, por mi grandísima culpa», en lugar de decir «me perdono, me perdono y perdono»... Vivir un duelo no es fácil, pero si eliminamos la culpa es más llevadero.

Tuve la bendición de estar en estos días en el Batallón Girardot de Medellín con todos los soldados de esa zona de Colombia y de otras partes del país: sin piernas, sin brazos, sin ojos, por una guerra absurda. Ellos también están en su duelo: perdí mis dos extremidades, perdí mi ojo, perdí mi brazo... Todo duelo implica sentimiento de rabia, de culpa, pero hay una gran ayuda, una gran aliada y es la aceptación serena, no la resignación pasiva y a la brava, sino: Acepto esto, como Beethoven aceptó su sordera, como Andrea Bocelli acepta su ceguera, como el atleta sordo, porque hay atletas sordos. Cuando uno entra en ese estado de aceptación, con esa actitud espiritual de aceptar lo que vivo, no de pelear con la realidad, la mayoría de los problemas del duelo desaparecen.

Santiago.- Bueno, eso me encanta. Entonces no vamos a ser pasivos, resignados, sino activos y serenos, porque aceptamos. Hablemos un poquito de los otros cuatro estados emocionales adicionales a la culpa: empecemos por la rabia.

Gonzalo.- Una rabia muy común en los duelos de nuestra tradición cristiano-católica, en la que Dios se lleva a los seres queridos, nos quita al papá, al esposo o al hijo, es con Dios. Nos ponemos bravitos o muy bravos, con Dios; incluso tiramos la fe al suelo, la volvemos añicos: no quiero saber nada de ese Dios que me quitó a mi hijo, a mi mamá, a mi novio o a mi esposa. Cuando yo manejo el duelo como un instrumento de Dios, me paso mucho rato con la persona hasta que esta comprenda que Dios no se lleva a nadie, que uno parte cuando corresponde, ni antes ni después, que hay un plan de vida antes de venir con los ángeles, que ya programamos nuestra muerte, o sea nuestra transición. Cuando uno deja de pelear con Dios, encuentra que él es un padre y un amigo que lo acompaña en esa transición dolorosa, pero que él no la decidió.

> No vamos a ser pasivos, resignados, sino activos y serenos.

Otras veces la rabia puede ser porque alguien mató a mi ser querido de una manera que yo considero injusta. Puede ser un sicario, un asesino, un accidente de tránsito; puedo pelear con un médico, una enfermera, porque creo que lo desatendió. Hay muchos tipos de rabia, y esa rabia hay que soltarla. Recordemos que toda emoción reprimida va a explotar de otra manera en el cuerpo, se va a somatizar o va a ser más dañina. Cuando uno le pega a una almohada, cuando uno camina con rabia, cuando aprieta los puños y dice una palabrota, cuando uno suelta esa rabia con una actitud espiritual de ir más allá de ella, puede estar bien. Lo que pasa también es que detrás de la rabia hay miedo.

Santiago.- Bueno, entonces ya llegamos al miedo, pero no soltemos la rabia del todo, que aún hay mucha rabia para muchas personas. Pasemos al miedo y luego retomamos la rabia.

Gonzalo.- Sí, los que han estudiado la agresividad dicen que toda persona que se vuelve violenta no está manejando bien algún miedo, de tantos miedos que tenemos en la vida. Dicen que todos los miedos en el fondo tienen que ver con el miedo ancestral, atávico, a morir. En la medida en la que una persona afronta ese miedo, lo mira cara a cara —que no es fácil—, se da cuenta de que muchas veces somos como esos *dummies* que se inflan y se inflan, pero que cuando uno los desinfla, se apagan. Uno se da cuenta de que no era tan grave, que no era más que un fantasma, y pierde ese miedo, que en gran parte depende de la fe. No digo que la rabia solo provenga del miedo; también puede venir de otro tipo de situaciones, del hecho de que uno no acepta lo que está pasando. Cuando uno no acepta algo, se enfurece, se aíra; por eso, yo vuelvo a insistir en lo sanadora que es la aceptación.

Santiago.- O sea que volvemos exactamente al mismo principio. Tenemos un sentimiento que es el odio, que es la tristeza, una culpa que tiene que ver con la tradición de una formación no solo religiosa sino cultural. Tenemos rabia, que es una expresión por la cual no aceptamos y culpamos a otro o a otros o a Dios de lo que ha ocurrido.

Gonzalo.- Lo que pasa es que hay otro manantial de la ira, que es la impotencia. Uno se siente totalmente impotente cuando alguien muere —hasta los mismos médicos—, porque tenemos ese afán o, más que ese afán, como que el amor maleducado, no bien formado, nos lleva a pensar que tenemos control, pero en realidad nosotros no controlamos gran cantidad de cosas. Anthony De Mello, ese gran guía espiritual, y otros sabios espirituales han dicho que cuando uno borra el afán de controlar, cuando ya da por cierto que no puede controlar las cosas, elimina mucha de la rabia que a veces lo quema.

Santiago.- Bueno, eso está genial: aceptar que uno no puedo controlar, porque es que además la vida está hecha de miles y miles de cosas. Es soberbia pensar que podemos controlar lo que ocurre en todo, porque hay muchas variables que son ajenas a nosotros, variables espirituales pero también sencillas. Me gustó eso de aceptar que no podemos controlarnos. Eso baja la impotencia y debajo de esa impotencia está la rabia. O sea que tenemos dos fuentes de rabia: el ocultamiento de un miedo no resuelto y, por el otro lado, la impotencia, que es una incapacidad de saber que no podemos controlarlo todo, y entonces nos sentimos sobrecogidos por la acción.

Gonzalo.- Hay una palabrita muy sabia, que no forma parte del lenguaje cotidiano de la religión católica cristiana, tan respetable. Es del budismo, que no es una religión, y es una palabra que cualquier budista conoce: impermanencia, o sea, que todo es pasajero, todo es prestado. A un niño en Nepal, a un niño en la India, desde pequeñito le graban eso en la mente: impermanencia, impermanencia. Eso lo lleva a no aferrarse, a no apegarse a nada. Yo he reconocido, seguramente hay más, cinco frenos para morir tranquilo, para trascender en paz, para que ese duelo sea más llevadero... También para que la transición sea serena para el que se va y para que los que lo despiden vivan ese duelo, no se queden congelados, sin hacer duelo o que ese duelo sea muy largo. Muy atento a esto, porque tú puedes tener alguno de esos cinco frenos, no vas a «soltar» a tu ser amado y tu duelo va a ser muy fatigoso o no vas a partir tranquilo: Los apegos son el primer freno; los temores, muchos de ellos inculcados por una religión desenfocada, son el segundo; los odios, el tercero; las culpas, el cuarto, y uno muy grave, el quinto, los pendientes. Es increíble cómo los seres humanos vivimos con

43

> A un niño en la India desde pequeñito le graban eso en la mente: impermanencia. Eso lo lleva a no aferrarse a nada.

tantos pendientes: ciclos sin cerrar, deudas por pagar, perdones sin proferir, amores no expresados, y cuando estamos muriéndonos queremos hablar, queremos arreglar, pero ya no lo podemos hacer. Siéntate y pregúntate cuál de esos cinco frenos tienes: apegos, temores, odios, culpas o asuntos pendientes.

Santiago.- La impermanencia es una forma de manejar el desapego, es una forma de no quedarse aferrado a lo que es temporal e inexistente en realidad, porque es como los budistas lo llaman, ilusión. Pasemos a un sentimiento que es tal vez el capital del proceso del duelo, el que todos sentimos cuando tenemos cualquier tipo de pérdida, que se llama tristeza.

Gonzalo.- Hay siete emociones perversas, que acaban con mente, alma y cuerpo. Le impiden a uno vivir sana, alegremente, y la tristeza es una de ellas. Las siete emociones tóxicas son: el miedo, la rabia, la tristeza, el odio, la culpa, los celos y la envidia.

Yo me acuerdo cuando hice el duelo de mi padre; recuerdo que una terapeuta más tarde me enseñó a hacerme amigo de esa tristeza, a no pelear con ella. No hay que pelear con ninguna emoción, hay que mirar qué hay detrás de ella. Háblele, salúdela y suéltela, suéltela llorando, suéltela con la respiración.

Santiago.- Gonzalo, una reflexión para todas estas personas que están en este momento en un proceso de pérdida, ya sea de una parte de su cuerpo, de algo de su vida personal, laboral, de su propio proceso o de un ser querido que ha fallecido, que las ha abandonado o de quien por alguna razón no sabemos nada.

Gonzalo.- Tantas cosas que uno quisiera compartir: En la medida en que tú, joven, niño, adulto, tengas más tiempo para cuidar tu espíritu, para nutrirlo, donde quieras, con religión o sin religión, para cultivar esa relación de amor con Dios como tú lo concibas, con seres de luz que existen, serás una persona espiritual que vive serena y que serena partirá.

Cuando una persona que es muy espiritual —lo cual no implica dejar de disfrutar lo material— vive bien, muere bien —porque una buena muerte se gana con una buena vida—, entonces vive la vida vibrando en el amor —que esa es la espiritualidad—, con una conciencia despierta, y verá que para nada tiene que temerle a la muerte.

Santiago.- Gonzalo, por favor, una última frase maravillosa.

Gonzalo.- La frase más hermosa para mirar la muerte es de Santa Teresa de Jesús, que amaba tanto la muerte y la vida. Ella decía: «Vivo sin vivir en mí, y tan alta vida espero que muero porque no muero». Ella ya quería morirse para estar en esa felicidad, esa paz, esa gloria que es lo que pasa con la muerte. Precisamente es volver a donde estábamos en paz, en luz y en amor.

En el antiguo Oriente se decía una frase que tiene vigencia permanente: «Nadie ha de tener lo que no esté dispuesto a perder», para recordar lo temporal y perecedero de todo. Así se vivirá con mayor intensidad el presente donde se disfruta de la presencia del ser o del objeto, menguando el dolor generado por el apego ante su pérdida.

EL PODER CURATIVO DE JESÚS

Conversación con el padre Carlos Eduardo Osorio

*La figura histórica de Jesús es un completo misterio
y es la figura histórica más fascinante para mí.*
—Jostein Gaarder

A mí, como médico y como investigador, me ha maravillado siempre la capacidad asombrosa de curar, de producir milagros, de sanar, que han investigado tantas personas. El padre Carlos Eduardo Osorio es sacerdote, teólogo y filósofo de la Pontificia Universidad Bolivariana, y doctor en Derecho Canónico de la Pontificia Universidad Javeriana.

Santiago.- Padre Carlos Eduardo: ¿Cómo es posible que Jesús tuviera esa capacidad curativa? Hablemos de esa capacidad curativa del maestro de maestros.

P. Carlos Eduardo.- Jesús hizo unos milagros que asombraban desde cualquier punto de vista, verdaderamente impresionantes y utilizando todo tipo de medios. Por ejemplo, utilizó saliva. Por lo que nos cuentan Marcos, Jesús utilizó el óleo, el barro, el agua; tenía la facultad de hacer milagros utilizando elementos, y también sin ellos, como pasó con el centurión, a quien le dijo: «Ve

tranquilo que tu fe ha sanado al siervo que quieres ver sano».
También pasaba y el solo contacto de su sombra sanaba.

Los milagros no eran un show de circo, una carpa de mila-
greros. Los milagros están al servicio de la divinidad y no al
contrario. Jesús no iba por la calle gritando: «Milagros, milagros,
hago milagros por montón». No. Jesús enseñaba con su actitud
que el Padre Eterno del Antiguo Testamento tenía una causa a
favor del hombre, que el sufrimiento no viene de Dios, que el
hombre con su trasegar en la vida se labra sus propias consecuencias de existencia, pero que Dios lo ama y lo sana, porque lo
conoce hasta los tuétanos. He ahí el misterio de Jesús.

Jesús es el gran amigo del hombre, no es el enemigo, no es
el causante de la enfermedad, ni más faltaba. La gente acostumbra a decir: ¿Por qué Dios me mandó esto, esta enfermedad, esta
desgracia? Y hay gente que dice: Señor, si tienes más sufrimientos, mándamelos. Nada de eso es acertado teológicamente. Él
vino a cargar con nuestros pecados, a cargar con nuestras faltas.
Dios no castiga, pero sí puede quitarnos los castigos que nuestras
culpas merecen.

Santiago.- En los tiempos modernos, cuando un médico del
alma hace milagros, ¿cómo se explica desde una visión más moderna pero, por supuesto, válida para los evangelios?

P. Carlos Eduardo.- Milagros hay en todas las creencias religio-
sas: hacen milagros los judíos, hacen milagros los musulmanes,
hacen milagros nuestros hermanos separados, los evangélicos, y
hay abundantes milagros también en la Iglesia católica. El milagro es una identificación absoluta con Jesús.

Dios conoce hasta los tuétanos del ser humano y para Dios
no somos una colección de obras. Somos uno en uno, y él se fun-
de en nosotros, y nosotros estamos dentro de él. Cuando pro-
clamamos la separación de él, nos separamos del arquetipo, y ahí
es donde el hombre se enreda en su pecado, porque al buscar la
oscuridad encuentra la tiniebla.

Santiago.- Cuando uno se puede identificar en el sentido
espiritual y ver el Dios que hay en la otra persona, el proceso del
milagro se puede dar más fácilmente. Si el sanador no se sana en
la persona que esta sanando, ni el que sana ni el sanador hacen
nada.

Una preocupación como médico: ¿Es posible curar a nombre de Jesús? ¿Cómo ve la iglesia a la gente que hace sanaciones y pone a Jesús en su nombre, y qué tanta validez espiritual tendría esto?

> Jesús fue un curador, tuvo toda la evidencia y los resultados.

P. Carlos Eduardo.- Las personas que dicen que sanan en nombre de Jesús existían en la épocas apostólicas. De hecho, en los textos quedaron consignados dos episodios muy claros. En uno le preguntan a Jesús directamente: «Señor, hemos visto a alguien que arroja espíritus en tu nombre y se lo hemos querido impedir». «No se lo impidáis, el que está con nosotros no puede estar contra nosotros». Entonces Jesús habla de un brazo común, de una fuerza común contra el mal; cuando hay cuestiones de salud de por medio la causa común es el mal, la enfermedad.

Nosotros no hemos podido entender una cosa bien interesante y es que Jesús busca la máxima dignificación del hombre, restaurar esa imagen y semejanza que se perdió con el pecado original en el nombre de todos los tiempos. Ahí vemos nosotros cuál es la intención de Dios Padre al enviar a su Hijo al mundo para rescatar esa dignidad que se había perdido y que se refleja en la pobreza, en la miseria, en el egoísmo, en casi todas las enfermedades.

No solamente nos referimos a las dolencias físicas reales: pensar en el paralítico es pensar en una persona que también está en la comunidad sin moverse y atranca a toda la comunidad; pensar en un ciego es hacerlo en una persona que no solo no tiene visión física si no que no ve para donde va el mundo; pensar en un sordo es pensar en alguien que no escucha la palabra de Dios ni los signos de los tiempos. He ahí el dilema. Es que el hombre perdió esa capacidad de ver la realidad, de escuchar la palabra de Dios, de escuchar los signos de los tiempos, de sentir con el sentir del mundo.

Santiago.- Jesús fue un curador, tuvo toda la evidencia y los resultados. Cualquier persona que esté aquí y que quiera beneficiarse de la capacidad curadora de Jesús, que sigue entre nosotros, ¿qué tendría que hacer?

P. Carlos Eduardo.- Lo más sencillo del mundo. No hay que hacer un curso en el Sena, no hay que estudiar Astronomía, solo hay que cerrar los ojos, hay que invitar a Jesús, que está en todas partes, que con su cuerpo resucitado puede estar en todos los lugares en el mismo instante, y decirle: «Jesús, tú eres el rey de todo mi corazón, entra en lo más profundo de mi ser, empápame con tu luz, ayúdame para que la oscuridad que hay dentro de mí huya, que salgan de mí los odios, los resentimientos, los rencores, la pobreza, la tristeza, la aflicción, y sobre todo la ignorancia, que es la que más me enferma».

Lo más maravilloso de los milagros es que existen, que son reales. Se han podido documentar y validar por la ciencia moderna, a pesar de que no se conoce muy bien cómo se generan. La convicción de la existencia de la divinidad y su capacidad de conexión consciente, la certeza de ser merecedor de la oportunidad, y el desarrollo de cualidades y virtudes se han visto como condiciones previas de muchos de los que se han beneficiado con los milagros.

SILENCIO

Conversación con Vincenzo Santigua

La creatividad viene del silencio,
nada nuevo viene del pensar.
—Lean Klein

Una invitación para que nosotros nos acerquemos a eso que no hacemos: silencio. Todo el día estamos inmersos en cantidades de ruidos externos, pero incluso en los ruidos externos podemos llegar a ese silencio interior, ese espacio de la claridad donde todo se ve tal cual, ese lugar donde mora la conciencia que no tiene ni principio ni fin, que no tiene límites pero donde todo se vuelve claro, aunque no nos gusta entrar allí, generalmente porque nos descubrimos tal cual somos. Sin embargo, cuando esto sucede, se nos ilumina la conciencia y adquirimos paz.

Contamos con el líder espiritual de nacionalidad italiana, ahora en Colombia, Vincenzo Santigua.

Santiago.- Hablemos de lo que no deberíamos hablar, de lo que no deberíamos nombrar porque al nombrarlo lo perdemos: el silencio.

Vincenzo.- Es un poco difícil, pero si miramos la forma como respiramos, entre la inhalación y la exhalación hay una pequeña pausa, entre las palabras hay una pequeña pausa. Cuando vamos a caminar solos, durante un tiempo tenemos muchos pensamientos y después nos vemos a nosotros mismos presentes en la naturaleza. Miramos un árbol y agua corriendo y simplemente estamos mirando y no hay pensamientos. Eso para mí es la forma más fácil de relacionarme con el silencio.

Santiago.- O sea que hay un espacio entre las palabras, un espacio entre los pensamientos, un espacio entre las reflexiones, un instante que se perpetúa.

Vincenzo.- Es que en realidad el silencio es donde están contenidas todas las palabras y todos los pensamientos.

Santiago.- El contexto.

Vincenzo.- Las palabras cambian, los pensamientos cambian, pero el silencio detrás de eso es siempre el mismo.

Santiago- ¿Qué encontramos en el silencio?

El sufrimiento nos da esa resistencia.

Vincenzo.- Quizá lo que encontramos en el silencio es la inocencia. Quizás en el silencio es donde encontramos la vida tal como es, sin expectativas, sin memorias, sin comparaciones, tal como es, simplemente.

Santiago.- ¿Por qué le tememos al silencio? Nos llenamos de ruido permanentemente.

Vincenzo.- Hay muchas razones para temerle, pero fundamentalmente es porque nos han convencido de que la vida no debería tener dolor. Sin embargo, es un hecho que la vida tiene dolor y la idea y la ilusión contraria causa conflicto con la realidad y se convierte en una lucha perpetua.

Santiago.- El sufrimiento nos da esa resistencia. El Buda decía que el dolor es inevitable, que el sufrimiento es opcional.

Vincenzo.- Sí, por supuesto, el dolor se presenta todo el tiempo, pero crear una historia o un carácter de ese dolor es lo que lo perpetúa y lo que hace que sea nuestra prisión. El silencio es la revelación del hecho de que esa prisión nunca ha existido.

Santiago.- Un ejercicio para lograr el silencio, ya lo dijimos, es apreciar la naturaleza, pero es algo que yo quisiera que le pudiéramos explicar a las personas que nos escuchan en cualquier lugar de Colombia. Cómo encontrar ese silencio, cómo buscarlo y cómo poder llegar ahí muchas veces.

Vincenzo.- Una de las cosas que a mí me gusta mucho es simplemente sentarme en una silla, con mis pies en el piso, cerrar mis ojos y sentir mi cuerpo de la cabeza a los pies y de los pies a la cabeza. Observo mi cuerpo como si estuviese observando un paisaje, sin pelear con las contracciones o las tensiones que tengo en él, simplemente mirando y sintiéndolo tal como es, y después de un tiempo realmente me encuentro en un lugar de observación pura, y ya no tengo más preocupación acerca de lo que pasa. Lo que está pasando ahora es de por sí suficiente y eso para mí es el silencio.

Santiago.- ¿El todo?

Vincenzo.- Es el todo porque no hay ninguna preocupación, ninguna cosa diferente de lo que ya es.

Santiago.- No se busca nada.

Vincenzo.- Sucede que el interés por alguna otra cosa realmente no está ahí, porque si estoy apreciando lo que hay ahí, es suficiente.

Santiago.- ¿Qué pasa con el deseo?

Vincenzo.- El deseo es simplemente otro objeto que podemos observar como el miedo, como el dolor o como la dicha. Lo que tenemos que hacer es observarlos, uno tras otro, en la secuencia en que aparecen, porque el silencio los contiene a todos.

Santiago.- Para las personas que tienen agresividad, que sufren de ataques de ira, de descontrol, hablemos precisamente de algo que también contiene el silencio: la rabia.

Vincenzo.- Sí. Lo que nosotros no hemos podido entender y nos hace falta entender en nuestra sociedad es que las emociones son simplemente respuestas humanas que se han refinado mucho. Si yo comprase un computador muy, muy sofisticado, me gustaría tener un buen manual de instrucciones.

Santiago.- Pero el hombre no viene con manual de instrucciones...

Vincenzo.- Entonces la pregunta es cómo puedo estar con mis emociones o trabajarlas. Mi entendimiento es que uno no puede trabajar con una crisis emocional a menos que tenga un entrenamiento y esté preparado para ello. Cuando explota la ira y no estamos listos, no estamos listos, pero si nos preparamos, nos educamos a nosotros mismos para apreciar la inteligencia que hay en todas las emociones y desarrollamos en cierta manera desapego, entendimiento y apreciación por aquellas cosas que las emociones nos traen.

Santiago.- Hay que ver las emociones sin calificarlas, ni de buenas ni de malas.

Vincenzo.- Exactamente, porque en el momento en que nosotros las califiquemos acabamos de hacer una escogencia y por lo tanto hemos resistido y no estamos peleando contra eso, y en vez de permitir que la ira nos dijera cuál es el mensaje que tiene y retornar al silencio, perpetuamos esa pelea y esa lucha.

Santiago.- ¿Y el amor?

Vincenzo.- El amor también requiere que lo apreciemos como todo lo demás. Mi maestro Jean Claude usualmente decía que no existía ningún santo sin pecado y ningún pecador sin amor.

Santiago.- Todo santo tiene un pecado y todo pecador un futuro.

Vincenzo.- Sí, pero para poder construir ese futuro necesitamos leer claramente cuál es nuestra historia. Nuestro cuerpo es nuestro cuerpo y nuestras emociones son nuestras historias.

Santiago.- Bien y, ¿cómo hacemos entonces para leer nuestro cuerpo cuando está enfermo?

Vincenzo.- Es un poco lo mismo que con las emociones. Si nuestro cuerpo está enfermo y nunca hemos tenido diálogo con él es muy difícil desarrollar ese diálogo en una crisis. Entiendo que la base de nuestra educación debería ser aprender a dialogar con nuestro cuerpo, apreciar nuestras emociones, entender cómo funcionan nuestros pensamientos. Lo que podríamos hacer es prevenir las crisis, como una enfermedad, de forma tal que cuando eventualmente se llegue a ella estemos mejor equipados para enfrentarla.

Santiago.- Y si somos personas oscilantes, cambiantes frente a un momento de alegría o un momento de tristeza, ¿cómo buscar ese equilibrio para alzanzar un estado de paz?

Vincenzo.- El balance ya está construido, es inherente al cuerpo humano, nuestro sistema autonómico es responsable de mantener el balance entre nuestros órganos y el cerebro; y es el trauma y el estrés los que interfieren con ese balance. Entonces debemos entender el trauma y el estrés que prevalecen tanto en nuestra sociedad. Ellos son la causa, la raíz de que nosotros perdamos ese balance y tengamos que educarnos acerca de cómo poder enfrentar ese estrés y recuperar el balance. Yo creo que esa debería ser la base de nuestra educación, del manual que realmente necesitamos.

En la técnica que nosotros hemos desarrollado usamos un mecanismo muy simple, basado en la apreciación sensomotora, que calma el sistema autonómico nervioso e incrementa el intercambio de información y energía entre el cuerpo y el cerebro, y si en ese momento estoy abierto a las emociones y los pensamientos a medida que surgen, sin escoger lo bueno y lo malo, el cuerpo muy rápidamente va a recuperar su balance, y el corazón y la mente también.

Santiago.- ¿Cómo funciona el equilibrio entre el corazón y el cerebro? Hay una frase oriental que dice: Como un hombre piensa en su corazón, así es él. ¿Cómo integrar, cómo llevar ese pensamiento al corazón?

Vincenzo.- De nuevo, el trauma y el estrés causan la disociación. Entonces, la verdadera separación que nosotros experimentamos es la que hay entre nuestro corazón y el cerebro, el cuerpo y el cerebro. Lo que tenemos que hacer es desarrollar ese diálogo.

> La meditación es estar consciente de la forma como el cuerpo se siente.

Muchos seres humanos nacen con mucho trauma y a través de una educación apropiada desarrollan un comportamiento muy armonioso, pero si ese no es el caso, tenemos que aprender ese lenguaje. Para mí la meditación es estar consciente de la forma como el cuerpo se siente, de cómo son las emociones que estoy experimentando en mi corazón, de los pensamientos que estoy teniendo en este momento, y a medida que desarrollo esta sensibilidad, me voy a volver más consciente de la inteligencia de mi corazón, voy a apreciar más la verdad que viene de mi corazón y de todas las ideas y juicios que tengo en mi cerebro, en mi mente. Y entonces allí es que me puedo preguntar si prefiero que me guíe mi corazón o que me guíe mi mente.

Santiago.- O que se integren los dos.

Vincenzo.- Sí. Pero la inteligencia del corazón es algo que lo abarca todo.

Santiago.- Una última reflexión, para quedarnos después en el silencio.

Vincenzo.- Aprecia esos momentos de silencio que tienes la fortuna de vivir, no tomes por descontado que van a venir más. Aprecia y entiende qué tan importantes son para ti y entonces, de esa forma, él te va a llamar más.

Santiago.- Como dirían en la India: Piensa si lo que vas a decir es más importante que el silencio.

Investigaciones recientes de la universidad de Harvard han descubierto que al entrar en una cámara anecoica (absorbe el sonido que incide sobre el lugar, retirando por completo los sonidos y el eco), las personas solo escuchan un tono agudo junto a uno grave. Este tono agudo es emitido por el propio cerebro del que escucha y el grave por la circulación del flujo de sangre enviada por el corazón. Este sería el sonido de nuestro silencio, una sinfonía entre nuestro cerebro y nuestro corazón.

LOS CINCO ACUERDOS

PARTE I

Conversación con
Miguel Ángel Ruiz

Hay un par de personajes muy especiales para mí. Es un honor tenerlos y fue un placer saber que iban a venir, como sé que lo va a ser para todos. El padre es Miguel Ruiz, médico y cirujano, quien, tras un llamado espiritual interior fruto de una de esas crisis de conciencia que tenemos los seres humanos, recuperó la sabiduría de los toltecas en un pequeño libro que he leído muchas veces y que he recomendado en este mismo programa: *Los cuatro acuerdos*; y el hijo es José, autor de *El quinto acuerdo*. Ambos son chamanes, y vamos a aprender mucho más con ellos.

Santiago.- Muchos habrán leído *Los cuatro acuerdos*. ¿Cómo es esto de los cuatro acuerdos?

Miguel Ángel.- *Los cuatro acuerdos* es la introducción a un tipo de vida, la cual llamo el tipo de vida del artista, porque desde mi punto de vista todos los seres humanos somos artistas y siempre estamos creando. El arte principal de todos nosotros es la creación de la historia en la cual vivimos, en la cual somos el personaje principal, y todos los que conocemos o creemos conocer son personajes secundarios. Utilizamos precisamente la palabra para crear la historia.

Santiago.- El verbo se encarnó y se hizo hombre... La palabra creadora.

Miguel Ángel.- Exactamente. En el principio fue el verbo, el verbo era Dios, el verbo estaba con Dios y todo se creó por medio del verbo. El primer acuerdo, por supuesto, es ser impecable con la palabra, y es porque nosotros creamos la palabra para crear nuestra propia historia. Todo depende de cómo utilizamos nuestra palabra. Si nuestra historia va a ser un paraíso en el cual vamos a disfrutar constantemente o si creamos todo un drama en el cual podemos sufrir. Por eso es tan importante, al menos desde mi punto de vista, la impecabilidad de la palabra.

Santiago.- ¿De dónde viene esto tan sabio, de dónde vienen estos cuatro acuerdos?

Miguel Ángel.- Viene de algo que se llama «La integridad del ser humano», porque todos los seres humanos somos exactamente lo mismo; el programa con el que venimos es muy similar y parte de nuestra integridad, y no importa dónde hayamos nacido, qué idioma hablemos o qué religión sigamos, qué tipo de filosofía tengamos, eso viene directamente de nosotros, viene de antes de que hayamos creado el lenguaje en el cual nos comunicamos.

Santiago.- Viene de nuestra esencia misma, de nuestra parte espiritual. ¿Por qué no nos cuentan la forma de expresión tolteca de la creación?

Miguel Ángel.- El reto es ponerlo en palabras, porque es una experiencia y es una experiencia que está sucediendo a cada momento, no necesariamente hace millones de años, es la vida reproduciéndose a sí misma, a cada momento la encarnación está sucediendo. La vida es una fuerza. Si recuerdas, en la preparatoria nuestro maestro de física nos enseñó que la materia únicamente puede ser movida o detenida por una fuerza, pero que por sí misma no puede moverse. A esa fuerza la llamo vida y la materia es movida por la vida. En todo el período de evolución que hemos tenido como seres humanos —somos muy nuevos en este planeta—, nuestro cerebro ha evolucionado tanto que podemos ver nuestro cuerpo como una máquina biológica a la cual la vida está moviendo a cada momento. A través de los nervios, de los músculos, siempre está en movimiento, y es muy fácil probar eso, porque si se corta un nervio, desde ese momento se paraliza y el órgano se vuelve insensible. Si te cortan un dedo, va a dejar de ser parte tuya, sin embargo sigues siendo tú; si te cortan un brazo y una pierna, vas a seguir siendo tú, hasta que tu cerebro esté afectado y hasta que ya no haya vida en tu cuerpo. Soy médico cirujano, pero lo que pasa es que no renuncié a la medicina, cambie de proyección; me interesó mucho más ver la mente humana, entender cómo funciona, porque sabemos que no se puede probar que la mente humana existe, está hecha de imágenes, es una realidad virtual.

Santiago.- Es como si alguien destruye un radio: no está destruyendo lo que hablamos por él.

Miguel Ángel.- Podríamos decir que el cerebro tiene una sensibilidad extrema para la luz, entonces la refleja de una manera que él percibe como una imagen propia. Hay unos circuitos irreverentes en el cerebro que van a hacer que esas imágenes se sigan reproduciendo. El cerebro crea lo que conocemos como la imaginación, en donde todo es posible. En una parte del cerebro queda la razón, donde se divide lo que es real de lo que no, lo que llamamos una ilusión y lo que llamamos simplemente un sueño. Sin embargo, lo que creemos que es real tampoco lo es. Es muy interesante ver cómo la mente evoluciona y va mejorando. El siglo pasado, cuando traté de enseñar esto a mis aprendices, les era muy difícil entender este proceso mental, entonces decidí hablar más sobre los traumas emocionales que ellos tienen para ayudarlos a sobrevivir y a entender lo que ellos creen que les está impidiendo ser libres, gozar la vida.

El cerebro crea lo que conocemos como la imaginación, en donde todo es posible.

Santiago.- O sea, un acto de sanación. Cuando uno lo comprende en la experiencia personal le queda mucho más claro que simplemente en la teoría.

Miguel Ángel.- Esa fue la razón por lo cual me decidí a escribir *Los cuatro acuerdos*, como una ayuda para quienes necesitan muletas para seguir caminando. Escribir el libro fue un reto y el resultado fue la impecabilidad de la palabra. Es un libro impecable, que hice lo más corto posible y lo más entendible para que cualquier persona, no importa su nivel de educación o si es la más inteligente del mundo: lo puede captar, lo puede utilizar, como si fuera un reflejo donde uno puede verse a sí mismo, o sea poner esa experiencia en palabras. Fue un reto que afortunadamente funcionó muy bien.

Santiago.- Dicen que Albert Einsten comprendió mucho después la teoría de la relatividad, muchos años después con la comprobación de la ecuación que ya muchos conocemos. Eso es lo que pasa a veces: se comprende desde la conciencia y después traducirlo es un reto y un gran regalo.

Miguel Ángel.- Por ejemplo, para explicar la existencia del universo es muy simple. Es un solo símbolo, el cero, y sin embargo, para tratar de entenderlo, habría que dividirlo, y si lo hacemos quedarían dos ceros, y si colocamos en el centro el signo de igual —0 = 0—, eso explica todo el universo. Lo que pones a un lado de la ecuación debe colocarse al otro lado de la ecuación. Lo que hizo Einsten fue idear la fórmula para expresar cómo la luz se convierte en materia y la materia se convierte en luz, pero siempre está igual, entonces esa ecuación podemos hacerla mucho más grande si queremos y es la forma en que el intelecto va a ayudar al conocimiento para tratar de entender todo el universo. Sin embargo, cuando tienes esa experiencia, lo haces sin palabras. Simplemente lo estás atestiguando y el reto es ponerlo en palabras para que los demás te entiendan. Albert Einstein lo hizo de la forma matemática, que es de una forma más difícil porque son pocas las personas que pueden entender ese lenguaje. Las más simples son esas historias que vienen en la Biblia, en el libro de los muertos en distintas religiones, que ponen ciertos símbolos. Al tratar de entender esos símbolos es cuando se transmite ese conocimiento.

Santiago.- Muchas cosas son creadas por el hombre y a la naturaleza le debemos mucho más. Personalmente valoro mucho más lo que la naturaleza nos da todos los días y que somos hijos de la madre Tierra. Quiero escuchar a José sobre esa postura frente a la madre Naturaleza, la Tierra, frente a cómo debemos estar en un equilibrio con ella.

José.- Una de las grandes enseñanzas que he tenido en la vida es de mi abuela. Dijo que «la vida es viva», que la vida nos enseña que debemos cuidar la naturaleza. Y no podemos cuidarla si no cuidamos la naturaleza dentro de nosotros que la vida nos dio. Cuando empezamos a centrarnos en nuestra mente, debemos sentir que es un ser vivo el que está dentro y que dependemos de él. «Si te das cuenta —me dijo—, en México, en Perú, en el Tíbet, se expresan con naturaleza y la naturaleza les enseña todo, incluso a ver las estrellas, astronomía. Si le pones atención a la naturaleza, ella habla sin palabras. Pon una antena y estarás sintiendo cómo una energía, los rayos del sol, te los comes, y cuando menos te des cuenta, puedes controlar los elementos, pero no como pensamos, como controlar las lluvias, si no los elementos de nuestro cuerpo». En este tiempo el planeta está calentándose, el hielo está derritiéndose a causa del humano. El humano se está comiendo a sí mismo, se está faltando al respeto y la madre Tierra nos está enseñando lo que está pasando. Recuerdo una vez que le dije a mi padre que quería conocer el símbolo de los mayas, de dónde vino el sueño de los mayas, y me dijo: «Vas a saberlo cuando tengas un sueño». Entonces entré en un sueño, estaba en la selva, en Chichen Itzá. Cuando desperté del sueño, estaba en el hotel. El lugar estaba callado. Bajé y salió un señor y me preguntó si quería conocer el significado de los mayas, de dónde vinieron. Lo primero que escuché fue el sonido de la selva en la noche, que no se calla, es fuerte, y empecé a calmarme, a escuchar mi cuerpo, las células, mi corazón latiendo, y me di cuenta de que no hay separación. La única separación que hay es lo que pensamos que es real y lo que pensamos en nuestra realidad, lo que nos afecta. Como dice mi abuelita, podemos controlar los elementos emocionales, pero la vida está aquí antes de nacer, y la vida va seguir siendo así. «Aprovecha, porque este es el momento de tener conciencia». En el desierto, los humanos se pararon a recolectar agua de la lluvia y en pleno desierto, en México, hay tuberías naturales y se mantienen todo el año filtradas. Si ponemos atención a la vida, nos revela todo, especialmente la naturaleza dentro de nosotros mismos.

Santiago.- Volviendo a ese primer acuerdo de ser impecables con la palabra, si nos referimos a la naturaleza, tenemos que ser impecable con ella porque le debemos más todos los días.

Miguel Ángel.- Como te venía diciendo, el planeta Tierra es un ser vivo que está hecho de distintos órganos, y nosotros los humanos somos un órgano de ese planeta Tierra, somos parte de ese metabolismo, entonces tenemos un equilibrio con los demás órganos, con la atmósfera, con los océanos, con el bosque. Cada especie que existe en el planeta Tierra es parte de ese organismo. Al equilibrio que existe en este planeta podemos llamarlo homeostasis. Si una parte cambia, otra cambia. Si descompensamos algo en el planeta Tierra, él va a buscar la forma de compensarlo. Por muchos años hemos estado desequilibrando nuestro planeta Tierra, y ahora que la Tierra está compensando lo que nosotros descompensamos, no nos gusta el resultado. Acabamos de regresar del Japón y es increíble ver esa sociedad japonesa: este año tuvieron un sismo muy grande, tuvieron un maremoto que mató a muchas personas y hubo un problema nuclear. Todo les llegó al mismo tiempo y la mayor parte proviene de la naturaleza.

Santiago.- Una oración por la libertad, por la paz, por nosotros mismos, pero reconociendo las virtudes y poniéndose en equilibrio, porque hemos dañado la homeostasis que significa el equilibrio interno en la salud biológica.

Miguel Ángel.- Hay que aceptar, en lugar de revelarnos y andar en contra de la naturaleza. Aceptarla y empezar a reconstruir lo mejor que podamos. Tal vez no queramos aceptar lo que nosotros como humanos hacemos, cómo tiranizamos a otros, cómo los hacemos esclavos, cómo cometemos tanta injusticia. Lo que estamos haciendo es hacerle saber a todo el mundo que podemos cambiar nuestra forma de ser,

> Si descompensamos algo en el planeta Tierra, él va a buscar la forma de compensarlo.

y que ese cambio debe iniciarse en nosotros mismos. Si cambiamos, como por arte de magia todo lo que está a nuestro alrededor va a cambiar.

La gran mayoría de los problemas modernos de la humanidad obedecen a que dejamos de tener gustos simples y todo lo que buscamos es complejo, y ni siquiera al alcanzarlo logramos tener un bienestar perdurable. Lo simple es en realidad lo poderoso, transformador y gratificante. y no hay que buscarlo lejos de nosotros. Está en el interior o justo al lado.

LOS CINCO ACUERDOS

PARTE II
Conversación con
Miguel Ángel Ruiz y José Ruiz

Si no te gusta el mundo donde vives, lo puedes cambiar.
Tú lo creaste y tienes el poder de cambiarlo.
—José Ruiz

Hoy tenemos a don Miguel Ruiz, médico chamán autor de *Los cuatro acuerdos*, libro que ha sido un éxito de ventas en todo el mundo. Se han vendido millones de ejemplares. En él se explica de una manera muy sencilla, de una manera sintética, una sabiduría antigua cuya primera expresión es el lenguaje, la impecabilidad del lenguaje. Hoy vamos a hablar de los otros tres acuerdos. A Miguel lo acompaña su hijo José.

Santiago.- ¿Qué son los cinco acuerdos?

Miguel Ángel.- Así como nosotros creamos una realidad en la cual somos el centro de la historia, todos los demás que me rodean también hicieron lo mismo, crearon su propia realidad y son el centro de su historia. En nuestra historia no son más que personajes secundarios, así como nosotros somos personajes secundarios en la historia de ellos. Creemos conocer a los que nos rodean, pero únicamente conocemos la imagen que proyectan.

Esa imagen la distorsionamos y creemos conocerlos, pero ellos hacen exactamente lo mismo con la imagen que nosotros proyectamos: la distorsionan y lo único que saben de nosotros es lo que ellos creen que nosotros somos. Únicamente sabemos lo que creemos que ellos son, pero en realidad no conocemos a nadie, ni nadie realmente nos conoce.

Santiago.- Pero es que ni siquiera nos conocemos a nosotros mismos...

Miguel Ángel.- No tomar las cosas personalmente nos da una inmunidad en la interacción que tenemos los unos con los otros, o sea que lo importante es darnos cuenta de que cualquier cosa que los demás piensen o sientan de nosotros es la historia de ellos, lo mismo que lo que nosotros sintamos por ellos es nuestra historia. Una vez que nos damos cuenta de eso, es mucho más fácil la interacción.

Santiago.- Pasemos al tercer acuerdo: «No hacer suposiciones».

José Luis.- Esa es una lección que aprendí muy duramente porque al hacer suposiciones lo tomaba todo como algo personal. Creaba historias en mi cabeza, miraba algo fuera de mí mismo. Recuerdo que un día iba con mi padre y le conté todo el drama que había en mi cabeza y me dijo: «¡Detente! Mira tú, con tu gran importancia personal, tú y tu gran ego, todo lo que pasa a tu alrededor es por tu culpa. Tú eres la estrella del show ¿o qué?. Te voy a llevar a una iglesia y ahí quiero que hables con un ángel y no vas a salir de ahí hasta que hables con él», Llegué a la capilla, me senté, empecé a rezar, a meditar y a ver todas mis historias, y de repente algo pasó: una señora me tocó el hombro, abrí los ojos y la miré, y me dijo: «Si rezas, el ángel te va a escuchar». Y se fue. Volví a cerrar mis ojos y dije: Por favor, dame la ayuda, por favor quiero ver claro por qué pasa esto. De repente empecé a hablar con la vida, con el corazón. Entonces me dije: Me estoy escuchando, eso significa que el ángel de la guarda me ha contado un secreto pequeño. Todos somos ángeles de la guarda. Eso es lo que significa. Me paré, estaba bien contento. Hoy es un día especial, porque es el día de la Virgencita. Lo primero que miré fue a la Virgen de Guadalupe, su cuerpo y su hermosa cara, y eso significaba la vida, y lo que va dentro y fuera de la Virgencita es la interacción con la vida y con ella misma, pero algo muy importante es que miré para abajo y miré un angelito que sostenía la Virgen y me di cuenta de que si el angelito cuenta una historia o escucha con emoción a la Virgencita, pues se va volando y la Virgen va a caer, su cuerpo va a caer, la vida va a caer. Entonces ahí desperté y dije: La responsabilidad es cuidar la naturaleza dentro de mí, cuidar la naturaleza de mí mismo, porque yo soy el que mata mi naturaleza cuando creo en mentiras, cuando tomo las cosas personalmente. Entonces en ese momento entendí el perdón. Puedo perdonar a alguien en 10 o en 5 años, pero, claro, con la mente inteligente yo no puedo perdonar, eso no se puede perdonar, pero en ese momento entendí que puedo perdonar el sentimiento del humano, la reacción del humano, el egoísmo, la negatividad del humano, porque en ese momento llega el legado a mis manos y es el legado de sufrimiento, de egoísmo, de odio, puede morir en mí y yo puedo filtrar. Y ahí aprendí la fe, escuché la palabra. En ese momento hice el cuarto acuerdo: «Hacer lo mejor que se puede». Cuando lo hice, me dije: Si yo no me enjuicio a mí mismo, nadie me puede juzgar en la vida, y los juicios van a morir dentro de mi cabeza. Pero todos los días va a ver gente enjuiciándome, pero sé que no me están enjuiciando a mí, sino que se están enjuiciando ellos mismos, porque es un legado que pasa dentro de la vida, y cuando nos despertamos un día damos la paz y es nuestro deseo que vamos a darle paz a nuestro cuerpo, a nuestra naturaleza. Un día tuve la imaginación de que estaba muerto, estaba en una nube sentado y de repente vino el gran Patrón y me dijo: Todavía no perteneces a este mundo, solo te tengo aquí para enseñarte el Cielo, pero vas a regresar de donde vienes, porque el Cielo no ocupa el Cielo, el que ocupa el Cielo es el Infierno, y donde quiera que vayas vas a llevar el Cielo. Sin embargo, cuando despiertes habrá una diferencia en tu conciencia. Como tratas a los demás, es como me tratas a mí. Entonces sabrá que eres perfecto así como

> Si yo no me enjuicio a mí mismo, nadie me puede juzgar en la vida, y los juicios van a morir dentro de mi cabeza.

eres y cada vez que dices que no eres perfecto o que el mundo no es perfecto, me estás insultando a mí, te estás insultando a ti. Entonces escucha tu rezo, escucha tus oraciones y toma acción. Ese fue el cuarto acuerdo, y cuando fui y hablé con mi padre de esto, solo puso una sonrisa. Y me dijo que ahora el segundo reto es vivir con esto hasta el día en que ya no estés aquí en la Tierra.

Santiago.- Recordemos los 4 acuerdos: «Sé impecable con tus palabras», «No tomes nada personalmente», «No hagas suposiciones» y «Siempre da lo mejor de ti». ¿En qué consiste el quinto acuerdo?

Miguel Ángel.- El quinto acuerdo es «Sé escéptico, pero aprende a escuchar». Ser escéptico, porque nos damos cuenta de que nosotros creamos nuestro propio universo y todos crearon su propio universo. Algo importante es el concepto de la verdad. Nosotros creemos que poseemos la verdad y públicamente lo que sabemos es la verdad y todo lo demás es mentira. Estamos en lo correcto y todos los demás están en lo incorrecto. Todos a nuestro alrededor piensan exactamente lo mismo, que lo que ellos hacen es lo correcto y que los demás están en lo incorrecto. Ser escéptico no es una posición social; no es que seamos muy inteligentes y menospreciemos los puntos de vista de los demás, sino todo lo contrario: es una expresión de humildad, primero de darnos cuenta de cómo creamos nuestra propia realidad sin darnos cuenta, y después de haber utilizado los primeros cuatro acuerdos como una introducción a un nuevo tipo de vida que hemos practicado durante un tiempo muy razonable, hasta que finalmente sabemos que lo que nosotros creemos que es la verdad no lo es realmente. Y no es que la verdad no exista, sino que lo que creemos que es verdad no es cierto, porque la verdad sí existe pero es única, y es la misma para todo lo que existe. La verdad existe mucho antes de la creación de la humanidad y va a seguir existiendo mucho después de la extinción de la humanidad; sin embargo, la verdad que nosotros poseemos no es más que una distorsión de esa verdad y la distorsión la hacemos con conocimiento, porque tratamos de explicar la experiencia que tuvimos, pero al explicarla se pierde muchísimo.

Si hablo de un árbol y lo explico en palabras, puedo escribir un libro muy grande. Sin embargo, si ves el árbol, la experiencia de verlo es muchísimo mejor que leer todas las descripciones de ese árbol. Entonces, si experimentas ese árbol y quieres expresárselo a los demás, tu reto es ponerlo en palabras para que ellos entiendan lo que tú estás atestiguando, lo que tú estás percibiendo en ese momento. Ser escéptico va a significar: «No me creas, esa es mi historia y esa es verdad para mí». No te creas a ti mismo, sobre todo esas mentiras que te has dicho toda la vida y que han limitado tu expresión en el mundo, y no le creas a nadie más, porque los demás van a expresar su punto de vista y muchos van a tratar inclusive de imponerlo y hacerte cambiar. Pero la clave está en aprender a escuchar. Si aprendes a escuchar, vas a escuchar lo que ellos dicen pero únicamente vas a tomar lo que es importante para ti y el resto lo vas a desechar. Es la forma como podemos evolucionar. Este acuerdo es especialmente importante para la ciencia porque en la ciencia creamos muchas teorías y esas teorías copnstituyen un intento de búsqueda de la verdad, porque creámoslo o no, la ciencia no es más que otra religión, no es más que creer en Dios, creer en la verdad, pero ponerle palabras a la verdad es como querer poner palabras al concepto de Dios. Podemos decir: «Dios existe», pero no podemos demostrar que eso es cierto. La verdad existe pero no podemos demostrarla. La hemos estado buscando por mucho tiempo, inclusive inventamos toda la tecnología para que nos lleve cada vez más cerca de la verdad. Sin embargo, al momento se nos escapa.

Para realmente tener ese contacto con la verdad, tenemos que hacer ese conocimiento a un lado y hacer un acto de fe, y mezclarnos con esa verdad, y lo que vamos a encontrar es que esa verdad somos nosotros mismos, sin saber exactamente qué es lo que somos. Muchas veces me han preguntado qué es lo que soy. Entonces puedo decir: «Si utilizo el conocimiento, te puedo decir que soy un ser humano, que soy masculino, que soy un médico, que soy un autor». Si me enfoco en la religión, te voy a decir: «Soy un alma, soy un espíritu». Si me enfoco en la ciencia, te voy a decir que soy energía, que soy luz. Pero la verdad es que no sé qué soy, porque para tratar de justificar mi existencia necesito

utilizar el idioma que hablamos, pero ese idioma existe únicamente porque millones de nosotros nos pusimos de acuerdo en
el significado. Si mañana amaneces en Japón, no vas a entender
nada de lo que ellos dicen; si quieres leer lo que está en las paredes, no lo vas a entender. Para entender japonés, necesitas
ponerte de acuerdo en cada palabra de ese idioma, entonces vas
a tardar años en aprenderlo, pero al aprender japonés, también
vas a aprender el modo de vida de los japoneses, su filosofía, su
religión, y te vas a dar cuenta, si las comparas con las que tienes
actualmente, cuál va a ser la verdadera, y si al día siguiente amaneces en Alemania va a ser lo mismo, en cualquier idioma va a
ser lo mismo, porque nosotros los seres humanos inventamos el
idioma y lo utilizamos para comunicarnos, para poder expresar
la experiencia de vivir la vida. El quinto acuerdo es exactamente
eso: «Sé escéptico, pero aprende a escuchar, porque la verdad
está en ti, pero cuando la expresas en palabras, ya no es verdad, ya
se te escapó. No hay que obsesionarse por saber la verdad. Simplemente hay que vivirla, hay que aceptarla y hay que disfrutarla.

Santiago.- Desde el escepticismo aprendemos y desde la
capacidad de escuchar crecemos, porque de todas maneras nos
podemos nutrir. Unas últimas palabras, José.

José Luis.- Uno de los grandes regalos en la vida es la purificación del idioma, y eso no significa del inglés, del español, del
francés. No. El idioma es cómo nos entendemos a nosotros mismos, y sabemos de qué idioma estamos ha-
blando: del positivo o del negativo. Si hablamos el idioma negativo, nuestra vida va a
ser negativa, pero si hablamos el idioma
positivo, nuestra vida va a ser positiva.
Ahí aprendemos que no hay nada que
aprender, sino desaprender todo lo que
nos da sufrimiento, lo que nos hiere
a nosotros mismos o lo que irrespeta
a nuestro templo, y el templo es un altar. Ahora, olvídense de darle flores, ve-
las o cualquier objeto al altar. El mejor
regalo que le podemos dar al altar es la
positividad, el agradecimiento de estar vivos

*Muchas
personas que tienen
experiencia con la
muerte de repente se
iluminan, y es que
cuando la vida les da
una cachetada les
dice que todavía
están vivas.*

y de cada momento del día. Por eso muchas personas que tienen experiencia con la muerte de repente se iluminan, y es que cuando la vida les da una cachetada y les dice que todavía están vivas, todo el drama, todo el egoísmo, todo el enojo y toda la envidia se van, porque están agradecidas de estar vivas, y ahora deben mantener el jardín limpio porque la vida las va a querer ensuciar o va a querer poseer el jardín. Cada día tú sabes tu verdad y tu idioma, y te hablas y empiezas a respetar y a valorar la mente humana, porque la mente humana es el altar, nuestro templo, que, cuando empezamos a purificarlo, donde quiera que vayamos vamos a compartir el Cielo, porque somos el Cielo. Como dije anteriormente, el Cielo no necesita el Cielo, el que necesita el Cielo es el Infierno. Por eso cuando vivimos en una forma de positividad, mucha gente se nos acerca, porque siente eso y ese querer despertar dentro de sí misma.

La primera vez que leí *Los cuatro acuerdos*, empecé a ojearlo rápido y le dije a mi papá que conocía esa información, y papá, con una sonrisota, me dijo: «Claro que la conoces, todo el mundo la conoce, porque eso es integridad, hablar con integridad». ¿Para qué esperar a un momento de muerte o a una catástrofe en nuestra vida? ¿O a un corazón roto? Debemos estar agradecidos por todo lo que pasa, porque cuando alguien se nos va de la vida o perdemos un trabajo, hay que ser agradecidos con esa relación, con una relación que se acabó, porque si no se hubiera acabado nunca hubiera empezado, y nosotros empezamos con la adicción de sufrir, tenemos un buen pretexto para herirnos. Yo recuerdo cuando mi padre tuvo su ataque al corazón. La primera vez que lo vi en una cama, empecé a llorar, y me miró y me dijo: «¿Esa es la manera como vas a celebrar la muerte de tu padre? Salte del cuarto y componte». En el momento en que salí del cuarto, miré mi egoísmo, primero mi egoísmo, que le iba a quitar los últimos minutos de su vida a esta hermosa persona. Iba a ser egoísta conmigo mismo, me iba a lastimar con su muerte aunque todavía no hubiera muerto. En ese momento me di cuenta que el respeto a la mente es el respeto a los objetos que queremos, y ese es el mensaje.

Entonces les dejo unas preguntas: ¿Qué tipo de mensajeros somos? ¿Cuál es el mensaje que le damos a la gente que queremos con nuestro corazón y a nosotros mismos?

Santiago.- Don Miguel Ruiz y don José Ruiz, ustedes son seres humanos especiales, con toda una sabiduría ancestral mexicana. Una última reflexión.

Miguel Ángel.- Todos nacimos con el derecho de gozar la vida, de vivir felices. Hagamos uso de ese derecho.

Santiago.- No perdamos el derecho a la felicidad.

A veces damos la vuelta al mundo buscando algo y lo tenemos en nuestra propia casa. Así pasa con la sabiduría: salimos a otros continentes lejanos cuando en nuestras tierras ya está de manera viva y disponible. Nos pertenece, es propia y aplicable, no necesitamos otra cosa que tener ojos para reconocerla y disposición para ponerla en práctica.

YOGA

Conversación con María Isabel Henao

El chamán es un mito antiguo enterrado en el olvido.
Es el legado más valioso del presente.
Es una necesidad esencial de hoy y la cultura de mañana.
—Swami Satyananda Saraswati

Hoy tenemos aquí a una persona que nos va hablar sobre el tema de la yoga o del yoga, porque se puede decir de cualquiera de las dos formas, de la ciencia de la unión. En www.caracol.com.co tenemos unos videos que hemos grabado antes del programa para que podamos hablar sobre ellos. Con nosotros está María Isabel Henao. Ella practica yoga y es maestra e instructora. Cuando ustedes le vean la cara, sabrán que también es actriz de televisión. Tiene esa faceta en los medios de comunicación porque tiene una gran expresión física y corporal. Sube las piernas por detrás de la espalda y hace maravillas de ese tipo. María Isabel se crió bajo el método de Satyananda, uno de los grandes maestros del yoga moderno, que se basa por supuesto en una gran cultura y en una gran cantidad de aprendizaje muy antiguos, porque esas son tradiciones que se mantienen. La medicina convencional lleva cincuenta, cuarenta, treinta años, mientras que estas técnicas llevan diez mil años y se mantienen. Algo tienen que tener de valioso para que así sea.

Santiago.- María Isabel, muchas gracias por acompañarnos. ¿Podemos hacer ejercicios para tener más energía, ejercicios para personas que no se pueden mover? Esta pregunta nos la formula una oyente que no puede salir a hacer ejercicio porque tiene un problema en la columna. Sin embargo, los médicos le dicen que haga ejercicio todos los días.

María Isabel:- Para personas que tienen una limitación física, sobre todo en su columna, que están recuperándose de alguna cirugía, que tienen limitaciones en la movilidad, hay una serie básica del yoga que es maravillosa, llamada pavanamuktasana en sánscrito. Son ejercicios para liberar el viento. Hagan de cuenta que el cuerpo es una autopista por donde circula el tránsito y las esquinas son como los semáforos, las curvas, las glorietas, las esquinas pronunciadas, donde manera regular el tránsito se atasca. La circulación no solamente sanguínea y de la linfa sino también del cuerpo pránico se atasca un poco en esas esquinas. Lo que pretende esta serie de posturas o de movimientos es hacer que nuevamente volvamos a ser como un policía de tránsito que libera los atascos para que todo circule de manera mucha mas homogénea por esa autopista que es el cuerpo. Son movimientos muy simples, en los tobillos, en los dedos de los pies, en las muñecas, en las rodillas, en la zona en donde se junta la cadera con el fémur, que todos podemos hacer de manera muy suave, con rotaciones, con inhalación y exhalación adecuadas para que podamos desatar esos nudos y, sentados en el piso con las piernas estiradas, podamos practicarlos sin ningún problema.

Hay una serie maravillosa que es la serie de «la palmera», muy recomendable para hacer cuando recién nos levantamos, porque consta de unos movimientos maravillosos sobre toda la parte del aparato digestivo. La palmera ayuda a evacuar un poco más fácil en la mañana si hemos tomado unos vasos de agua. Nos ayuda muchísimo con la columna, pues a veces dormimos en posiciones inadecuadas. También sirve al final del día, cuando estamos encorvados todo el día en el escritorio, en la oficina o conduciendo, haciendo que el cuerpo adopte posturas que no son beneficiosas. Esta serie permite estirar la columna a lo largo en movimientos laterales que muy pocas veces hacemos, e incluye una pequeña torsión, lo cual le hace un masaje a las vértebras y a todo el sistema digestivo.

Santiago.- Expliquemos un poquito la cantidad de veces que deben hacerse los ejercicios para que una persona logre tener energía.

María Isabel.- La gente piensa que tiene que hacer yoga hora y media todos los días o incluso de lunes a viernes. No. En realidad con una práctica diaria de quince a veinte minutos en la mañana o en la noche, en el momento en que tengamos un tiempo, podemos empezar a acumular beneficios. Lo importante es que no sea una vez a la semana, por que no logramos nada. El yoga es algo de repetición, de ir descubriendo lo que va haciendo nuestro cuerpo y de la inhalar y exhalar de una forma correcta. Cuando uno le mete «conciencia» a la respiración al mismo tiempo que hace el movimiento, la mente empieza a olvidarse de lo que está fuera. Si por un instante simplemente llevamos la conciencia a ese momento mágico que es llevar la vida al cuerpo en el acto de respirar y lo combinamos con un desplazamiento del cuerpo, entonces esa conciencia se empieza a interiorizar, empezamos a estar un poquito más con nosotros mismos y un poquito menos afuera, y esto hace que desperdiciemos menos energía. A lo largo de la práctica continuada vamos a gastar menos energía en la cháchara mental.

Santiago.- Hace unos días hablábamos con un especialista en meditación que nos decía que hay unos pensamientos innecesarios, que no tienen ningún sentido, y otros negativos. Cuando uno trae la conciencia, evita esos dos pensamientos. Ese es uno de los métodos con los que el yoga también genera vitalidad.

> La gente piensa que tiene que hacer yoga hora y media todos los días.

María Isabel.- Algo bien importante es la manera correcta de respirar. Hay tres cosas bien importantes. La primera es la importancia de la respiración abdominal. En cualquier momento del día uno puede empezar a alargar un poquito la cuenta de la respiración, haciéndola rítmica, para incrementar la entrada del oxígeno y optimizar la salida del co_2. Una respiración adecuada tiene un efecto positivo en el metabolismo pero también se dice que uno tiene como un timer de respiraciones. Los animales que respiran lento, como la ballena o la tortuga viven mucho más, mientras que los animales de respiraciones muy rápidas viven mucho menos. De hecho, las personas que respiran lento tienen un proceso mucho más interesante pues en ellas hay menos oxidación. El oxígeno tiene una doble característica: nos da la vida pero también nos la quita. El oxígeno nos da fuerza y vitalidad, es el primer alimento, pero su metabolismo genera radicales libres que van envejeciéndonos, oxidándonos. Yo le digo a la gente que haga de cuenta que tiene un tanque de vida; si respira bien, el tanque le dura más. También el pensamiento tiene que ver con la respiración: cuando pensamos rápidamente, no en el sentido de agilidad mental sino de tener muchos pensamientos, también respiramos mal.

Santiago.- En la página web aparecen los ejercicios de otra respiración, llamada *nadi shokhanam*, que es la respiración alternada por ambas fosas nasales, pero sería una falta de responsabilidad enseñarla completa cuando una persona no ha pasado por la «plenidad». Pusimos entonces la posición de apremia que ayuda a la purificación de canales. Esta respiración alimenta ambos hemisferios, ayuda a que ambos lados del cuerpo empiecen a armonizarse un poco más. Es muy simple: cinco veces por la fosa nasal izquierda, cinco veces por la fosa nasal derecha, inhalando y exhalando por supuesto, y después cinco veces con conciencia de que el aire entra por ambas fosas. Se hace un mantenimiento del tanque del que María Isabel hablaba, una oxigenada. Y me surge otra pregunta: ¿Qué pasa con los hábitos digestivos y urinarios con el yoga? Sabemos que de las cosas que más agotan a las personas son las deposiciones inadecuadas, la digestión pesada, lenta, y el mal dormir.

María Isabel.- Con respecto a la digestión es importante aclarar que el yoga no solamente constituye un conjunto de posturas, un conjunto de prácticas de respiración y de relajación, un conjunto de técnicas de meditación, sino un estilo de vida. Si yo hago yoga, pero como en el Palacio del Colesterol, no tomo agua y no tengo una dieta balanceada, no voy a lograr nada. Observemos qué estamos comiendo y qué efecto le hace a nuestro cuerpo, y cuál es la cantidad de agua que necesita nuestro cuerpo. Si uno se toma un par de vasos de agua en la madrugada y hace series de diez y hasta doce repeticiones de cada una de las tres posturas básicas, las asanas, diseñadas por los antiguos para hacer una especie de masaje sobre la parte endocrina, sobre los órganos internos, tiene un buen camino recorrido. La vajrasana, la postura del rayo, es maravillosa para después de comer. Uno debe sentarse como los japoneses, arrodillado sobre las pantorrillas. Es una fantasía para hacer la digestión, por una sencilla razón: hay menos circulación en los miembros inferiores, casi toda la sangre va al tronco, se queda en la zona digestiva y todo se asimila más rápido.

Con respecto al insomnio, por supuesto que hay una higiene del sueño así como hay una higiene dental. Siempre pensamos que el sueño es para descansar, pero no sabemos lo importante que es para asimilar los conocimientos adquiridos. Les recomiendo a los estudiantes que cuando quieran grabar una información, en vez de dormir de una toda la noche y luego estudiar, deben estudiar y dormir, estudiar y dormir, intermitentemente, y el cuerpo es capaz de asimilar la información. Cuando se duerme bien uno se recupera y el cerebro se activa y mejora muchas funciones. Hay algo de caracter muy fisiológico y es no comer muy tarde en la noche, muy cerca de la hora de dormir, no consumir nada estimulante —la gente piensa que si se toma una cerveza lo ayuda a dormir mejor, pero el resultado es contraproducente—. En el yoga existen unas series de prácticas, sobre todo de relajación y respiración prayanama, que nos ayudan a conciliar un poquito mejor el sueño. Hay una específica, la ujai prayanama, que es una mezcla entre la respiración abdominal, imaginándose que entra por la garganta, de tal manera que tu jalas un poquito más el aire al entrar y un poquito más al salir, y suena como una brisa del mar que te golpea cuando estás sentado en la playa. Esa respiración practicada un poquito antes de dormir va muy bien. Antes puede hacer «el zumbido de la abeja» o una relajación con un CD de yoga nidra, y vas a entrar en los ciclos del sueño de una manera mucho más relajada. La clave de la higiene del sueño es una pequeña técnica de relajación, no necesariamente meditación.

> Cuando se duerme bien uno se recupera y el cerebro se activa y mejora muchas funciones.

Santiago.- El ser humano gana energía cuando tiene una adecuada función sexual. Las personas piensan que la sexualidad es simplemente la concepción de hijos o un acto simple de goce biológico, pero tiene muchos otros sentidos fisiológicos: la necesidad de mantener la especie, la motivación y la fuerza que le da al ser humano. Cuando un ser humano está en la fase de excitación sexual, tiene un poder muy grande, se vitaliza y es capaz de hacer muchas cosas. Incluso a veces se vuelve agresivo cuando no encuentra la respuesta que espera desde su perspectiva. ¿Qué técnicas de yoga sirven para desarrollar la sexualidad?

María Isabel.- Con las técnicas de yoga se puede fortalecer esa vitalidad de nuestra sexualidad, aunque el yoga no pretende trabajar sobre un lugar en especial, no tiene recetas para cada sector del cuerpo o para cada sistema corporal, sino que actúa sobre el conjunto, y al incrementar la vitalidad en todas la áreas, esa parte de la sexualidad también empieza a mejorar. No soy la persona adecuada para hablar de tantra, aunque puedo decir que este consiste simplemente en hacer las cosas con conciencia. La mayoría de la gente piensa que el tantra le va a a enseñar técnicas amatorias maravillosas y no, se semeja a lo que las mujeres aprendemos en los cursos psicoprofilácticos, como los ejercicios kegel de apretar la parte baja del piso de la pelvis y soltar alternativa y sostenidamente. El tantra activa el muladhara chakra, que está en la base del sistema de chacras. Esta práctica no está orientada a que tengas un desempeño sexual mucho mejor, pero sí trabaja las zonas donde esta parte de nuestra personalidad, de nuestra necesidad, de nuestra emoción, se ve reflejada. Digamos que practicar el muladhara cuando uno esta ansioso o superdeprimido sube un poco la energía, lo activa un poco. Hay prácticas de trabajo de pareja con maestros especializados en esta área, pero eso ya son ligas mayores.

Santiago.- En muchas oportunidades he tenido el gusto de haber compartido con María Isabel la posibilidad de que les ayude a pacientes míos y les ha sentado muy bien. ¿Cuáles son sus datos?

María Isabel.- Me pueden encontrar en yogaenlazona@gmail.com.

Santiago.- Por último, una reflexión.

María Isabel.- La invitación es a que seamos los timoneles de nuestra propia vida, y cuando hablo de vida, me refiero al cuerpo, a la mente y a las emociones. La invitación del yoga es a coger el timón, a ser testigos, a activar el testigo de nuestra propia vida, a no andar con el piloto automático. Apáguenlo y tomen conciencia.

Cuando tenía solo tres años de edad tuve la oportunidad de conocer el yoga de manera directa. Mi madre me llevaba a sesiones grupales cada semana donde realizábamos posturas corporales diversas (asanas), y teníamos prácticas de respiración (pranayama). Esto marcó mi vida y desde entonces el yoga ha sido una estrategia de vida para conocer el mundo. Ya hace años que no puedo hacer esas posturas clásicas del hata yoga, sin embargo no he dejado de practicar el yoga de la mente o raja yoga. Gran parte de lo que he logrado en la vida se lo debo a esto, y por supuesto a mi mamá que me guió por este camino.

SERENIDAD
Conversación con Marcelo Bulk

*Un hombre no trata de verse en el agua que corre sino
en el agua tranquila, porque solamente lo que en sí mismo
es tranquilo puede dar tranquilidad a otros.*
—Confucio

Hoy nos acompaña un amigo especial de nuestro programa, que nos ha colaborado muchas veces con un tema que maneja en su vida, que expresa y enseña, algo que quisiéramos tener todos los seres humanos: serenidad. Quien es sereno no busca tener la razón porque mantiene la paz. Estamos con Marcelo Bulk, líder espiritual brasileño, consultor, director de la Universidad Espiritual Mundial Brahma Kumaris (La hijas de Brahma), una organización espiritual dedicada a las mujeres, aunque por supuesto hay hombres. Él va a hablar sobre la serenidad, para todos los que en este momento están tensos, angustiados, ansiosos, son víctimas de una enfermedad, de un secuestro, de un sufrimiento afectivo, de un dolor emocional o físico, de una sensación de pesadumbre o alguna dificultad económica, moral, social.

Santiago.- ¿Qué es la serenidad?

Marcelo.- Todos los seres tenemos paz. La paz es algo natural del ser y tiene diversas formas de manifestarse. Una forma de la paz es la paz política que Colombia tanto busca; otra es la calma —cuando hay un obstáculo delante de uno, la calma le ayuda a superar ese obstáculo sin herirlo tanto—; otra es la

81

tranquilidad, mediante la cual no solo enfrentas tus obstáculos sino que ayudas a los demás a superar los suyos propios. Pero hay un momento en que el ser puede llegar a esa sabiduría innata que todos tenemos y es cuando experimenta serenidad. Ser sereno es llegar al punto en el que uno está más allá de los problemas, donde ya los obstáculos no lo perturban aunque vengan, donde uno es capaz de ver más allá de todo eso. La serenidad está muy relacionada con la sabiduría, es una mezcla entre sabiduría y paz. Todos tenemos acceso a eso, todos.

Santiago.- Aunque la paz es una cualidad innata en el ser humano, su desarrollo lleva a la serenidad, o sea que todos tenemos la simiente de la serenidad.

Marcelo- Lo principal cuando experimentamos paz es ver que hay dos tipos de paz: la paz que uno experimenta desde afuera, por ejemplo cuando vas a un lugar tranquilo, agradable, estás con personas o perros que te gustan, ves una película agradable u oyes música. Es una paz condicionada. Esa paz de afuera la puedes trabajar y convertirla en calma, y pasa a ser parte de tu personalidad, o sea que ante situaciones abrumadoras, tú reaccionas con calma o tranquilidad.

Santiago.- Hay una frase oriental que uno debería decir todo el tiempo: Ante todo mucha calma.

Marcelo.- Eso pasa a ser parte de la personalidad, por eso hay personas calmadas, personas tranquilas, personas que han sabido trabajar la paz externa de una forma positiva. Ahora bien, hay otro tipo de paz, digamos genérica, que es la paz interior.

Santiago.- Ya no estamos copiando la paz exterior sino desarrollando esa característica en el interior.

Marcelo.- Sí. Es una paz que, independientemente de si estás en medio del tránsito o en campo maravilloso, con amigos o con enemigos, secuestrado o enfermo, listo para morir, o si acabas de tener un bebé y es tu primer hijo, tú tienes esa paz interior. El acceso a esa paz interior se hace a través de la contemplación y la meditación, a través de una práctica reflexiva. La persona va logrando acceder a esa paz interna que tiene, y en la medida que más trabaja esa paz interna llega un momento donde ya no la tiene que trabajar: es natural y exhala de su ser. En ese momento comienza a hacer camino hacia la serenidad.

Santiago.- ¿Cómo hacemos para que esa paz interior se vuelva un proceso? ¿Cómo haríamos un ejercicio mediante la contemplación y la meditación?

Marcelo.- En la contemplación todavía uso la parte externa como una ayuda. Lo que hago es ver las cosas alrededor, encontrar la paz que existe en cada cosa, en cada aspecto.

Hay un momento en que el ser puede llegar a esa sabiduría innata que todos tenemos y es cuando experimenta serenidad.

Santiago.- ¿En una montaña rusa?

Marcelo.- En la montaña rusa puedes estar en la paz de tu propio ser. Estás en un asiento seguro, segurísimo, donde no te va a pasar nada. No importa a qué velocidad vaya el carro, tú estarás bien. La montaña rusa es el mejor ejemplo de paz, porque ahí no va a suceder nada.

Santiago.- Cuando yo hablo de paz y de calma, se me viene inmediatamente a la cabeza la idea de Kwai Chang Caine, de una película que hacía David Carradine, una serie que se llamaba Kung Fu. Lo que me gustaba de él, independientemente de que practicara Kung Fu, era su forma de resolver los conflictos.

Marcelo.- Era fascinante.

Santiago.- Él era contemplativo. Se quedaba mirando, esperaba y respondía lentamente pero actuaba rápido.

Marcelo.- La diferencia entre la contemplación y la paz exterior es que tú estás desde adentro mirando las cosas, reinterpretando la realidad. En un congestionamiento eres capaz de ver los cerros hermosos que hay alrededor tuyo. Todo tiene una opción de belleza, de hermosura, que solo depende de ti buscar, encontrar y ver.

Santiago.- ¿Y cuando el hijo está llorando? Yo quiero poner ejemplos de los que nos preguntan los oyentes.

Marcelo.- Cuando el hijo está llorando es que está ahí, está vivo, está diciéndote «te amo» a su manera, te quiere y te necesita mucho, entonces siempre hay algo positivo. Hay un video malayo de una señora hindú que se casa con un chino; él muere y ella dice en su funeral que lo que más extraña de su marido es el ronquido que tenía, porque mientras él roncaba ella sabía que estaba vivo, porque en los últimos momentos de su enfermedad eso le decía: «Estoy aquí todavía, estoy vivo».

Santiago.- Genial. Técnicamente entonces en esa contemplación observamos la belleza, vemos el rostro de nuestra amada mujer o nuestro amado hombre, en el caso de cada persona.

Marcelo.- O visionas o proyectas.

Santiago.- O imaginamos.

Marcelo.- El caso de Viktor Frankl es precisamente para las personas que están secuestradas.

Santiago.- *El hombre en busca del sentido* es un libro maravilloso. Frankl es el fundador de la logoterapia, un siquiatra que además generó un movimiento muy grande después de la posguerra, cuando fue víctima de un campo de concentración, que yo creo que es lo más parecido a un secuestro. Él hablaba de los rastros de libertad en el interior.

Marcelo.- Claro. Él se visualizaba ya libre de esa situación y experimentaba eso en la realidad. No era solo la imaginación, él la aplicó en su vida diaria, la vivió y la observó, y eso es también importante porque a veces es difícil ver la belleza del momento que vives pero tú puedes proyectarte a futuro, y hay un momento en que la oscuridad se va y el sol aparece, hay un momento en que la peor tormenta se termina, hay un momento en que la guerra en Colombia va a terminar. Yo a veces tengo que proyectarme.

Santiago.- «Todo eso también pasará». Es una frase que le escuché a alguien hace muchos años, basada también en una filosofía oriental. Me dijo que les dijera a las personas cuando estaban angustiadas, cuando estaban en un avión y agarradas a la silla intentando soportar esa tensión de la incertidumbre y del miedo a la muerte, que repitieran la frase «Todo eso también pasará». En una hora, en media hora, si se cae el avión o si no se cae, si llegamos, eso va a pasar, pasará en un rato, la tormenta se va a acabar, el ruido va a acabarse y vamos a estar en tierra o no vamos a estar, pero también pasará.

Marcelo.- La otra forma, que es la forma común con la que se llega a esa serenidad, es la meditación, un estado mucho más profundo porque no contemplas hacia fuera, sino hacia dentro de ti, donde uno percibe su propia paz interior pero la vive como si fuera única. La práctica de la meditación es muy sencilla: uno debe buscar un lugar tranquilo, un lugar sereno y comenzar a dialogar consigo mismo: «Yo soy paz, yo soy un ser de luz», cosas positivas.

Santiago.- Incluso se puede dormir menos cuando uno medita, en el sentido de que el cerebro no está de vacaciones nunca ni tiene jubilación, pero tiene periodos de descanso que son el sueño, la ensoñación y también, por supuesto, la meditación.

Marcelo.- Y esa meditación va haciendo que tú experimentes cada vez más tu paz interior. La meditación es un viaje a sí mismo, muy rico y maravilloso. Lo válido de la meditación es la experiencia.

Santiago.- Sí, no el resultado posterior sino la experiencia misma lleva a que uno cambie porque, como me lo decía un paciente, la meditación es un oasis en el desierto. Decía: «Yo me recargo, tengo mi fuente de agua y mi lugar de descanso, y me voy al desierto de mi vida, que es una vida fría, apática, desolada, llena de conflictos familiares, afectivos, personales, laborales, pero la meditación es el oasis que yo ansío y lo utilizo todos los días y lo maximizo. ¿Cuánto es el tiempo de la meditación?

Marcelo.- La meditación que yo practico, que se llama Raja Yoga, no tiene un tiempo formal. Lo mínimo ideal es media hora, una hora por día, pero aunque la persona tenga quince minutos, eso ayuda un poquito. De pronto no va a alcanzar la superserenidad para todos los momentos, pero va a ser una experiencia de serenidad. Con el tiempo de la práctica de la meditación te vas volviendo sereno, la serenidad pasa a ser parte de tu vida, de tu ser, pero necesitas practicar mucho y de forma frecuente.

Lo malo es que yo siento que la gente, digamos, no valora tanto la paz interior; siento que prefiere la paz externa, buscarla afuera.

Santiago.- Tal vez porque no la conocen. Porque si uno llega en algún momento a tener ese estado de bienestar con la meditación no va a dedicarse, por ejemplo, a las drogas. Muchas de las personas que utilizan drogas, alcohol, fármacos, cualquier

Uno debe buscar un lugar tranquilo, un lugar sereno y comenzar a dialogar consigo mismo.

tipo de sustancia externa, lo que están buscando es esa paz desde un camino equivocado, un camino que transitoriamente puede lograr ese estado. Sin embargo, todas las investigaciones científicas, las demostraciones de cientos y cientos de casos demuestran que cada vez la sustancia produce el efecto contrario y lleva más lejos de ese estado de bienestar. La meditación no tiene ese problema porque no se acaba el beneficio en la décima ni en la número trescientos, porque siempre es gozosa.

Marcelo.- De lo que tú estás hablando es todavía de la paz externa: la persona busca algo externo para que entre. La meditación es algo que sale de mí. El único reto es darme tiempo a mí mismo, es disciplinarme un poquito, amarme más y de esa manera experimentar más quién soy, conectarme conmigo mismo. También nos conectamos con Dios, algunos se conectan con la Tierra o el Sol, pero se conectan con una fuente superior desde adentro.

Santiago.- Es interesante que ese diálogo interno con la conciencia, con la vida, con Dios, con el alma, es exactamente el mismo para quien ora desde el punto de vista occidental, católico, cristiano, también por supuesto mahometano, o quien medita desde el punto de vista de la reflexión, la contemplación, para decir que son dos caras de una misma moneda. Anthony de Mello, un sacerdote jesuita, o sea católico, que tenía esa cosmovisión amplia que le había permitido reconocer los dos sistemas y los había integrado a su vida, dice que orar es hablar con Dios y que meditar es hacer silencio para escucharlo.

Marcelo.- Y si tú lees la Biblia, vas a ver que la primera conexión con Dios es el diálogo, es en realidad la meditación. La oración es algo mucho más lejos, o sea, primero fue la meditación, la contemplación, el diálogo, después fueron los cánticos, para por fin llegar a la oración. Eso fue todo un proceso. La meditación en realidad es la fórmula original y uno sabe que hay muchas líneas sacerdotales del catolicismo que valoran mucho la meditación como una forma de ese diálogo con Dios.

En los grupos humanos en confrontación de cualquier tipo, la búsqueda de la paz se puede ver empañada cuando a las partes les importa más imponer su postura, tener la razón, por encima de alcanzar en realidad el cese de hostilidades y el retorno a un estado de armonía y paz. El Dalai Lama, líder espiritual del pueblo tibetano y Premio Nobel de la Paz, ha expresado que «no importa en qué lado de la mesa esté la razón, mientras que en todos lados esté la paz». La verdadera paz se encuentra en el ser humano que ha logrado algún nivel de serenidad en la vida, lo que se traduce en la expresión de la paz en su vida y en la interacción con los demás.

TERAPIAS
EN SALUD

Caminos para sanar

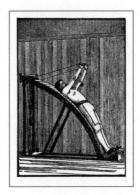

L A MEDICINA ES LA CIENCIA Y EL ARTE que busca prever y curar las enfermedades del cuerpo humano y a quienes las padecen, a los enfermos. A esta definición hay que incluirle la promoción y la paliación, que son esenciales en el ejercicio cotidiano. La curación se refiere a la erradicación completa de la enfermedad, mientras que la prevención busca evitar su aparición. La promoción busca fortalecer los aspectos que generan la buena salud y la paliación alivia o aminora los sufrimientos causados por la enfermedad o el mismo tratamiento cuando no es posible la curación. Podemos también incluir la sanación, en la que se logra el alivio emocional y mental aunque persista en parte o en su totalidad el padecimiento físico. La persona se siente mejor, acepta su enfermedad, que sigue padeciendo, de manera tal que pueda vivir en equilibrio.

La medicina es una sola, ya sea la académica u oficial, o la alternativa y/o complementaria. Es una misma con diferentes estrategias terapéuticas para lograr beneficios en la salud. Desde la antigüedad se conocieron sistemas médicos completos, llamados medicinas tradicionales, con probada eficacia a través del tiempo, como la medicina ayurvédica, de 10 000 años, y la china, de 5000.

Estas engloban no solo un sistema de diagnóstico y terapia, sino una visión que trasciende la salud, generando una normatividad de la vida y el comportamiento de grupos humanos. También están en este grupo la medicina unani de los países árabes y la tradicional americana de nuestros pueblos aborígenes.

Desde 1976, la Organización Mundial de la Salud (OMS) reconoce cerca de 1500 terapias alternativas y/o complementarias, y recomienda su utilización, sobre todo en países en vías de desarrollo.

Para su comprensión suelo agruparlas de la siguiente manera:

1. *Naturales*: Su principio se basa en lo enseñado por Hipócrates sobre la naturaleza y la alimentación. Utilizan todos los recursos que proporciona la madre Naturaleza, y buscan su equilibrio con ella. Entre las prácticas destacadas está el uso de ayunos, la dieta vegetariana, el empleo del agua (hidroterapia), del sol (helioterapia) y del mar (talasoterapia).
2. *Las reflexoterapias*: Su principio es el uso del arco reflejo por vía del sistema nervioso periférico al central. Entre las más conocidas están la osteopatía, el masaje craneosacral, la quiropraxia, el shiatsu y la reflexoterapia podal. La acupuntura también utiliza esta vía para algunas de sus acciones.
3. *Las biológicas*: Su campo de acción es la célula con su membrana y el tejido intersticial (entre las células). Sus efectos son producidos por sustancias (o emisiones) no tóxicas y afines al cuerpo, en dosis y presentaciones especiales. Entre las más conocidas están la ozonoterapia, la terapia neural, el uso de antioxidantes y megadosis de vitaminas, el empleo del infrarrojo lejano, la cámara hiperbárica y la magnetoterapia.
4. *Las bioenergéticas*: Su acción está en los campos sutiles o energéticos, lo que algunos llaman el bioplasma. Las terapias son más de orden físico que químico, aunque el cuerpo es capaz de traducir una información en la otra, y sus agentes son frecuencias vibratorias de diversos niveles. Se pueden subdividir en:

   a. *Sonido*: Como la musicoterapia y la psicoaudiofonología de Tomatis.
   b. *Luz*: Como la cromoterapia y la laserterapia.
   c. *Vibración*: Como las esencias florales, la homeopatía y las esencias de gemas.
   d. *Forma*: Usa ondas de forma como las de la radiónica, los resonadores arquetipicomórficos (RAM) y los poliedros regulares. Todas se basan en vibraciones,

aunque de diferente frecuencia y tipo, y algunos las llaman terapias vibracionales.

5. *Las psicoterapias*: Sus campos de acción son la mente y la emoción de las personas, y su estrategia es generar cambios en el comportamiento y actitud frente a la vida como búsqueda del crecimiento personal, al tiempo que se puede desde la mente controlar y modificar también los efectos en el cuerpo físico. Entre sus exponentes están las terapia gestalt, el psicodrama, la programación neurolingüística y el método Silva.

6. *Transpersonales*: Ya no se quedan solo en el individuo, sino que lo toman como parte de toda la humanidad, y pueden trabajar como grupo, para efectos personales, grupales y mundiales. Entre las actividades están las técnicas de sanación a distancia, algunas formas de meditación y las constelaciones familiares.

En este esquema partimos de la naturaleza, pasamos al arco reflejo para llegar a la célula y su entorno, continuamos con el campo energético vibratorio, involucramos la mente y expandimos la conciencia al grupo y a la totalidad.

La tendencia moderna es considerar a todas las terapias en salud, como partes de una medicina única que las engloba, medicina integrativa, con un real objetivo común que es el beneficio de los seres humanos (y de los animales en el caso de las prácticas veterinarias) que las requieran.

En estas terapias, la ciencia es indispensable en la acción terapéutica y en el accionar de la vida moderna. Sin embargo, se debe hermanar con el arte para hacerla agradable, a la vez que más eficaz. Las terapias en salud requieren del toque artístico para poder complementar la acción un tanto fría e impersonal (aunque útil) que les da la ciencia, para volverlas humanas, que es lo que más piden los que a ellas acuden.

En esta parte se encuentran diversas terapias en salud para que cada lector pueda conocerlas directamente de quien las practica a diario.

DIVORCIO CON HIJOS

Conversación con la psicóloga Gloria Mercedes Isaza

No evites a tus hijos las dificultades de la vida.
Enséñales más bien a superarlas.
—Louis Pasteur

Hoy tenemos un tema de familia. Hoy vamos a volver a tener con nosotros a la doctora Gloria Mercedes Isaza, psicóloga de la Universidad Javeriana, terapeuta de familia y acompañante en terapias de pareja y divorcio. Autora de un libro que es el tema de hoy: *Algo pasa en casa: el divorcio de mis papás*, y también del libro *La muerte de un ser querido*. Si ustedes quieren conocer un poco más a la doctora, entren a la página www.nosdivorciamos.com.

Santiago.- ¿Qué significa trasladar esa dificultad, ese dolor, esa separación, al proceso práctico de cómo comunicarlo a los niños, a los hijos que van a perder el vínculo que hay entre los padres pero que no van perder su vínculo con ellos?

Gloria Mercedes.- Yo creo que el divorcio con hijos es el divorcio más difícil al cual nos debemos enfrentar, porque como padres no queremos hacer sufrir a nuestros hijos y el dolor de nuestros hijos nos duele. Cuando nos vemos abocados al hecho de que la mejor decisión para una familia es que los padres vivan en casas separadas porque hay un conflicto permanente y eso, además de lesionar a la pareja, también lesiona a los niños, pues es importante hacerlo bien. Como adultos, el primer paso es sentarnos a hablar, llegar a acuerdos, ver qué les vamos a decir, organizar cómo vamos a vivir las dos personas para poder compartir el tiempo con los niños. Es muy importante entender que los niños no van a vivir con uno solo de los papás, siguen viviendo con los dos pero en tiempos diferentes con cada uno, en casas distintas. Siempre les decimos: «Tú vas a vivir con tu mamá o con tu papá» y de alguna manera les estamos quitando a la otra figura como parte de su vida diaria. Yo creo que si el niño piensa: «Yo vivo con los dos, pero vivo días diferentes con el uno y con el otro. Sigo teniendo dos papás», es muy importante.

Por otra parte, ni los niños ni la sociedad necesitan conocer todos los detalles del divorcio, no necesitan saber qué pasó en la pareja. Entre menos gente sepa, mejor. No hay que salir en las revistas contando los pormenores. Nos va a ir mejor tanto en un divorcio con hijos como en uno sin hijos si cada una de las dos partes asume el 100%. Cuando hay hijos, asumir el 100% de la responsabilidad con los hijos es indispensable. No es que uno vaya a asumir el 80% y el otro el 20%. Ya en el momento de hacerlo, es ideal que los dos papás puedan sentarse y tener una única versión, que les podamos dar todos los detalles de cómo va a ser su vida, qué días van a ir a la nueva casa del papá, por ejemplo. Los niños se angustian mucho por la persona que se va. El preacuerdo tiene que tener toda una estructura, se debe saber responder a la gran mayoría de preguntas, porque si algo va a generarles confianza a los niños es que haya unanimidad. De lo contrario, los niños, especialmente los chiquitos, se preocupan de, por ejemplo, quién le va a lavar la ropa al papá, quién le va a cocinar. Ellos deben saber que las dos personas van a estar bien, que van a seguir presentes en la vida de ellos, que van a seguir siendo un par de papás, a pesar de que el vínculo matrimonial como pareja haya terminado. Es indispensable que los dos sigan siendo cooperativos en la educación de los niños. Si hay un poco de afecto, maravilloso. Está

> Ni los niños ni la sociedad necesitan conocer todos los detalles del divorcio.

demostrado que hace una diferencia fundamental que los hijos vean que cuando uno de los papás llama por teléfono el otro pueda decir: «Hola, como estás, ¿cómo van tus cosas?». Ellos piensan que la mamá todavía se preocupa de que el papá esté bien, así no lo quiera y no viva con él, y eso los tranquiliza mucho. En los divorcios hay demasiadas implicaciones económicas, que usualmente generan muchos conflictos y acaban siendo el foco del conflicto, en la cual quedan inmersos los niños: «Pídale la plata a su papá», «dígale a su papá que nos van a cortar la luz», «mire que su mamá me está pidiendo más de lo que necesita». Los niños no tienen por qué estar en la mitad del conflicto y está demostrado que vivir en la mitad del conflicto le hace daño a los niños, independientemente de que los papás vivan juntos o no. Si van a seguir en el conflicto, casi es mejor que sigan casados, así por lo menos los niños tienen más cerca a los dos padres. Todo depende de cómo haya sido la relación matrimonial y cómo haya terminado. Un matrimonio que ha sido muy conflictivo, donde no ha habido respeto, donde no ha habido comunicación, donde ha habido agresiones, conduce a un divorcio difícil. En ese caso sería bueno contar con la ayuda de una tercera persona, un intermediario que nos pueda ayudar a manejar esas situaciones y a no utilizar a los niños como mediadores o como espías o como terapeutas para contarles todo lo que nos está pasando. Hay ahora en youtube un video precioso de un niño que les habla a sus papás y les muestra cómo todo lo que él hace es su ejemplo y lo que le va a servir a él el día de mañana para tomar las decisiones.

Yo creo que un divorcio es, pues, el plan maestro para cualquier persona que lo lleve a cabo. Porque es enseñarles a los niños cómo se puede superar el conflicto, cómo el amor que uno tiene a nivel familiar y el amor que uno tiene por sus hijos es una fuerza tan poderosa que le permite pasar por encima de cosas que han sido muy difíciles, de infidelidades, de maltratos. Eso no quiere decir que no haya que hacerlo bien, poner el límite, poner la relación en el lugar que le corresponde, pero sin agredir a los niños e involucrarlos. Hay vínculos que sí hay que cortar definitivamente. Si hay, por ejemplo, maltrato, agresión permanente verbal o psicológica, o el silencio, pues hay cosas que es sano terminar. La indiferencia es el amor cruel, el peor de todos los castigos.

Como especialista en este tema, puedo decir que los niños pueden llevar una vida sana y saludable después de una ruptura de sus padres. No es que no tenga consecuencias, que los niños estén igual de bien en una familia divorciada que en una familia nuclear. Yo puedo ser divorciado funcional (con una familia ampliada) o puedo ser casado disfuncional. El ideal es una familia nuclear, que funcione bien, que le dé estabilidad a los niños, un marco de seguridad dónde crecer. Un buen manejo del divorcio evita que los hijos vayan a ser delincuentes o drogadictos, facilita que tengan relaciones de parejas sanas el día de mañana, y hace que los niños aprendan de esto, que salgan inclusive fortalecidos con la experiencia y que puedan tener una vida exitosa y feliz, porque logran superar el duelo, que es, en síntesis, lo que ocurre en una separación: un duelo afectivo que no se debe negar porque si no, va a ser más difícil afrontar los vínculos y la expresión adecuada de los afectos. Debemos permitirles a los niños que les duela. A veces, cuando nos separamos, queremos que nuestros niños no sufran. Uno, de papá, cree que están divinamente, que les está yendo mejor en el colegio, que viven felices, y no les dejamos vivir el dolor que representa la separación. Es importante dejar que los niños lloren o expresen su tristeza de alguna manera, que puedan expresar la rabia, porque si es un duelo que se queda sin elaborar, más adelante va a haber problemas en su matrimonio, en su vida. Identificar los sentimientos, saber qué sentimos y poderlos canalizar de la manera adecuada es indispensable para el ser humano, porque se conoce a sí mismo y cuanto más lo hace, mejor puede afrontar lo que venga.

Santiago.- Después de que se va el padre o la madre, ¿cómo restablecer ese vínculo ya de una manera diferente, no pasional, no sexual, no íntima, pero sí paternal, incluso económicamente cercana, para que exista una relación? Se trata de entender que sigue habiendo un proyecto, que hemos terminado el proyecto como pareja, el vivir hasta que la muerte nos separe, tener la misma casa, tener unos bienes en común, y ahora vamos a tener como proyecto la crianza y educación de nuestros hijos, ahí sí hasta que la muerte nos llegue.

Gloria Mercedes.- La idea es que podamos estar ambos como papás acompañando a nuestros hijos en todos los momentos importantes de su vida y para hacerlo básicamente hay que poder establecer una nueva comunicación, donde yo entiendo que mi relación con la pareja se relaciona con todo lo que tiene que ver con los hijos, su manutención, su bienestar, las decisiones, los permisos. Sobre todo en casos de adolescentes es muy importante que ellos vean que a pesar de que estamos separados hay una unidad de criterio sobre ciertos temas (horarios, ingesta de alcohol, conducción de automóviles) porque eso les da seguridad. Todo lo que tenga que ver con los hijos es válido, no así lo que tenga que ver con la vida privada del otro: con quién sales, la compra de un carro nuevo, en qué estás gastando el dinero, qué ganaste, con quién te fuiste el fin de semana, eso ya hace parte de la vida privada del otro y es su vida íntima o de pareja. Uno debe aceptar que lo dejaron de querer y cuando lo acepta puede entender que lo único que debe importarle es lo que haga por los hijos. Claro que eso depende de cómo haya sido la decisión, si fue de común acuerdo, si había una mala relación o si fue que uno de los dos tomó la decisión sin haberlo dicho nunca y es una sorpresa para la otra persona, o porque hay un tercero. En estos casos es importante poder pasar por toda una expresión emocional y poder sacar el resentimiento y la rabia que hay hacia la pareja para poder establecer un nuevo vínculo. Si no se pasa por ese proceso de duelo, la espinita va a salir y uno de los dos va a quererla cobrar. Es muy común que los hombres o quien tenga el poder económico la cobre ejerciéndolo, o muchas veces las mujeres la cobran con los hijos: «Si tú no me das plata, no te los dejo ver». Es un pierde-pierde y el divorcio debe ser un gana-gana para todos, o sea que realmente debe ser una decisión que se toma para que la familia esté mejor de cómo estaba cuando vivía junta.

«Si tú no me das plata, no te los dejo ver».

Santiago.- Entendamos que los hijos necesitan tiempo para procesar todo lo que les pasa. Un duelo de un divorcio sano dura entre dos y cuatro años, un proceso bastante largo. Una última reflexión para aquellos padres que ya se están separando o se van a separar.

Gloria Mercedes.- Yo diría que el amor realmente es el elemento más importante en un divorcio con hijos. El amor por los hijos es una fuerza muy poderosa que me permite superar las dificultades y poder procesar estos temas, manteniendo a los niños un poco aislados de esta situación. La prioridad está en nuestros hijos. El vínculo que nos une son nuestros hijos. Utilicémoslos como herramienta esencial de la construcción de un nuevo vínculo, paternal con ellos, amistoso con la expareja, un vínculo económico y un vínculo de respeto entre todos.

Santiago.- Para que eso se logre, existe el amor, medicina milagrosa, transformación del universo.

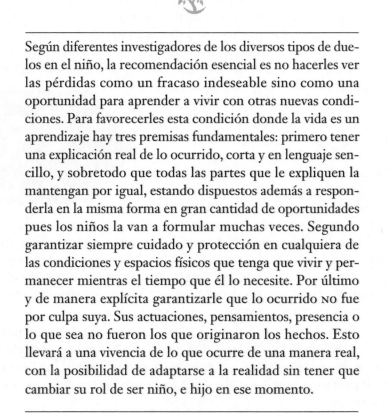

Según diferentes investigadores de los diversos tipos de duelos en el niño, la recomendación esencial es no hacerles ver las pérdidas como un fracaso indeseable sino como una oportunidad para aprender a vivir con otras nuevas condiciones. Para favorecerles esta condición donde la vida es un aprendizaje hay tres premisas fundamentales: primero tener una explicación real de lo ocurrido, corta y en lenguaje sencillo, y sobretodo que todas las partes que le expliquen la mantengan por igual, estando dispuestos además a responderla en la misma forma en gran cantidad de oportunidades pues los niños la van a formular muchas veces. Segundo garantizar siempre cuidado y protección en cualquiera de las condiciones y espacios físicos que tenga que vivir y permanecer mientras el tiempo que él lo necesite. Por último y de manera explícita garantizarle que lo ocurrido NO fue por culpa suya. Sus actuaciones, pensamientos, presencia o lo que sea no fueron los que originaron los hechos. Esto llevará a una vivencia de lo que ocurre de una manera real, con la posibilidad de adaptarse a la realidad sin tener que cambiar su rol de ser niño, e hijo en ese momento.

ESENCIAS FLORALES

Conversación con Carola Lage-Roy

La tierra es insultada y ofrece sus flores como respuesta.
—Sir Rabindranath Tagore

Ya desde el siglo pasado, el Dr. Edward Bach había aprendido de la naturaleza cómo las esencias de las flores podrían transformar al ser humano, hacerlo de una manera mucho más integral, no solamente para quitar los males del cuerpo sino también para desarrollar la conciencia. Son las esencias de la naturaleza de las flores silvestres facilitadoras del crecimiento personal integral.

La doctora Carola Lage-Roy es alemana. Tiene desde 1980 especialidad en este tipo de trabajo. Ella ejerció la naturopatía, que es una medicina natural, y tiene un importante trabajo en homeopatía junto a su esposo, el médico Ravi Roy. Ella encontró en la naturaleza una terapia floral diferente, una terapia desde el corazón.

Santiago.- ¿Cómo empezó este descubrimiento de trabajar desde el corazón la terapia floral?

Carola.- Soy homeópata desde hace más de treinta años y durante el mismo tiempo he estado trabajando con las flores de Bach, dando talleres en Alemania. Llegó el momento en que pensé que debían existir otras esencias, porque la naturaleza está llena de maravillas. Lo que inicialmente me impactó fue que hubiera esperado tanto. Recibí más de lo que hubiera esperado. Las esencias tienen mucho poder y es una gran responsabilidad indagar en ellas. Han pasado 15 años desde que recibí el conocimiento de la primera esencia. Nosotros las sometemos a una investigación con los mismos principios con los que se investiga el remedio homeopático, porque eso fue lo que yo aprendí. Sin la homeopatía no hubiera tenido la capacidad de indagar en el sistema como lo hice.

El doctor Samuel Hahnemann fue la persona que desarrolló la homeopatía hace más de doscientos años. El doctor Edward Bach, la terapia floral, que se basa en los tipos de experimentos que hicieron estos dos grandes médicos que nos antecedieron. Yo apliqué los principios del doctor Hahnemann para indagar en el rango o la capacidad de curación de las esencias florales.

Santiago.- Quiere decir que les damos una esencia a personas sanas sin que ellas sepan lo que reciben y luego vamos documentando exactamente lo que sucede con ellos.

Carola.- Cuando llega una persona enferma, le aplicamos las esencias con base en la sintomatología que hemos podido dilucidar anteriormente.

Santiago.- ¿Con cuántas personas hace esa investigación?

Carola.- Esto es muy cambiante. Pueden ser hasta cincuenta personas. En principio debe ser una enfermedad o un síntoma curado con una esencia por lo mínimo en tres personas antes de ser asumido como su rango de acción y antes de que lo ingresemos en el libro en nuestro repertorio de cómo aplicar las esencias florales.

> Las esencias tienen mucho poder y es una gran responsabilidad indagar en ellas.

Santiago.- Quiero que hablemos entonces de las esencias del corazón. ¿Cómo empezó todo su trabajo terapéutico?

Carola.- La primera esencia que encontramos es hasta el día de hoy la esencia más importante dentro de nuestro sistema, porque se trata hoy día en el mundo de que los seres humanos lleguen a comprenderse a sí mismos y en especial a nivel del corazón. Si seguimos ubicados a nivel racional, cognitivo, no vamos a llegar a resolver los problemas que tenemos en el mundo, y seguirá habiendo conflictos y guerras hasta que tengamos una manera de lograr paz en el corazón.

Es importante devolverles la paz a las familias. Con las esencias hemos podido ayudar a muchas familias a regresar a una armonía y hemos podido evitar divorcios en muchas personas.

Santiago.- Es decir, que tambien funciona para la pareja y para los hijos.

Carola.- Absolutamente. También para los hijos, para todos los miembros de la familia. Hay conflictos transversales, horizontales, verticales, y todos responden y mejoran cuando empiezan a tomarse la esencias.

Santiago.- ¿Cómo actúan y cómo se utilizan estas esencias?

Carola.- La botella en la que se compra la esencia es la botella de la cual se utiliza la esencia directamente. No se hacen diluciones ni mezclas, y todas las esencias están producidas a mano.

Santiago.- ¿Y cómo lo hace?

Carola.- La dosificación es una gota al día, funciona sobre el chacra del corazón y tiene un acceso a tres campos de nuestro ser: el alma, la mente y el cuerpo. La esencia floral lo que hace es abrir el chacra, que es un centro energético, un centro de luz, y esto permite una sanación.

La necesidad más grande de cada ser humano es estar sano y existe ya en cada ser humano un poder de autosanación. En particular podemos ver cómo esta fuerza aún está presente en gente de la tercera edad. Hemos visto mucha gente de la tercera edad que podría estarse degenerando, que podría ir cuesta abajo, pero con las esencias se libera en ella una renovada energía para la salud.

Santiago.- El doctor Edward Bach encontró que las flores tienen unas cualidades especiales de una manera muy sutil y pueden ser integradas a las personas y estas personas pueden reproducirlas: la cualidad de la paciencia en el caso de la impaciencia, la cualidad del coraje en el caso del temor, la cualidad de la paz

La necesidad más grande de cada ser humano es estar sano.

en el caso de la culpa, y así sucesivamente. La doctora Carola ha trabajado para abrir el corazón, para trabajar la paz en el corazón y desde ahí trasformar las relaciones con los hijos, con el cónyuge, con las personas y consigo mismo.

¿Qué más hacen, qué otras partes del cuerpo trabajan estas flores y qué otro proceso pueden transformar en la vida humana?

Carola.- Tenemos esencias que trabajan los siete chacras principales en el cuerpo, pero también existen en el cuerpo 144 chacras auxiliares, chacras menores; por ejemplo, el chacra del hígado. Tenemos otra esencia que llamamos la esencia del chacra animal, que está ubicado entre el corazón y la garganta, más o menos sobre el timo. Una persona puede utilizar al mismo tiempo diferentes esencias de estas o por separado en caso de terapias específicas. Las esencias no se mezclan porque se trabaja de acuerdo con las reglas de la homeopatía, lo cual quiere decir que se dan dosis únicas, esencias únicas, pero uno puede utilizar hasta cuatro esencias diferentes en un día, pero de forma secuencial: una en la noche, una al mediodía, una en la tarde y una antes de dormir.

Santiago.- ¿Y cuántas esencias ha descubierto en este camino?

Carola.- Hasta el día de hoy estamos trabajando con sesenta esencias, pero desarrollamos un sistema principal que son las doce principales esencias.

Estas esencias florales de los chacras son un nuevo método de atender al paciente, porque uno en el tratamiento le da una gota y él se concentra en su interior, pone atención a su propio estado y refleja el proceso de sanación que percibe en su cuerpo a partir de la gota.

Es una precondición, digamos, que el paciente esté dispuesto a interactuar con la esencia desde el fondo de su ser, y hemos visto posibilidades y respuestas increíbles.

Santiago.- ¿Qué ocurre en el manejo de enfermedades crónicas?

Carola.- También funciona muy bien porque siempre tenemos la posibilidad de actuar con la esencias sobre las causas de las enfermedades crónicas.

Santiago.- ¿Y con la manejo del dolor físico?

Carola.- Del mismo modo que en la homeopatía, uno primero pregunta qué tipo de dolor existe y cuál es la causa. Son las mismas preguntas. Uno trata de rastrear desde la causa de ese dolor.

Por ejemplo, traté un paciente que tuvo durante veinticuatro años un dolor de cabeza insoportable. Se había intentado suicidar tres veces y su vida era un infierno. Cargaba consigo una bolsa plástica llena de medicamentos y estaba desesperado. Seis profesionales médicos muy importantes estaban pensando en hacerle una operación a nivel cerebral, pero cuatro de ellos se retiraron y se negaron a hacer la operación porque decían que era demasiado complicada. Tenía una ruptura en el cráneo, casi no podía ver, tenía dolores muy fuertes, por el dolor se golpeaba la cabeza contra la pared y a mí me daba mucha pena el señor.

Yo le pregunté: ¿Usted realmente quiere sanarse? Y dijo que sí; yo le di una gota y los dolores fueron mejorando durante los primeros cinco minutos; al día siguiente repetí la dosis y mejoró más aún. Al tercer día le pregunté que si quería otra gota y me preguntó por qué, porque ya no tenía dolor. Nunca más tuvimos que repetir el tratamiento y los dolores nunca más regresaron. Esto fue hace cinco años. Por eso tuve mucho cuidado antes de publicar el libro; me demoré diez años en publicarlo. Algunas esencias nos demoramos mucho en obtenerlas porque actúan en caso de enfermedades muy extrañas.

Santiago.- Una última reflexión, doctora.

Carola.- Yo deseo que todos los seres humanos recuperen la confianza en sí mismos y en la naturaleza, y que también vuelvan a encontrar confianza en la palabra de Jesús.

Los seres humanos no son felices en un mundo materialista y se trata de vivir el poder del corazón, porque solo el amor puede sanar.

El sol es el activador de la vida y de todos los cambios del planeta, y su energía se vuelve nutriente para todos los reinos gracias a la fotosíntesis que ocurre en las hojas, siendo estas, además, purificadoras del aire mediante su sistema de intercambio de gas carbónico en oxígeno. Las flores son la transformación evolutiva de las hojas, por eso han logrado que los principios de nutrir y purificar también se especialicen, nutriendo aspectos de la conciencia para el desarrollo de cualidades y purificando la energía para retirar lo que nos intoxica a ese nivel. Más de 80 años de experiencia en el mundo lo demuestran cada día.

MOVIMIENTO CON ATENCIÓN DIRIGIDA

Conversación con Lea Kaufman

Lo que la lluvia es para el fuego,
la piedad lo es para la cólera.
—Schopenhauer

Hoy estamos con alguien con quien hace unos meses tuvimos la oportunidad de hablar y quien ha grabado además unos videos relacionados con el tema de hoy, la forma de movimiento que se llama Feldenkrais. Ella nos ha acompañado en otros programas. Causó mucho éxito cuando nos habló de una terapia para manejar los dolores de rodilla. Tuve la oportunidad de escuchar y leer los mensajes de muchas personas sobre cómo les había ayudado en sus problemas de rodilla. Ella es Lea Kaufman, uruguaya pero vive en Ciudad de México, Coordinadora de Feldenkrais en Colombia. Lo interesante es que con su método se pueden manejar no solo los problemas de salud sino la agresividad.

Kaufman.- Hola, Santiago. Lo primero es que las personas se enteren un poquito de en qué consiste esto del método Feldenkrais. Es un método único, un método de vanguardia que utiliza el movimiento combinado con la atención dirigida para mejorar la relación entre el cuerpo y la mente, para mejorar las relaciones entre el movimiento, las emociones y los pensamientos, y esto tiene un impacto en toda la persona, en cómo se mueve, en su postura, su flexibilidad, en la eliminación de dolores, de molestias, y también en las emociones y en cómo las manejamos. La mayoría del tiempo nos estamos moviendo y no nos enteramos. Esto modifica la postura, nos da flexibilidad y nos brinda emociones.

Quiero que empecemos por decir algo muy cotidiano: que las personas se dan cuenta de cómo la agresividad transforma nuestro cuerpo, nuestra postura, nuestra flexibilidad. Biológicamente lo podemos detectar en los hombros, en las piernas, en fin... Lo primero que hay que aclarar es que las emociones y la agresividad las sentimos a través del cuerpo. Nuestras sensaciones son las que nos dicen cómo está viniendo una emoción o un sentimiento. Puedo darme cuenta de que la agresividad está empezando, entonces puedo hacer un ajuste en mi pensamiento, en mi emoción, en mi movimiento, para no dejar que eso se dispare y transformarlo en algo creativo, transformar toda esa energía en algo mucho mejor. Pero lo primero es ser capaces de sentir nuestro cuerpo para detectar la emoción en el momento en que se inicia, cuando la podemos trasformar. Como nos estamos dando cuenta de que se nos está subiendo la temperatura de la olla, que está empezando a hervir, pero que no se nos está derramando o cocinado demasiado, entonces podemos hacer algo bueno en ese momento, si es una situación lo que nos molesta. Puedo intervenir antes de que la agresividad o la ira me ciegue y ya no la pueda controlar. Como la agresividad, la ira, la cólera y el resentimiento se manifiestan en nuestra anatomía, en nuestros músculos, en nuestra estructura corporal, es muy importante que cada persona sepa cuál es la manera única y personal de hacerlo. Sin embargo, hay cosas generales que podemos ver. Una es un exceso de tensión, de contracción. Muchas personas empuñan las manos y tensan el rostro. Como los animales, que cuando están enojados sacan los dientes y muestran mucha tensión en su cara. Eso también lo hacemos nosotros.

Santiago.- Vamos a hacer dos movimientos muy específicos para las manos y para el rostro. Lea nos regala siempre que viene acá un video que ustedes pueden observar en ww.caracol.com. co. Entran a la página, y ahí, en Sana Mente, están los videos de Lea.

Kaufman.- También me parece fundamental que la agresividad muchas veces está asociada al miedo, a un miedo oculto, que hace que tengamos que atacar o que defendernos. Generalmente cuando a uno le da miedo se pone más bravo. Yo creo que si uno se va a una isla donde todos son pacíficos y lo cogen a besos, pero uno no conoce a nadie, uno responde con agresividad porque tiene miedo. Por eso tenemos tantos problemas de discriminación, por ejemplo entre los países y las razas, porque no conocemos. Identifiquemos la postura del miedo para poderla modificar. En la evolución éramos micos y andábamos en los árboles. El peor riesgo era caerse. Para protegerse de ese miedo, los bebés miquitos se hacían bolitas y caían así. ¿Qué hace esa postura? Contraer el abdomen, contener la respiración y hacer que la columna toda se flexione. De ahí viene que hoy por hoy la gente contraiga la panza de tal manera que los músculos de la espalda que nos mantienen erguidos no se activen si no que se alarguen y se vuelvan laxos para que podamos volvernos «redondos». Así perdemos nuestro poder, que está en la pelvis. El abdomen es el centro de masa, de fuerza. El poder también es poder reaccionar de manera inteligente, no a través de la agresividad, sino de otros recursos. Podríamos decir que los que son barrigoncitos no tienen miedo. Los barrigoncitos tiene mucho poder. Imaginémonos un artista marcial, un judoka. Esos tienen su panza.

Santiago.- Eso me gustó. Le voy a decir a mi esposa, que ahora debe estar escuchando el programa, que lo que soy es poderoso. Ya tenemos claro que en el puño y en la zona de mandíbula tenemos las expresiones relacionadas con la agresividad, y que la postura del miedo proviene de nuestros ancestros los simios, que, para no hacerse daño, cuando caían de un árbol se volvían un rollito. En nuestro caso contraemos los músculos del abdomen y hacemos que la espalda aumente la elasticidad de los suyos. Nos echamos para adelante y así

> La agresividad muchas veces está asociada al miedo.

vivimos jorobados. ¿Los jorobados tendrían que ver con el miedo? No me gusta generalizar, pero probablemente hay un componente en eso.

Hagamos ahora un ejercicio de los que Lea nos enseña muy fácilmente. Lo podemos hacer cada uno a nuestra manera. Yo he tenido la oportunidad de estar en talleres y en conferencias y es sencillo, porque uno lo hace como puede, no hay que ser especialista.

Kaufman.- Me gustaría empezar por un movimiento para relajar el rostro y para eso pueden hacerlo parados o sentados, pero asegurándose de hacerlo de una manera erguida pero cómoda. No se aviente hacia atrás en el respaldo de su asiento: protruya sus labios como si fuera un bebé que va chupar del biberón o si fuera a dar un besito, pero con los labios todavía un poco separados. Los protruyes y los sueltas. Haz esto con tu rostro, poco a poco, muy suave, muy lento y prestando atención a cómo mover los labios. Necesitas activar muchos músculos del rostro y del cuello y a través de este movimiento puedes ir soltándolos. Ahora le vamos a agregar una cosita: cuando regresas, llevas las comisuras de tus labios hacia arriba, como si estuvieras sonriendo. Haz esto muy suavemente, muy lentamente, y nota si esto tiene algún impacto en tu entrecejo, en tus ojos, por supuesto en tu mandíbula y en tu lengua, y para y nota como sientes ahora tu cara.

Santiago.- Luego de estos pocos movimientos, recordemos que esta técnica busca movimiento con atención dirigida, o sea que a cada cosa que nos está pasando le estamos poniendo atención. Este ejercicio nos permite que toda la zona de la mandíbula y de la cara, que se tensa mucho con la agresividad, esté más suelta, más relajada, y esto va a tener un impacto en la emoción, porque toda tensión muscular tiene una emoción contenida. Al soltar una, sueltas la otra. Cuando uno sonríe, la emoción que tiene que tener evidentemente es diferente. Dicen que uno llora porque está triste o está triste porque llora. No. También tiene un impacto.

Por favor sigan haciendo el ejercicio para que hagan buena cara con la señora que tienen al lado y está con tubos o con el marido que está como agresivo, a ver si transformamos nuestras vidas y tenemos mejores vínculos.

* * * *

Santiago.- Lea Kaufman vino al país para enseñarnos sobre esta tecnología, sobre esta estrategia, sobre este conocimiento que permite al ser humano tener un movimiento con atención dirigida y que nos ayuda en la postura, en la flexibilidad y en el manejo adecuado de las emociones. Una estrategia que va a enseñar en Colombia a partir del segundo semestre. Va a haber una formación que dura dos años. Por eso voy a preguntarle a Lea adónde se pueden dirigir las personas que estén interesadas en conocer, en comprender un poco más de esta tecnología, de esta estrategia, de este método. Digo tecnología por todo el desarrollo que se le ha aplicado, aunque se haga directamente con el cuerpo humano. ¿Adónde se pueden dirigir? ¿Dónde te pueden buscar?

Kaufman.- Claro que sí. Pueden visitar nuestra página web http://feldenkraiscolombia.com o pueden entrar a mi página web personal (www.movimientointeligente.com), que es un poquito más fácil, y de ahí dirigirse al entrenamiento profesional.

Santiago.- Ya hablamos de cómo relajar el rostro que está obviamente expresando nuestra agresividad, cuando contraemos la mandíbula y mostramos los dientes. Hagámoslo entonces con los puños.

Kaufman.- Les voy a pedir, por favor, que sentados ahí donde están dejen que un brazo, el que ustedes quieran, cuelgue al lado de su cuerpo y ahí junten los dedos de sus manos como si fueran a tomar un puño de sal. Luego los separan como si fueran a soltar la sal, pero de una manera muy elegante, abriendo su mano, construyendo con ella un movimiento, como si fuera una medusa que va nadando en el mar. Hagan esto muy, muy suavemente, y poco a poco. Vayan coordinando la apertura y el cierre de la mano de manera muy suave. Noten espontáneamente cuándo inhalan y cuándo exhalan, y combinen la respiración con este movimiento, y mientras lo hacen vean el efecto en el resto de ustedes, en el hombro de ese lado, en la cara de ese lado, en la cadera de ese lado, y pueden seguir haciéndolo un ratito mientras yo les cuento que a mí esta me parece una de las ideas más geniales de Moshe Fendelkrais, que es el creador de este método. Sabiendo que la mano es una de las partes que tiene una representación neurológica más grande, a través de este movimiento de la mano fácilmente ustedes pueden calmar todo su sistema nervioso, porque como tiene tanta representación en el cerebro, la expansión al resto de ustedes es muy rápida. Al hacer esto ya no les va a importar lo que les hayan dicho o lo que les hayan hecho, y van a poder calmar cualquier enojo, cualquier agresividad.

Santiago.- Entendí que hay que tener los brazos colgando para que no vaya haber ningún tipo de tensión.

Kaufman.- Exacto, colgándolos libremente, no teniéndolos pegados al cuerpo, en una posición muy tranquila, en donde no sientas sino donde puedas estar totalmente cómodo. Lo que esta estrategia siempre nos recuerda no es hacer el movimiento sino poner nuestra conciencia en él para que tengamos la capacidad de vivir de una manera más adecuada la postura, la flexibilidad y las emociones.

Llegamos a la postura del miedo, que es parte esencial de la agresividad. Los miedosos son agresivos y por agresividad terminan teniendo nuevamente miedo, y crean ese círculo infortunado que deben romper. ¿Cómo hacemos con esta postura donde contraemos el vientre y estiramos los músculos de la espalda y nos contraemos hacia adelante? Lo primero es reconocer que nuestro abdomen está apretado. Para eso, por favor, pongan los dedos de una mano entre el ombligo y el pubis, ahí en el abdomen bajo. Déjenlos ahí y ahora tomen aire y con el aire llenen el abdomen bajo (a eso lo llamamos respiración diafragmática) y empujen los dedos de su mano como si fueran a sacarlo de ahí. Si no es claro este movimiento, vas a hacer como que toses y vas a darte cuenta del movimiento espontaneo que sucede en tu abdomen bajo. Ese es el movimiento que vas a repetir. La segunda parte del movimiento se ejecuta estando sentados en el borde del asiento, no hacia atrás, que su espalda esté libre. Luego se «redondean», con esa postura que decíamos que es la postura de miedo: entonces se vuelven redonditos, se hacen una bolita, llevan su pelvis hacia atrás y luego la ruedan hacia al frente. Toman aire, expanden el abdomen y toda la columna, de tal modo que su esternón, su pecho, vaya hacia el techo. Su cara mira un poquito hacia el techo y toda la parte de adelante se abre. Echamos la cabeza para atrás, como lo hacen las contorsionistas en los circos. Bueno, no tanto, porque es importante proteger el cuello en esa postura. No hay que llevar a la espalda la parte posterior de la cabeza, que se llama el occipital, sino más bien alargar el cuello. Lo importante es que el pecho mire al cielo, digámoslo así, que saquemos pecho. De ese modo reconocemos como es de «recogida» la postura del miedo y como es estar «expandido» en una postura de apertura hacia el mundo. Recogido, expandido, recogido, expandido. También nos damos cuenta de que vemos el mundo de una manera más relajada. Si esto nos cambia la postura del miedo, nos debe cambiar el temor. Entonces el temor empieza a disolverse a medida que se disuelven las tensiones corporales. Nosotros decimos que la simpaticotonía, que es el sistema simpático, nos contrae y es el que se asocia al temor. En cambio, la parasimpaticotonía, que es lo contrario, nos expande y nos permite el abrazo. Para abrazar hay que hacer este movimiento exactamente. Cuando uno se prepara para abrazar, tiene que llevar los brazos hacia atrás, poner el pecho hacia adelante, y luego entonces se va a fusionar, pero ya con otra persona. Ya la unión no es recogerse en uno mismo si no recogerse con otro. Tras muchas clases del método Fendelkrais, el objetivo que se tiene y lo que se logra es la regulación entre el simpático y el parasimpático, y se va accediendo a diferentes punto de la columna para que esto sea completamente posible.

Cuando tenemos una emoción que nos agobia, algo que funciona mucho es lo que llamamos el tap o golpeteo. Con sus puños, no apretados pero sí cerrados muy suavemente, empiecen a golpear muy suavemente sobre todo el esternón y las costillas, y luego el cráneo y luego la pelvis y la cintura: cierren un poquito sus manos, pero no con los puños apretados sino sueltitos y, moviendo mucho sus muñecas, empiecen a golpetear suave con los dedos, no con los nudillos o con los nudillos pero muy suavemente, el esternón, ese hueso plano de la mitad del pecho, las costillas, el cráneo en toda su dimensión, la cintura por atrás y

El temor empieza a disolverse a medida que se disuelven las tensiones corporales.

todo por donde puedas sentir hueso. ¿Para qué es esto? Para conectarse con el soporte esquelético, porque cuando se conectan con él, se dan cuenta de dónde están sus huesos, sienten su soporte interno, entonces ya no se sienten tan desequilibrados por lo que pueda venir de afuera. Eso nos va a hacer sentir que estamos aquí, en el cuerpo, que no nos hemos salido, como dice uno cuando está bravo: «Me salí de la ropa, me salí de mis casillas». Es como decir: «Bueno, me vuelvo a meter». Esos son términos colombianos. Se trata de volver a entrar al cuerpito, que es nuestra ropa biológica, por decirlo así, y nuestra conciencia vuelve a ingresar en nosotros.

Santiago.- Un último consejo.

Kaufman.- Por favor practiquen el sentirse ustedes mismos en cualquier situación, empiecen como detectives a darse cuenta de cómo la agresividad y las emociones negativas se expresan en ustedes, y en el momento en que pueden darse cuenta de cómo empiezan, las pueden detener a tiempo.

Santiago.- Eso es importantísimo: movimiento con atención dirigida. La mejor forma de no tener guayabo, como le decimos en Colombia a la resaca, es no beber. Aquí también la mejor forma de no pasar al lado de la agresividad es contenerse antes de que empiece. Más que contenerse es poder reconocer que va a venir y transformarlo. Todo esto hay que repetirlo para poder aprenderlo. Lo que se oye, se olvida. Lo que se ve, se recuerda. Lo que se hace, se aprende. Les recomiendo hacer los ejercicios para poderlos compartir. Lea nos los regaló y no los dejó en la página www.caracol.com.co. Véanlos, practíquenlos, vívanlos, enséñelos y vivirán con menor agresividad y sanamente. Gracias, Lea y descansa.

Kaufman.- Mil gracias a ti, Santiago.

Santiago.- Un abrazo.

Es bueno saber que para sonreír empleamos 17 músculos y que, sin embargo, para fruncir el ceño utilizamos hasta 43. Aunque sea por economía facial, sonreír y reír es una inversión en la que se gasta poco. Al tiempo produce maravillosos resultados, pues se reproduce en los que nos observan y se revierte en nosotros con creces.

FRUTOTERAPIA

Conversación con
Albert Ronald Morales

Dios ha hecho los alimentos;
el diablo, la sal y las salsas.
James Joyce

Un tema que nos compete a los seres humanos es un regalo excepcional de la naturaleza, la fruta, donde está concentrada toda la fuerza de esa semilla que se transformó en tronco, raíz profunda, ramas, hojas y flores, y un fruto para darnos nutrición, alegría, sabor y salud.

Albert Ronald Morales es un colombiano creador de la frutoterapia. Es bioquímico, autor de cuatro libros que he tenido el gusto de leer, de aprender a utilizarlos, y me declaro sorprendido de la cantidad de conocimientos que este hombre tiene.

Santiago.- De la A a la Z, ¿por qué es importante comer frutas?

Albert.- La importancia de las frutas es vital porque es tal vez el único alimento que la naturaleza nos ha dado sin necesidad de pasar por procesos, ni industriales, ni de cocción, ni de preparación.

Santiago.- ¿Qué propiedades tiene en general este regalo de la naturaleza?

Albert.- En los 38 años que llevamos de investigación hemos encontrado que la fruta nos sirve absolutamente para todo. En la fruta hemos encontrado vitaminas, sales minerales, oligoelementos antioxidantes, proteínas y, en especial, últimamente hemos tenido un gran hallazgo: micronutrientes potentes. En todas las frutas hemos encontrado sustancias activas que ayudan a curar, a mejorar dolencias del hombre, desde una simple migraña hasta cosas tan complicadas como lo que hemos descrito en el último capitulo del libro *Las frutas, el oro de mil colores: Frutoterapia*. En este libro nos atrevimos a hablar sobre el cáncer, que es un tema bastante espinoso, complicadísimo, pero el hallazgo de las sustancias de otras frutas que hemos analizado, como la gradiola —es decir, la guanábana— y el marañón —una fruta bastantes desconocida pero muy sabrosa—ha sido para nosotros muy grande e importante.

Santiago.- ¿Cómo es mejor comerse la fruta: cruda, con cáscara, sin cáscara? ¿Cómo lavarla?

Albert.- Lo primero es lavarla; yo soy de los que opino que si la fruta se cultiva como en Colombia, en donde el campesino tiene sus frutales, debe hacerse simplemente con agua; pero si es un cultivo industrial, donde se usan agrotóxicos, hay una solución muy práctica para que la gente los saque de la piel y de la semilla, que es donde se alojan, y es muy fácil. Voy a poner una escala muy baja, y de ahí en adelante las escalas se manejan de acuerdo con lo que cada quien quiera lavar: a un litro de agua se le agregan tres cucharadas soperas de acido acético, es decir, de vinagre, esa solución se mezcla muy bien y luego se meten las frutas allí durante diez minutos. A los diez minutos las frutas se sacan de allí, se pasan por el agua del grifo y quedan perfectamente limpias.

Santiago.- ¿Nos comemos las frutas crudas? ¿Nos las comemos con el estómago vacío? ¿Las mezclamos? ¿Hacemos ponche? ¿Hacemos jugos?

Albert.- Lo mejor que se puede hacer con la fruta es comerla cruda. Hay excepciones, por supuesto, de frutas de doble fin, y hay frutas que se deben consumir cocidas, como el chontaduro. Yo pienso que lo mejor es comerla a mordiscos para que la primera digestión, que es tan importante, se dé en la boca. Así la logramos ensalivar e incorporar, y cuando llegue a nuestro estómago ya haya transcurrido un 40% de digestión y a la fruta se le logre asimilar todo el potencial de nutrientes que tiene.

Los batidos es otra manera de consumirlas porque las mezclas se hacen con la fruta cruda. Hay frutas que toleran lácteos, hay frutas que no. La estevia fue para mí un hallazgo hace veinte años y sigue siendo algo absolutamente milagroso y maravilloso. Aquí en Colombia se está cultivando y es uno de los mejores azúcares que tenemos.

Santiago.- ¿Cómo es mejor comer las frutas: antes de las comidas, entre comidas, después de las comidas?

Albert.- Las frutas se deben tomar antes, nunca después, porque los azúcares que tienen —la fructosa y otros— cuando se toman como postre hacen lenta la digestión. Los azúcares se convierten en cadenas largas de asimilación y en grasa, y en ese caso las frutas engordan y además entorpecen la digestión. El hígado y nuestro metabolismo produce efectos complicados, y las flatulencias son frecuentes cuando se toman las frutas después de comer. Por eso las frutas deben comerse antes del plato principal.

Yo usualmente ceno siempre con frutas dulces, que son las apropiadas para la noche. Hay frutas que se pueden tomar en la noche, otras que se pueden tomar al mediodía y otras en la mañana. Por ejemplo, en las mañanas el organismo es muy agradecido cuando el estómago está vacío y le ponemos frutas ácidas. En cambio, al mediodía, las mejores son las frutas que tienen proteína: las almendras, las nueces, el coco, el chontaduro. En la tarde las frutas dulces, como la papaya, el mango, nos caen de maravillas, pues tienen gran cantidad de sustancias que no nos van a entorpecer la digestión.

> Las frutas deben comerse antes del plato principal.

Santiago.- Sabemos de frutas útiles para los distintos órganos. Para el cerebro, el coco, la almendra y las nueces, que nos ayudan a la memoria; para los ojos, el mango; para el oído, la papaya y la ahuyama, que tienen luteína; la ginkgo biloba, una yerbita oriental muy conocida, y la toronja mejoran la microcirculación; para los bronquios, el maravilloso limón, ayudadito con el tomillo para limpiarlos; para el corazón, el mango y la toronja. La toronja es una fruta muy interesante porque baja el colesterol. Y algo maravilloso para quien tenga problemas del corazón, la almendra del mango (lo que está dentro de la pepa grande): una o dos almendras masticadas o con miel para bajar el colesterol. Para el tubo digestivo, la papaya y la ciruela. Todas la frutas en general tienen fibra y nos pueden servir. Vamos al riñón.

Albert.- Para el sistema renal la fruta es la sandía. Esta maravilla de fruta tiene un 94% de agua, la única agua que existe en el planeta realmente filtrada y enriquecida con minerales de la naturaleza, y su carne está llena de vitaminas. En ella hemos encontrado sustancias activas tan estupendas que la hemos denominado la fruta del sistema renal. Es diurética, ayuda a limpiar la impurezas del riñón, limpia los filtros, mejora todo lo que tiene que ver con los uréteres, desinflama. Pero uno de los hallazgos más impresionante que hemos encontrado en la patilla son sus semillas: tienen sustancias con las cuales hemos ayudado a recuperar gente que estaba en diálisis. En las semillas, donde está toda la concentración para ayudar a mejorar el riñón, hay un truquito que me encanta enseñar. Es muy fácil: se toman las pepas de la patilla, se machacan con un morterito, y en un litro de agua se ponen a hervir durante dos minutos. El agua se deja enfriar, tapadita, y cuando esté fría se cuela y se toma durante todo el día. Con esto hemos logrado sacar gente de la diálisis y estas son palabras mayores.

No es fácil sacar a un paciente una vez entra a la diálisis. Pues las pipas de nuestra querida sandía patilla han logrado hacer este milagro.

Santiago.- ¿Qué comer para fortalecer la parte sexual en hombres y mujeres?

Albert.- Hemos encontrado en la breva o en el higo fitoestrógenos vitales en las mujeres y en nosotros los hombres, porque si nosotros no tenemos una pequeña cantidad de estrógenos no podemos recuperar nuestra masa ósea y no podemos tener un buen esqueleto, ni unas buenas uñas, ni unos buenos dientes, ni un buen cabello. Lo importante es ingerirlos crudos, nunca con arequipe, como se toman en Colombia. Por cada cien gramos son doscientos miligramos de fitoestrógenos, es decir, de isoflavona o flavonoides, que va ayudar a mejorar todo lo que tiene que ver con los problemas de la mujer.

Lo hemos llamado el viagra de la frutoterapia o viagra de los pobres.

En el caso de los hombres hay dos frutas que contienen una muy buena cantidad de testosterona y que solamente tenemos en Colombia: el borojo y el chontaduro. Igualmente, en la semillas del girasol, cuando se comen crudas, hay una gran cantidad de testosterona, que es muy importante para tener la virilidad necesaria.

También las mujeres necesitan una pequeña cantidad de testosterona para tener apetencia sexual. Estas frutas pueden ser consumidas por mujeres y hombres. Y desde luego tenemos el aguacate, del cual se ha hecho un estudio muy interesante: cuando se mezcla con los brotes o con el germen de alfalfa y con miel de abejas o panela raspada, tiene sustancias vasodilatadoras a nivel de nuestro sistema sexual, es decir, ayuda a que el cuerpo cavernoso funcione, a que los cilindros se llenen por completo, a que el músculo erectal funcione perfectamente, y tengamos una erección perfecta y la sexualidad se dé a las mil maravillas. También inclusive ayuda a controlar la eyaculación precoz, que es tan complicada y tan difícil de solucionar. Por eso lo hemos llamado el viagra de la frutoterapia o viagra de los pobres, porque esta mezcla se hace muy fácil.

Voy a darle el truquito: se toma medio aguacate y en esa cavidad que queda de la semilla se agregan una cucharada sopera de germen de alfalfa y una cucharadita de miel o panela raspada. Se mezcla todo y se come a las 5 horas. Es algo completamente natural, no molesta a la gente que tiene problemas cardiacos. Si hay problemas de azúcar en la sangre, preferimos que solo tomen el aguacate y la alfalfa.

Santiago.- ¿Qué pasa con la fruta y los diabéticos? Sabemos que la miel y algunas frutas no se recomiendan en ellos. ¿Cuáles podrían comer y cuáles les servirían a las personas que tienen diabetes?

Albert.- En Colombia tenemos un regalo de Dios para la diabetes que es la uchuva. Le hemos encontrado sustancias que nos han permitido llamarla la insulina vegetal, y estas ya son palabras mayores desde el punto de vista bioquímico e histoquímico. La uchuva también tiene unas sustancias que activan las células de la isla del páncreas que se van atrofiando en la medida en que al paciente le va subiendo el azúcar y por supuesto el páncreas va produciendo menos insulina. La uchuva aparte de que controla el páncreas, también lo activa, vuelve a producir la cantidad de insulina que necesita el paciente y es muy fácil ingerirla.

Se empieza tomando dos uchuvas en ayunas el primer día y se va subiendo de a dos cada día, hasta el día veinte en que se toman cuarenta uchuvas, y luego se regresa quitando de a dos hasta llegar a dos. Son cuarenta días que dura el tratamiento y con esto ya empieza a controlarse el azúcar y el páncreas a producir su propia insulina. La carencia que tiene se la cubre esta maravillosa fruta que es la uchuva.

Santiago.- Sin dejar de tomar el medicamento hasta que el médico lo recomiende, ¿qué puede ayudar a regular la presión arterial de los hipertensos?

Albert.- La maravilla para controlar o bajar la tensión son tres frutas absolutamente espectaculares que tenemos en Colombia: el maracuyá, el lulo y el tomate de árbol. Tomando un vaso de jugo en ayunas, licuado en agua, no en leche, estas frutas controlan totalmente la tensión alta.

Hay que decir que con estas tres frutas hay que tener cuidado. Hay personas con una alta sensibilidad a ellas, especialmente quienes tienen alergias. Por lo demás son impresionantes. Uno se toma el primer vaso de maracuyá o de lulo o de tomate de árbol en ayunas, y la circulación empieza a funcionar perfectamente.

Santiago.- ¿Pero mezcladas las tres y bien lavaditas?

Albert.- No, no mezcladas. Tienen que ser consumidas individualmente. Por ejemplo, se puede tomar un día jugo de maracuyá, al otro día de lulo y al otro día de tomate de árbol.

Santiago.- Perfecto. Dos frutas muy nuestras, muy colombianas, son la naranja y una de las que llamamos de doble fin porque se utiliza también como verdura: la berenjena.

Albert.- Se toman una rodaja de berenjena (si está muy dura la piel, se le quita) y un vaso de jugo de naranja exprimidas en la casa. Se licúa la berenjena y esa mezcla se toma durante diez días media hora antes del desayuno. Esto limpia el colesterol adherido en las plaquetas y los triglicéridos. Es la mejor competencia de las estatinas para mejorar los niveles de colesterol y triglicéridos, y no tiene efectos colaterales. Además tiene un sabor muy rico, porque cuando uno dice naranja y berenjena, la gente hace mala cara. Tómenlo y verán lo sabroso que es: ayuda a bajar la tensión y a bajar de peso.

Santiago.- ¿Cómo limpiar cálculos de riñón y de vesícula?

Albert.- La solución para los cálculos, tanto renales como de vesícula, está en la almendra de la semilla de níspero. Se toman diez gramos (una cucharada sopera), se machacan un poquito con el mortero y se ponen con un litro de agua a hervir dos minutos. Se tapa, se baja y se toma este líquido. Esto funciona especialmente para los cálculos renales, que se van pulverizando y salen sin dolor. En el caso de la vesícula, es con la piel del níspero: diez gramos de la piel del níspero tomados en ayunas nos ayudan a desalojar los cálculos que están alojados en la vesícula.

La mayoría de las personas escogen las frutas por la apariencia y el tamaño, lo que hace que las consideren muy apetecibles. Esto puede ser atractivo a la vista, pero no siempre significa que sean saludables, porque mediante la industria se logran mantener apetecibles frutas que no mantienen sus propiedades terapéuticas. La clave está en el aroma, así que cada vez que vaya a escoger frutas es bueno tener la nariz destapada porque es este sentido el que le dirá si la fruta es digna de considerarse como remedio nutritivo y saludable.

MÉTODO ALFRED TOMATIS

Conversación con Catalina Soto

El cerebro no tiene vacaciones ni jubilación.
—Alfred Tomatis

Hay un grupo de niños muy inquietos, no solo de noche sino de día, a quienes los médicos llamamos hiperactivos. De una manera más adecuada estamos hablando del trastorno del déficit de atención con hiperactividad, el TDAH o ADHD (en inglés). Técnicamente se trata de que el niño no se queda quieto. Generalmente hace muchas cosas a la vez, no se concentra bien, puede llegar incluso a tener trastornos de socialización y puede volverse desde imprudente hasta agresivo.

Se dice que en este momento en el planeta el 7% de la población tiene TDAH y que es más común en niños que en niñas.

El método Tomatis, diseñado por el otorrinolaringólogo francés Alfred Tomatis, puede ayudar a estos niños. Gracias a diferentes investigaciones se sabe que una tercera parte de los niños con TDAH se corrigen solos, que una parte continúa igual y que una tercera parte se agrava, o sea que dos terceras partes realmente requerirían una terapia para evitar que tengan problemas cuando sean adolescentes y sobre todo adultos.

Hoy nos encontramos con la doctora Catalina Soto, fonoaudióloga de la Universidad del Rosario de Bogotá.

Santiago.- Doctora, para poder entrar en el tema de la hiperactividad infantil, cuéntenos en qué consiste el método Tomatis.

Catalina.- El método Tomatis es un entrenamiento de la escucha. Usa música de Mozart, cantos gregorianos y en algunas ocasiones la voz de la mamá del paciente, cifrada a muy altas frecuencias. Estos sonidos o la música se transmiten a través de unos auriculares que tienen señal por vía aérea, que es como escuchamos normalmente por los oídos, o también por vía ósea. La vía ósea transmite el sonido pero a través de los huesos del cuerpo, de tal manera que se estimula directamente el oído interterno.

Los sonidos que nos entran por vía aérea tienen que atravesar el oído medio, donde hay unos musculitos y unos huesecillos muy chiquiticos que se tienen que accionar para convertir esa onda de sonido, que es mecánica, que viene por el aire, en una onda eléctrica en el oído interno.

Cuando usamos la estimulación por vía ósea, directamente estamos estimulando el oído interno, que es donde está la cóclea, que es la encargada de analizar los sonidos y la que nos permite oír.

Santiago.- Es decir, que ese método entrena la escucha, ya sea por el sonido del canto gregoriano, la música de Mozart o el sonido de la madre filtrado para estimular aspectos específicos.

Pasemos concretamente al tema de la hiperactividad infantil, que puede ser el dolor de cabeza de maestros y de padres, por supuesto, y cada día más en el mundo entero.

Catalina.- El sistema vestibular que está en el oído interno es el encargado de autorregular el cuerpo. Es el encargado de convertir todas las señales corporales para que nuestro cerebro las interprete y las integre. El sistema vestibular le da información al cerebro sobre nuestro cuerpo, sobre el tono muscular. Es el que nos ayuda en la coordinación, en el equilibrio, y también en todo lo que es la ubicación temporoespacial. También tiene que ver, por ejemplo, con cómo organizo mi tiempo y mi espacio para hacer una actividad, o sea, tiene que ver con la función ejecutiva, cómo me organizo para hacer algo. Entonces el cerebro usa va-

rias estrategias. Cuando ese sistema vestibular no está bien integrado, o sea, cuando no
logra procesar adecuadamente los estímulos que recibe de afuera, el cerebro
usa dos herramientas básicas para
recibir más información de ese cuerpo que no está siendo suficiente. Una,
es a través de la fuerza de la gravedad:
me vuelvo muy pesado para darle más
información a mi cerebro, pero otra, es
el movimiento: me muevo mucho más para
que mi cerebro reciba suficiente información
de mi cuerpo. Eso sucede cuando yo no tengo una adecuada
integración vestibular.

> El sistema
> vestibular que
> está en el oído interno
> es el encargado
> de autorregular
> el cuerpo.

Santiago.- Como quien dice, le tengo que llamar la atención
a mi cerebro y entonces él me pone atención, y para eso o peso
más, me vuelvo más pesado, o me muevo más.

¿Qué tan factible es que un niño que sufra de hiperactividad
tenga trastornos del aprendizaje, que se le dificulte entender
algunas cosas a nivel escolar?

Catalina.- Es bastante factible por lo siguiente: cuando me
estoy moviendo mucho y no tengo una adecuada autorregulación
de mi cuerpo, no puedo tener una adecuada atención, mi concentración es deficiente; sobre todo hay que tener en cuenta que
en la atención y en la concentración hay también un factor emocional enorme. Es decir, también tengo que estar motivado hacia el estímulo al que debo prestar atención para además poder
desechar todos los demás estímulos que no son importantes.

Santiago.- Por eso esos niños juegan doce horas seguidas
Nintendo y están concentrados, pero el resto del mudo no les
importa.

Catalina.- Exactamente. Ahí entra el factor motivacional a
desempeñar un papel muy, muy importante. Lo demás tiene un
bajo contenido emocional para ellos, de manera que no logran
mantener la concentración por mayor tiempo.

Santiago.- Perfecto. Entonces a una persona que tiene un
trastorno de hiperactividad realmente le cuesta trabajo atender,

entre otras cosas porque, por un lado, está haciendo demasiada actividad y no logra mantener la atención y, por otro lado, porque le faltaría motivación, si no logra que algo le genere ese entusiasmo.

Me pregunto si la sintomatología tiende a mejorar con la edad.

Catalina.- Sí, en general puede tender a mejorar con la edad, debido a que poco a poco también nuestro cerebro aprende a compensar, a usar estrategias para hacer las cosas. Lo que pasa es que esto demanda un gasto enorme de energía que muchas veces hace que no sea tan fácil. Pero sí, efectivamente, las personas tienden a compensar sus deficiencias con otras habilidades que poseen.

Santiago.- El déficit de atención que le quita a una persona la capacidad de concentración para algunos temas y que la hace moverse mucho, ¿le permite atender muchas cosas a la vez?

Catalina.- Sí, eso es lo que se llama multitask: una persona que es capaz de atender muchas tareas al mismo tiempo. Lo que pasa es que hay un período de la vida en que eso no es muy funcional, pero luego esas personas pueden llegar a tener un desempeño adecuado. Porque además una de las características generales que se presentan muy comúnmente es que estas personas tienen una inteligencia multidimensional. Estas no son personas lineales, ni analíticas, que hacen una cosa primero y después otra, sino que lo son simultáneamente y mucho más sintéticas. Eso es un tipo de inteligencia que para ciertas cosas es muy útil, pero para otras no. Y en general el aprendizaje académico está mediado por el lenguaje, la lectura y la escritura, que son lineales.

Santiago.- Entonces si en el colegio no le va bien, de pronto en la vida le puede ir bien si el «problema» se sabe manejar.

¿Qué tan eficaz es el método Tomatis para los niños con déficit de atención y en qué consiste la terapia?

Catalina.- El método Tomatis es muy eficaz para las dificultades de atención. ¿Por qué? Porque la escucha consiste precisamente en enfocarse en un determinado estímulo, descartando otros que no son importantes. Eso se le puede enseñar al cerebro. A través de este método se trabaja realmente el procesamiento auditivo central. Si yo pudiera poner en palabras de un niño qué es el procesamiento auditivo central, diría que lo primero es recibir el sonido. En palabras de niño es un «¿qué?». O sea, «Me dijiste algo. ¿Qué?». Luego del «¿qué?» sigue el «Ya sé que me dijiste algo, pero no te entendí». Sigue la comprensión. Luego sigue: «Ya sé que me dijiste algo, ya te entendí, pero ya se me olvidó».

La memoria operativa o memoria de trabajo en general se ve afectada en los niños con déficit de atención porque, al estar haciendo varias cosas simultáneamente, la memoria específica de una tarea puede perderse en el momento en que se está ejecutando. Después de «¿qué?», «ya supe qué me dijiste», «ya entendí», «ya me acuerdo, pero no sé qué tengo que hacer», entra a jugar la función ejecutiva.

Todas estas son diferentes fases del proceso de integración auditiva en el cerebro, porque, por supuesto, siempre se está pidiendo una respuesta.

Santiago.- Eso es absolutamente genial y además muy lineal, pero los seres humanos tenemos lo lineal y lo integrativo. Tenemos entonces primero que poner atención para entender, esa atención nos lleva a comprender, pero tenemos que acordarnos y ahí sí podemos saber lo que estamos haciendo y saber cómo lo hacemos. Ese proceso lo hacemos permanentemente, solo que si no tenemos una capacidad de integrar no lo hacemos adecuadamente, como con el déficit de atención, pero si lo integramos lo podemos hacer de manera simultánea.

¿Qué logra, qué resultados específicos tiene, doctora Catalina, ese método que usted trabaja aquí en Colombia?

Catalina.- En general los papás nos reportan que los niños disminuyen sus niveles de ansiedad, lo que les permite concentrarse mejor y disminuir sus niveles de impulsividad. ¿Por qué? Como el sistema vestibular autorregula el cuerpo, si yo tengo un cuerpo autorregulado tengo una mejor capacidad de autocontrol. También, por supuesto, mejora la comunicación y el lenguaje. Entonces, son niños que pueden comprender mejor y, sobre

El método Tomatis es muy eficaz para las dificultades de atención.

todo, pueden expresar mucho mejor lo que piensan, lo que sienten, lo que les gusta y lo que no les gusta, y mejora la socialización, porque también genera bienestar emocional.

Santiago.- ¿Cómo podemos saber si nuestro hijo es simplemente nervioso o si presenta un trastorno de déficit de atención?

Catalina.- En general, hay que entrar a mirar por qué un niño es ansioso. ¿Cómo sabemos si está teniendo déficit de atención? Por la funcionalidad. Si es un niño funcional, que no tiene dificultades académicas, escolares, o sea que su conducta no interfiere con su vida cotidiana, pues no hay ningún problema, aunque sea nervioso, no se presenta la dificultad de un déficit de atención. Se pueden generar dificultades de otro orden.

Definitivamente, lo que hay que tener en cuenta es la funcionalidad en la vida cotidiana.

Santiago.- O sea que tenemos un proceso que además nos va a ayudar en otros aspectos. Yo quisiera saber, precisamente, si el método Tomatis, además del déficit de atención (y del autismo en algunos pacientes), tiene funciones distintas a aquellas para las que fue creado y qué resultados se obtienen.

Catalina.- Si quiero entrenar mi oído para la música, para cantar o para aprender un nuevo idioma, también sirve el método Tomatis, porque está entrenando mi oído para ese objetivo específico. Cada idioma tiene diferentes frecuencias de sonido, entonces lo que hago es abrir el rango de frecuencias hacia las frecuencias específicas del idioma que quiero aprender, de manera que lo aprendo de manera mucho más rápida, eficiente y, por supuesto, con una mejor pronunciación porque tengo mi oído mejor entrenado.

Santiago.- Bueno, maravilloso, también entonces serviría para bailar, porque si manejamos mejor la parte de integración e interpretación que tiene el sistema vestibular, también moveríamos mejor el cuerpo. Incluso para un futbolista o para un golfista, pregunto.

Catalina.- Por supuesto que sí. Bueno, la mayoría de los adolescentes que usan el método Tomatis reportan, por ejemplo, cambios significativos en actividades como esas: bailar, jugar al fútbol, al tenis, al golf, porque tienen mucho mejor coordinación, ritmo y destreza.

Gran parte de la biología moderna describe la vida como «un patrón de organización de información». Recibimos la información primaria por la herencia, que se complementa y modifica permanentemente con el estilo de vida mediante todas las informaciones recibidas por el entorno (físicos, síquicos, sensoriales, energéticos…). Por eso una terapia sencilla que vuelva a integrar una información perdida o alterada mediante sonidos básicos y restauradores se presenta como una estrategia útil para sanar a estos niños que por su condición oyen pero no escuchan, ven pero no observan y estudian pero no aprenden.

PILATES
Conversación con
Marcela Pedraza Morales

Movimiento es el paso de la potencia al acto.
—Aristóteles

Qué tan importante es que tengamos un movimiento adecuado. Qué tan importante es que tengamos salud a través del movimiento y qué tan importante es que lo hagamos para gran cantidad de enfermedades que existen hoy en día, muchas relacionadas con el sistema osteoarticular, pero muchas también con la tensión emocional y el estrés. Para eso existe desde hace unos años una técnica creada por el doctor Joseph Pilates, conocida precisamente como el método Pilates.

Marcela Pedraza es fisoterapeuta de la Universidad del Rosario, de la ciudad de Bogotá, y tiene una especialización en la Escuela de Joseph Pilates, la original: el Physical Main Institute de Nueva York.

Santiago.- Doctora Marcela, cuénteme en qué consiste el pilates y un poco la historia.

Marcela.- Mire, el pilates es un método de movimiento, es una disciplina que busca conseguir el equilibrio del cuerpo corrigiendo errores posturales que todos los seres humanos tenemos y que han sido causados a través del tiempo. Dichos errores son causados por músculos que deberían ser flexibles y pierden su flexibilidad o por músculos que pierden su fuerza o que se fortalecen más de la cuenta. Eso crea imbalances musculares que hacen que se produzca ese desequilibrio.

Específicamente, el pilates consigue el fortalecimiento global del cuerpo, empezando por el fortalecimiento del centro del mismo. A partir de ahí, una vez que tenemos el centro del cuerpo estable y fuerte, empezamos a fortalecer las extremidades.

Santiago.- ¿Dónde queda el *powerhouse* o centro de poder que llamaba Joseph Pilates?

Marcela.- El *powerhouse* son todos los músculos comprendidos de la articulación de la cadera hacia arriba y de la última costilla hacia abajo, o sea toda la pelvis, toda la pared abdominal.

Santiago- ¿Y ese es el centro de poder donde se centra la actividad del pilates?

Marcela.- Exactamente. Una vez logramos estabilizar la pelvis, el centro del cuerpo, de ahí arrancamos a hacer movimientos de extremidades, de brazos y de piernas.

Santiago.- Bueno, perfecto, y ya desde ahí se va equilibrando. ¿Por qué no se hacen, como en muchas técnicas, 20, 30, 40 abdominales o movimientos corporales, sino ocho? ¿Por qué este número tan específico?

Marcela.- Joseph Pilates consideraba que una persona no puede hacer un movimiento perfecto con más de ocho repeticiones. Después de ese número empieza a variarlo, y como el pilates es una técnica de movimientos perfectamente controlados por el cerebro, con ocho movimientos es suficiente, y se pasa al siguiente.

Santiago.- ¿Qué tipos de pilates existen? Porque uno ve que hay unos que se hacen sobre el piso y unos que se hacen sobre instrumentos, máquinas. ¿Hay más y qué diferencias tienen?

Marcela.- Existe el pilates de piso y el pilates de máquinas, son las dos grandes ramas del pilates. En Estados Unidos las personas generalmente arrancan haciendo el pilates de máquinas, porque la máquina es un mecanismo mediante el cual se facilita el ejercicio o se hace más difícil, dependiendo de las necesidades de cada persona. El piso, en cambio, hace que uno funcione y que la resistencia la ponga con el peso del cuerpo, que es una variable bastante más difícil de manejar.

Santiago.- ¿Produce dolor o agotamiento el esfuerzo, o es una técnica que puede ser practicada por cualquier persona?

Marcela.- Es una técnica que no solamente no produce dolor sino que produce grandes cantidades de endorfinas, y eso significa alivio, descanso, relajación.

Santiago.- ¿Qué pacientes se beneficiarían?

Marcela.- En pilates tenemos pacientes desde el niño de 10 años que empieza a hacer deporte, que tiene problemas posturales, hasta el deportista de 14, 15, 18 años que empieza a ser de alto rendimiento, la persona de 18 a 22 con escoliosis, la persona con hernias discales, con dolores lumbares, con problemas de rodilla. Las enfermedades reumáticas, como la fibromialgia y la espondilitis anquilosante, la artritis reumática, las enfermedades ortopédicas en general mejoran.

Santiago.- Hablemos de dos tipos de patologías muy comunes: la fibromialgia y la fatiga crónica, que en realidad para muchos van de la mano.

Marcela.- La fibromialgia es un dolor en los músculos, las articulaciones, los tendones y los ligamentos, en todos los tejidos blandos, que puede llegar a ser desesperante para una persona, a afectarle realmente su calidad de vida. Como el paciente sabe que tiene que vivir con ella, que no es algo que se le quite, por qué no realizar una actividad que lo mejore, no solamente física sino mental y emocionalmente, con un plan de ejercicios controlado que le evite la fatiga, que le mejore la técnica de respiración, que le dé herramientas como posturas para controlar el dolor, que le enseñe relajación consciente mediante respiración y ejercicios de bajo impacto. Para mí el pilates es un regalo de la vida para una persona con fibromialgia o fatiga crónica.

Es una técnica que no provoca dolor sino que produce grandes cantidades de endorfinas, y eso significa alivio, descanso, relajación.

Santiago.- Sin duda, porque son pacientes para quienes los analgésicos no son eficaces. Cuando les damos una dosis muy alta de analgésicos sufren todos los efectos indeseables y el resultado no es el esperado.

Cuéntenos, doctora, en qué consistiría una rutina de pilates para una persona que se levanta por la mañana y le duele todo, que está caminando y tiene que hacer como los carritos viejos, calentarse para poderse mover, que se va engranando lentamente y va volviendo a coger un poquito de fuerza y con el paso del día va estando un poco mejor, pero que siempre tiene esas molestias.

Marcela.- Una de las características de las personas con fibromialgia es que no duermen bien, pasan la noche en la cama pero no descansan, entonces amanecen fatigados, con la energía bajitica. Siempre recomiendo: abra la ventana, pues ese airecito frío del amanecer y de las primeras horas de la mañana es lo más delicioso del mundo, respire profundo, cuatro, cinco respiraciones profundas, retenga el aire y vaya soltándolo lentamente, y a medida que lo va soltando suelte los hombros, suelte el cuerpo, trate conscientemente de liberar todos los músculos del cuerpo. Increíblemente, haciendo seis, siete respiraciones de estas, la cosa empieza a cambiar. Después de eso se debe asumir alguna postura de descanso — puede ser acostarse boca arriba encima de la cama o en el tapete y abrazarse las rodillas, y cerrar los ojos y respirar, otra serie de cinco, seis respiraciones. Eso flexibiliza la columna, permite que los músculos espinales se estiren un poquito y que ya cuando uno se va a parar a arrancar el día los tenga avisados de que ya empezó el trabajo. Hacer un poquito de estiramiento, de rotaciones de la columna, subir los brazos lentamente, girar a un lado, al otro, con el menor impacto posible, también es una buena rutina.

Santiago.- Lo importante para todos los pacientes es que existen estrategias para esos dolores que a los médicos a veces no les producen mucho interés. En mi consulta cada vez veo más pacientes con dolor crónico que tiene muy poco manejo y realmente lo que uno ve es que, además de la acupuntura y de algunos productos naturales, el movimiento es algo absolutamente esencial. Por más que se den medicamentos, si estos pacientes no hacen rutinas de movimientos, veo muy difícil que se mejoren. Además, una enfermedad crónica no es una enfermedad grave, no es mortal, no produce realmente una afección biológica severa, pero es tan incapacitante y tan dolorosa, que afecta la calidad de vida por encima de todo.

Las personas que tienen fibromialgia me preguntan mucho por los ejercicios de desperezarse, pero sobre todo qué más pueden seguir haciendo en el curso del día y qué sería lo que necesitarían en pilates para beneficiarse.

> La quietud no es el mejor amigo de un dolor por fibromialgia, ni de ningún dolor en general. Hay que moverse.

Marcela.- Digamos que para una persona con fibromialgia lo fundamental es evitar la fatiga en todos los sentidos, no quedarse nunca sentada frente al computador de la oficina por más de una hora seguida. Si va sentada en el transporte público, debe pararse si completa una hora, moverse un poquito y volver a sentarse. La quietud no es el mejor amigo de un dolor por fibromialgia, ni de ningún dolor en general. Hay que moverse. El movimiento es un aliado.

Santiago.- Es el paso de la potencia al acto, decía Aristóteles. ¿Y para quienes sufren enfermedad osteoarticular?

Marcela.- ¡Es tan grande ese tema, doctor Rojas!, pero en general les diría que deben mantener una flexibilidad y una fuerza aceptables en todo su cuerpo. Con esos dos factores tienen más o menos asegurado que si tienen una enfermedad osteoarticular, esta no va a progresar, y que si no la tienen, no se va a desarrollar.

Santiago.- Eso también es muy importante, podemos hacer medicina preventiva.

Hay algo que yo escuchaba de las personas que como usted trabajan con una formación adecuada y que leía de las investigaciones de Joseph Pilates, y es la prevención de las enfermedades osteoarticulares y también la mejora del piso pélvico respecto a dos aspectos que quiero que me confirme: la incontinencia y la capacidad de mejorar la vida sexual.

Marcela.- Sí, los músculos del piso pélvico, los músculos del periné, de toda la región de esfínteres y sexual, tanto en el hombre como en la mujer están directamente relacionados con esas dos cosas: con la incontinencia urinaria y con el placer sexual. Son músculos de movimiento voluntario. La mayoría de las personas creen que son músculos que uno no puede trabajar conscientemente y son unos músculos tan voluntarios como los músculos de una mano, de un antebrazo, de una rodilla, de un pie. Uno los puede trabajar conscientemente y se llaman los músculos de Kegel. Los pueden investigar en Internet, son músculos fáciles de trabajar y es muy importante hacerlo para personas que superen los 48 años de edad.

Santiago.- Puede ser muy útil tanto para el hombre como para la mujer, me imagino.

Marcela.- Sí. El pilates está relacionado directamente con los músculos del piso pélvico porque el abdominal transverso, que es el bajito, el que queda entre el ombligo y el pubis, tiene unas fibras inferiores conectadas a los músculos del piso pélvico, y como todos los ejercicios de pilates empiezan con un control pélvico y una contracción del abdominal, está uno trabajando los músculos del piso pélvico indirectamente. Durante una hora de pilates, por lo menos 3 o 4 veces los trabaja uno conscientemente; contrae el periné con una contracción sostenida durante el tiempo en que se aguanta una respiración; se exhala el aire largamente y se relaja, para darle descanso al músculo y volver a contraerlo.

Santiago.- O sea, una fusión entre lo psicológico, lo mental, la respiración y el tono muscular.

Marcela.- Exactamente.

Santiago.- Una integración de todos los aspectos.

Por favor, una última recomendación para los pacientes con enfermedades reumáticas.

Marcela.- Hacer una relajación consciente todos los días de la vida, una relajación consciente que incluya: una buena postura, una buena respiración y una actitud mental positiva; concentrarse en lo que en ese momento a uno de pronto le está doliendo y estár haciendo todo lo posible para sentirse mejor.

La clave para poder practicar cualquier actividad física es volverla un reto. Todo lo que se vuelve un desafío genera suficiente motivación que puede contrarrestar la pereza, el desgano, el descuido y todo lo que se oponga al beneficio de una estrategia que fortalezca al organismo y le devuelva la salud y el dinamismo perdidos.

AUTOCUIDADO
Conversación con el
Dr. Armando Solarte Saavedra

*La vida es un gran camino que
debemos seguir con mucho cuidado.*
—Anónimo

Hoy vamos a hablar del autocuidado desde una perspectiva integral, de seguir la vida con mucho cuidado, con mucha atención, de ser capaz de reconocernos y de valorar lo que somos, lo esencial que tenemos. Para ello está con nosotros Armando Solarte, médico y experto en PNL, programación neurolingüística, y también en psiconeuroinmunoterapia. Investiga estos temas desde un punto de vista muy integral, ha sido entrenado en *coaching* y es conferencista.

Santiago.- Armando, ¿cómo nos cuidamos los seres humanos? ¿Qué hay que hacer para cuidarse?

Armando.- Los seres humanos estamos diseñados para estar bien; los niños lo hacen, pero cuando nos volvemos grandes, se nos olvida hacer cosas simples.

Santiago.- O sea que se nos olvida lo bueno que era vivir la vida cuando estábamos sanos.

Armando.- Realmente comportarnos como nos comportamos es un patrón de entrenamiento, de enseñanza. Alguien dijo que tomar trago es bueno y entonces todo el mundo le creyó. Si yo tengo una licorería, entonces le voy a proponer a la gente que tome trago y eso la hace feliz.

Santiago.- En Colombia, durante muchos años los educadores se pagaron con las rentas de los departamentos, producto del alcohol y del cigarrillo.

Armando.- Y la salud también.

Santiago.- Y los juegos de azar. Tenemos una concepción donde haciendo una cosa de un lado estamos beneficiando otra que no debería beneficiarse desde esa perspectiva.

Armando.- Mi papá, que era ingeniero, decía una cosa bien interesante: «Echando a perder se llega a médico».

Santiago.- Vaya pues, y llegamos los dos aquí.

Armando.- Sí, pero mientras lo decía, yo pensaba: «Es que los médicos no somos necesarios, pero nos volvemos necesarios cuando la gente hace cosas para enfermarse, o sea, echándose a perder se llega a buscar al médico».

Santiago.- Bueno, está mejor esa frase. Pero es cierto: nosotros terminamos siendo un remedio porque hay una enfermedad, pero si no hay enfermedades pues no hay remedios.

Armando.- Un amigo que quiero mucho, pediatra, me decía: «Estudié pediatría, porque es muy difícil matar un niño», y yo cuando oí eso, inicialmente me sorprendí pero luego me di cuenta de algo interesante: los niños se curan solos.

Santiago.- Con, sin y a pesar de nosotros los médicos.

Armando.- Si uno se equivoca en la dosis, el paciente se cura rápido; si se equivoca en el diagnóstico también se cura. La razón es que los pacientes pediátricos se cuidan, y están cuidándose de manera integral, física, mental, emocional y espiritual. ¿Qué quiere decir? Que si el niño no tiene hambre, no come, y si le dicen «Coma, porque si no, le pego», dice: «¿Y qué quiere, que me vomite?». El niño no va a comer porque su cuerpo no se lo está pidiendo. Autocuidado tiene que ver con qué es lo que estoy cuidando. A veces no estamos cuidando la salud, sino la enfermedad. Cuando el médico le dice al paciente: «No haga tal cosa, cuídese su hipertensión», empieza a cuidarla y ya no se va de viaje,

> A veces no estamos cuidando la salud, sino la enfermedad.

no se viene de tierra caliente a Bogotá, porque de pronto se le sube la tensión. Sí, es cierto que puede subirse, pero deja de estar feliz, y esa falta de alegría, esa ansiedad de que se le suba la presión, va a disparar más la secuencia de catecolaminas, que va a subir la presión. Si estuviera feliz, no se enfermaría. El autocuidado integral significa que no podemos partirnos a pedacitos; no solo tenemos que cuidarnos el cuerpo físico. Tomamos la droga de la presión, no comemos sal, hacemos ejercicio, y se nos olvida cuidar pensamientos, emociones y espíritu.

Santiago.- También los alimentos. Cuando hablamos de alimentos, no solo podemos hablar de comida. Nos alimentamos de aire, de emoción, de pensamiento, de vida.

Armando.- Exacto, de vida, o sea que vivir es lo único que hay que cuidar.

Santiago.- Quiero recalcar ese concepto de que cuidamos la salud o la enfermedad. Si cuidamos la enfermedad, la tendremos toda la vida, y si cuidamos la salud, también la tendremos toda la vida.

Armando.- Mi maestro decía una cosa muy bonita. Decía: «Cuídese de lo que medita porque en eso se va a convertir». La gente piensa que meditar es ponerse a decir: ommmmmm… Meditar es lo que uno hace con su pensamiento a toda hora, mientras espera el bus, cuando va en el «transmilleno», cuando está charlando con alguien o cuando está solo. Uno se alimenta con sus pensamientos, lo que medita genera una secuencia de neurotransmisores y también de secuencias neuronales, que van a hacer que el cuerpo se lleve a enfermedad o a salud. Si la persona está con un problema, con una tristeza, solo pensará en la tristeza y va a entrenar todo el sistema nervioso para que produzca los neurotransmisores y las toxinas para enfermarse más.

Santiago.- Hay otra cosa que usted dijo al principio y que me llamó mucho la atención: Estamos diseñados para estar bien y es simplemente un patrón de aprendizaje. ¿Cómo reaprendemos?

Armando.- Aquí les propongo una cosa: Vamos a buscar futuro. Todos hemos sufrido porque este es un valle de lágrimas. El que no haya tenido un problema económico, que levante la mano; el que no haya tenido un desamor, que levante la mano; el que no haya tenido susto, que levante la mano o tire la primera piedra. La cuestión es dónde enfocamos la atención, si en el pasado, que son los recuerdos de la mente, o en el futuro, que son las emociones del pasado proyectadas. O sea, la gente siente una rabiecita y dice: «Yo no me voy a aguantar esto toda la vida». Acaba de coger esa rabiecita que sintió y la lleva al futuro. O más sencillo: ¿A usted le gusta fumar? Ok, fume, pero si está fumando mucho y ha visto mucha gente pegada a una bala de oxígeno porque fumaba mucho, o con infarto, ¿ese es el futuro que quiere? Se nos olvida que el futuro se construye con el ahora. Lo único que hay que cuidar es vivir, y la propuesta es muy simple: vivir a nivel físico, mental, emocional y espiritual.

Santiago.- Eso es lo que es ser integral.

Armando.- Miren que la salud viene y el autocuidado viene hasta del bolsillo. Con hambre es muy difícil estar sano. ¿Y con deudas? No conozco el primer endeudado que no tenga un problema físico o un problema de enfermedad, porque se angustia, excepto cuando tiene paz espiritual o paz emocional o se siente amado. Entonces hay que cuidar ese equilibrio. La vida trae desequilibrios todo el tiempo, pero es una mesa de cuatro paticas: física, mental, emocional y espiritual; si se me desequilibra una, muevo las otras paticas para no caerme. Su mesa puede estar coja, pero no se cae porque tiene tres bien.

Santiago.- Sí, en la vida no se puede tener todo, y entre otras cosas la carencia, la dificultad, nos lleva a ser creativos y a transformar.

Armando.- Y si no, no crearíamos. Por eso un hijo, al cual no se le exige, que no ha tenido sufrimientos y al que la mamá o el papá no le han permitido que sufra, es muy difícil que llegue a ser alguien en la vida, es muy difícil que tenga prosperidad o fortaleza de carácter.

Santiago.- Se dice que la rosa del desierto es hermosa porque ha crecido en la adversidad.

Armando.- El primer patrón simple para usar es no quejarse. Cuando usted se descubra quejándose, dígase a sí mismo que tiene un problema y revise cómo corregirlo. El primer autocuidado es darse cuenta de qué es lo que sale de usted. En la Biblia, el Señor Jesús dice: «Contamina más lo que sale que lo que entra». Entonces a veces en el autocuidado nos cuidamos de comer bajito de sal pero no nos cuidamos de los pensamientos, las ideas y las conversaciones que estamos «comiendo», que producen dolor, rabia, odio y frustración.

Santiago.- O sea que nos estamos envenenando fácilmente.

Armando.- Exacto, y es simple: si usted se llena de toxinas de sus propios pensamientos, su hígado funciona mal.

Santiago.- Las toxinas también se producen a nivel mental y emocional, pero se traducen y afectan el cuerpo.

Armando.- Producen daños hepáticos. Por eso, en la medicina china si ven a alguien muy amarillo, dicen: «Este es medio colérico». Y la gente muy sabia, la más sencilla, dice: «Doctor, deme algo para el hígado porque esta persona me cae como una patada al hígado». Las rabias y los miedos dañan el hígado. La segunda secuencia es no quejarse porque usted se queja de lo que no le gusta. Quejarse de sus hijos no está bien porque fue usted quien los crió así. Tal vez sí le gustan, pero al quejarse está generando neurotoxinas y diciéndole al sistema nervioso que el estímulo de los hijos es una agresión. Los hijos se convierten en un dolor de cabeza o en la causa de la enfermedad y la muerte de los papás, no por ellos mismos, sino por el significado que crearon.

Santiago.- Amemos a nuestros hijos si son parte de nosotros, respetémoslos y eduquémoslos, por supuesto, pero no pensemos ni agredamos de ellos lo que está en nosotros, porque va a terminar haciéndonos daño.

Yo quisiera preguntarle al doctor Solarte, ¿qué papel juega el miedo, que es tan común en nuestras sociedades modernas?

Armando.- Es gigantesco. Las emociones básicas son el miedo, la rabia, la alegría.

Son básicas porque son innatas. Un niño recién nacido se autocuida, decide estar feliz a toda hora, está alegre; mírenlo o no, él igual sonríe. Responde por reflejo, por neuronas espejo, a la mala cara del papá o al entorno llorando, y cuando el agresor desaparece, él decide reestablecer su emoción de alegría. El miedo es importante porque es una emoción básica, pero en algún momento las personas deciden entrenarse para evitar sufrir, y cuando se entrenan en evitar sufrir se entrenan en evitar vivir.

Cuántas personas conocemos que quieren: yo quiero estudiar una carrera, pero qué tal que no me alcance la plata; quiero tener una relación de pareja pero es que todos los hombres son iguales, acuérdese que la última vez me fue mal; cuando no te subes a la bicicleta por miedo a caerte, te estás enfocando en evitar sufrir. Son las personas que no toman decisiones porque qué tal que les duela, así les convenga, y años después se quejan. Por eso el 31 de diciembre uno llora, porque «este año tampoco lo hice». El miedo se expresa en lo que uno se queja. Cerebralmente guardamos representaciones de las cosas, de los archivos, de sectores formativos, visuales, auditivos, de sensaciones, de olores, de colores, que se guardan y se almacenan como grupos de emociones. En el momento en que uno decide cuidarse de sufrir, le da miedo sufrir. Su atención está en eso y el sistema reticular activante que es el área cerebral de la atención va a estar fijándose en cómo no sufrir, lo cual lo que hace es deprivar al sistema nervioso de estímulos.

Santiago.- Es como si se tomara uno un sedante, queda uno un poco —voy a decir la palabra popular; a mí me encanta hablar así— idiotizado, y entonces no puede sufrir pero no puede gozar.

Armando.- Correcto. Cuántas veces a nosotros mismos nos pasa que tenemos miedo de sufrir, miedo de equivocarnos, y al enfocar la atención en lo que no queremos, el cerebro va a estar produciendo la emoción y la respuesta fisiológica de lo que no se espera. El miedo a morir hace que las enfermedades se agraven. Cuanto más miedo a morirse, más ansiedad, más angustia, más cortisol endógenos se producen, más neuropéptidos que inflaman, más interleuquinas. Cuando a una persona que tiene un cáncer sin saberlo, que lleva dos años con una «pepa» en la barriga y no le ha dolido, le dicen que tiene cáncer, el tumor que estaba ahí durante dos años creciendo sin producir dolor, este se vuelve algo tan intenso que ninguna morfina se lo quita.

Santiago.- Los diagnósticos agravan las enfermedades porque se malinterpreta, no el diagnóstico, que, digamos es escueto, es real, es un hecho constatable, sino lo que podría significar ese diagnóstico, y nos lleva a que el diagnóstico negativo se acelere. Deberíamos hacerle un rápido duelo al pronóstico, al diagnóstico, y actuar de una vez en la relación en que queremos estar, o sea, cuidar nuestra salud y no cuidar nuestra enfermedad.

> El miedo a morir hace que las enfermedades se agraven.

Armando.- Lo que hace el cerebro es guardar significados, y los significados se guardan como emociones.

Santiago.- Quiero reafirmar eso: los estados emocionales de carencia, en los que tenemos miedo a la pérdida y nos concentramos obsesivamente en ese temor, nos pueden llevar a afectar un órgano físico.

Armando.- Es simple. Si estamos pasando por un momento económico muy difícil, no podemos quejarnos del dinero, ni quejarnos de que no tenemos, porque cuanto más nos quejemos, más los reflejos conductuales y de percepción van a estar enfocados en mantener esa realidad, o sea que no se queje de la realidad que tiene, porque su realidad es alimentada por el quejido.

Santiago.- O sea que así como el baile alimenta el alma, el quejido alimenta la pérdida.

Armando.- Y nos quejamos de lo que tenemos carencia, pero las carencias son solo una sensación.

Santiago.- Absolutamente es una percepción. Si uno va a la Sierra Nevada de Santa Marta y habla con los mamos, le dicen que son multimillonarios porque lo tienen todo: agua, aire, tierra, fuego, éter, metal, madera, piedra, roca, cristal, todo lo tienen ahí, no son los dueños de nada, pero todo lo pueden usar. En cambio, aquí a nosotros se nos daña una prenda y estamos en carencia.

Armando.- Creo que era el gran filósofo Chespirito quien decía: «Uno se muere y nada se lleva».

Santiago.- Una reflexión adicional para el autocuidado, doctor Solarte.

Armando.- Tenemos que autocuidar la mente. Revisen sus pensamientos. Si su pensamiento no es bonito, puro, bueno, apropiado, suéltelo y pónganle a la mente a hacer algo más apropiado. Verbalice los mantras o rece el Ave María, lo que sea necesario, o cante algo bonito.

Santiago.- Oración y meditación por igual ayudan a que aquietemos la mente y la refresquemos.

Armando.- El autocuidado tiene que enfocarse en dos cosas sencillas que se llaman orgullo y soberbia. Usted reconoce su orgullo y su soberbia cuando está convencido de que su posibilidad es la misma posibilidad de Dios. Entonces póngale fe.

Santiago.- Bajémonos de ese pedestal.

Armando.- Deje de tener la razón, deje de decir que su enfermedad es incurable porque el doctor se lo dijo. ¡Cuánta gente se ha curado de la misma enfermedad de la que usted cree que no se va a curar! Deje de decir que la pobreza es eterna. ¡Cuánta gente ha sido muy pobre y luego ha dejado de ser muy pobre! Deje de decir: «Es que esta pareja es horrible», porque cuando estuvo enamorado no fue horrible. Enfóquese en el futuro.

Y la última reflexión: Practique a toda hora estar feliz. Muy simple: gratitud, gratitud, gratitud, gratitud.

El agradecimiento es el camino más sencillo para lograr gozo, calma y confianza. Sin gratitud ante los acontecimientos es poco probable sentir bienestar porque se tiene la sensación de que la vida nos debe algo. Es común, además, que tiempo después de una experiencia valorada como infortunada, con una visión más reposada, sea vista con agradecimiento. Si se empieza a agradecer desde el mismo momento en que se vive la experiencia, aun sin tener ninguna razón para hacerlo, se podrá encontrar más rápidamente la calma que se genera por la comprensión integral de lo ocurrido y que lleva a valorar el aprendizaje, lo que sin duda recupera la confianza en la vida y en uno mismo.

ALIMENTACIÓN EN LA TERCERA EDAD

Conversación con el Dr. Javier Morán Rey

Que la comida sea tu alimento y el alimento tu medicina.
—Hipócrates

Hemos realizado varios programas sobre diferentes cuestiones de la salud de la tercera edad, y hoy tenemos la oportunidad de abordar el tema de la alimentación, de la nutrición, de cómo darle una adecuada calidad de nutrientes a las personas de la tercera edad. Contamos para ello con el doctor Javier Morán, natural de Valladolid, médico especialista en servicios de salud, medicina comunitaria y puericultura, con posgrado en marketing, administración de empresas y alimentación y dietética, miembro de honor de la Sociedad Canaria de Pediatría, la Sociedad Española de Pediatría Extrahospitalaria y Atención Primaria, y de la Sociedad Portuguesa de Pediatría. Es socio director de Food Consulting Asociates, director de la Catedra de Innovación Alimentaria de la Universidad Católica de Murcia, profesor titular del Instituto Nacional de Salud Pública de México y Director del SpinOff de San Antonio Technologies. El doctor Morán ha estado vinculado a 134 trabajos científicos, ha editado 32 libros y ha participado en más de 500 conferencias en distintos cursos y congresos.

Santiago.- ¿Cómo lograr que los ancianos se nutran bien, que eviten la malnutrición, que sus alimentos tenga el gusto, la presentación, la textura, la forma de asimilación adecuadas? Hablemos primero de ese factor para la prevención y el tratamiento de enfermedades.

Javier.- En la universidad estamos coordinando dos proyectos muy grandes de investigación en la Unión Europea: uno, llamado GenoFood, que es el acrónimo de nutrición y salud a través de la alimentación, ligado a conocer en más profundidad determinados marcadores: esto es, qué riesgos estamos desarrollando en la edad media de la vida, lo que los norteamericanos llaman las *best ages*, de los 45 a los 55 o 60 años, y el otro, Senifood, en el que tratamos de determinar qué es lo que quieren los adultos mayores y de fabricar alimentos más adaptados a dichas preferencias, sin olvidar el factor nutricional.

Santiago.- No solo la forma sino el fondo. Empecemos con GenoFood. ¿Cuál es la nutrición ideal para las personas entre los 45 y los 60 años, de tal manera que puedan prevenir enfermedades de la tercera edad?

Javier.- El mayor problema que tenemos a nivel mundial es el de las enfermedades crónicas no transmisibles, particularmente las que están relacionadas con la obesidad y con el sobrepeso, y dentro de ellas tenemos el asesino número uno: la enfermedad cardiovascular en todas sus manifestaciones, y la diabetes tipo ii, es decir la diabetes no insulino-dependiente. Lo que tenemos que procurar en esa edad media de la vida es reducir este tipo de factores de riesgo, fundamentalmente controlar el peso y con él el desarrollo de enfermedades cardiovasculares, de diabetes, de hipertensión y de otros problemas asociados. Y para ello lo que tenemos que hacer es lo que todo el mundo sabe, lo que hemos visto y oído mil veces por radio y por televisión y en la prensa, que es tener una dieta variada, diversificada, saludable, que cubra nuestros requerimientos nutricionales y que se adapte a nuestra edad, a nuestra condición física, a las calorías que gastamos y también, como no, a las preferencias.

¿Cuál es la nutrición ideal para las personas entre los 45 y los 60 años?

Otro gran problema que tenemos en este momento a nivel mundial es el sedentarismo, contra el cual hay que emprender cuanto antes una lucha a nivel gubernamental, porque es la causa de la reducción del gasto de las calorías que consumimos, y aunque estas estén entre los límites convencionales, como gastamos menos vamos a acumular más, y van a aparecer el sobrepeso y la obesidad, y después el síndrome metabólico, y vamos a acabar finalmente con diabetes tipo ii.

Desde Colombia puede parecer que eso solo pasa en los países europeos y en los Estados Unidos, pero ya está pasando aquí, porque hay tanto malnutrición en grupos específicos de la población como malnutrición afluente, que es la de las personas que empiezan a ganar peso como consecuencia de unos hábitos saludables inapropiados y de no hacer ejercicio físico, lo cual lleva a una espiral y a la aparición de patologías graves.

Hace ya 20 años la Academia Americana de Dietética hizo un llamado a la responsabilidad personal en la lucha contra las enfermedades crónicas ligadas a la dieta, y yo cada vez que hablo de este tema reclamo ese deseo personal que tenemos que tener por cambiar o modificar nuestros hábitos de vida, tanto en lo que se refiere a la nutrición como al ejercicio físico, pues estamos viviendo en algo que fue descrito hace muchos años por Julio Frenk como «transición epidemiológica»: estamos avanzando económica y socialmente, y ese avance lo que produce es un rezago en materia de enfermedades crónicas ligadas a la malnutrición, particularmente en las clases más desfavorecidas. Cada vez tenemos más enfermedades crónicas ligadas a la dieta, más obesidad, más enfermedad cardiovascular como consecuencia de esos malos hábitos que están empezando a hacer mella y están empezando a aparecer en las clases medias y medias altas.

Santiago.- Ahora hablemos de las personas mayores de 60 años. ¿Cómo ayudarles a que tengan un programa de nutrición que se adapte a sus condiciones de vida, a su estilo, por supuesto también a sus preferencias, que sea saludable, diversificado, variado y nutritivo?

Javier.- Lo que nos preocupa son los ancianos institucionalizados. Quizás en Colombia afortunadamente este es un problema menos frecuente, pero en Europa, cada vez más, cuando las personas se jubilan a partir de los 65 años, se van a vivir a residencias de ancianos. En un estudio que hicimos hace 3 años empezamos a detectar una malnutrición tremenda en ese grupo de población, y en otro, con psicólogos y sociólogos, nos dimos cuenta de que buena parte de esa malnutrición no se debía a la comida que se ofrece en esas instituciones sino a que los ancianos no comían lo que se les estaba ofreciendo. En encuestas con estos ancianos nos dimos cuenta de que los sabores, los olores, determinadas percepciones sensoriales de esas comidas en residencias de ancianos no correspondían a lo que ellos pretendían o a lo que ellos querían comer.

Pero también tenemos que considerar que en la ancianidad hay que evitar determinadas patologías. En la edad media de la vida estábamos evitando factores de riesgo, por los cuales, por ejemplo, los lípidos, aceites y grasas saludables que se consuman son de importancia capital, pero en la ancianidad tenemos que vigilar el aporte de grasa, entre otras cosas porque es el que le da la palatabilidad a los alimentos. También tenemos que vigilar factores clave como los aportes de determinadas vitaminas. En el estudio de los ancianos institucionalizados nos dimos cuenta de que un 48% de esos ancianos tenía deficiencias vitamínicas clínicas, es decir, evidentes. En las mujeres tenemos que cuidar el aporte de calcio, muy importante en las mujeres después de la depresión estrogénica, después de la menopausia, porque ayuda no solamente a equilibrar el calcio sanguíneo sino a evitar que el calcio de los huesos pase a la sangre y se produzca esa terrible amenaza, sobretodo para las mujeres, que es la osteoporosis, y que lleva en muchas ocasiones a fracturas de cadera, a fracturas en general. En el anciano lo más importante que hemos detectado, sobretodo en períodos veraniegos, es la carencia del consumo de agua. Durante muchos años en las pirámides nutricionales no apareció el agua; aparecían las legumbres, las verduras, los aceites, los lácteos, pero no el agua. Tenemos que beber agua y los ancianos tienen que beber agua. Hemos visto muchas deshidrataciones subclínicas, particularmente en verano. La mayoría de los ancianos dicen que el agua les sabe mal, que no les gusta el sabor. El agua es inodora, insípida, incolora, pero hay muchos cambios en la palatabilidad en los ancianos. Aquellos ancianos que no quieren beber agua, que dicen que no pueden beberla, deben beberla de otra manera. Nosotros hemos hecho estudios en los que hemos demostrado que esa prevención de la deshidratación se ha llevado a cabo muy eficazmente con gelatina, un producto en el que más del 90% es agua. Hay que evitar la deshidratación. Los ancianos tienen que cuidar, sobre todo, el aporte de grasa. Esto es fundamental. En muchos casos se está demonizando su aporte, el aporte de aceites, el aporte de lípidos, pero los lípidos no son malos; son los que más energía producen en nuestro organismo y buena parte de la malnutrición que se produce en los ancianos está ligada a una reducción calórica. Los ancianos deben ingerir grasas saludables y también proteínas; uno de los factores que aparece más en los ancianos, incluso a partir de los 55 años, es una entidad que se llama sarcopenia, que es el déficit de masa muscular asociado a la edad. Todas las personas perdemos masa muscular con la edad y para evitar eso tenemos que tomar proteínas de alto valor biológico. La pérdida de la masa muscular no es un problema solamente estético. Tiene un problema asociado muy grande y es que los ancianos se caen porque no tienen músculo y, si además no tienen un armazón óseo adecuado, se fracturan la cadera o un hueso.

Santiago.- ¿La grasa saludable sería la de los frutos secos, la de ciertos animales como, por ejemplo, el pescado, que tiene omega 3? ¿O que tipo de grasa es la que usted sugiere?

Javier.- En la tercera edad no deberíamos tomar más de un 25% de grasas animales. En el otro 75%, por supuesto, debe estar incluido el omega 3 a partir del pescado, pero tenemos que ingerir aceites vegetales también. En Colombia se toma canola, soya, cada vez más aceite de oliva. Estos son aceites saludables que tenemos que tomar en nuestra dieta porque, insisto, es el componente más importante para producir energía: 9 kilocalorías por gramo. Tenemos que intentar tomar una dieta rica en moninsaturados y en polinsaturados,

> Los ancianos deben cuidar, sobre todo, el aporte de grasa.

porque son los que van a evitarnos el riesgo cardiovascular y factores asociados, sobre todo el aumento de colesterol y el síndrome metabólico, que es la antesala de la diabetes.

Santiago.- ¿A cuáles proteínas de alto valor biológico se refiere, doctor?

Javier.- Los ancianos tienen que tomar leche. En América Latina tienen una ventaja sobre Europa y es que tienen muchas leches deslactosadas, más digeribles. También deben ingerir proteínas animales: carnes, cuanto más magras y con menos grasa mejor, pescado y proteínas vegetales. La soya es una proteína muy interesante. De esa manera equilibramos la relación entre proteínas animales y proteínas vegetales.

Santiago.- Una última pregunta: ¿Cuántas veces al día debería comer el anciano y cuál sería su último horario de comida para poder tener un mejor sueño?

Javier- En esto no hay teorías contrastadas y aceptadas internacionalmente. Lo que nosotros hemos visto y donde mejor se ve es en ancianos institucionalizados, que están en residencias. Les va muy bien hacer un desayuno, tomar lo que los españoles llamamos el bocadillo o el ángelus, que es la media mañana, una comida (que ustedes llaman el almuerzo), una merienda y una cena. Desde luego la cena nunca se debe hacer por debajo de 2 horas antes de irse a dormir. Una de las características del tubo digestivo del anciano es que hay una reducción en las secreciones de enzimas necesarias para la digestión de los alimentos. Cuanta menos cantidad tomen y más veces por día, mejor se van a sentir y además van a poder asimilar mucho mejor los nutrientes de la dieta.

Es posible además de darle años a la vida, darle vida a los años, para que las personas mayores dependan menos de otros y se valgan más por sí mismas. La autonomía, la independencia y la capacidad de tomar decisiones dependen en grado sumo de lo que alimente a cada persona. Honremos a los sabios mayores con una dieta balanceada y apropiada a sus condiciones, para que puedan vivir dignamente hasta el momento en que a bien tengan terminar su ciclo de vida.

COLONTERAPIA

Conversación con Olga Carmona

En el hombre hay una serpiente:
el intestino que tienta, traiciona y castiga.
—Víctor Hugo

Olga Carmona es enfermera de la Universidad de Caldas y lleva 25 años dedicada a apoyar terapias de desintoxicación en medicina integrativa. La medicina integrativa es una forma de ver hoy una realidad integral, no solamente temas alternativos o complementarios, o prácticas que puedan estar basadas en la experiencia o en el empirismo, o reconocidas por la ciencia o la física cuántica, o por la medicina ortodoxa universitaria, de una manera separada, sin integrar a los sistemas, sino cogiendo lo mejor de cada uno.

Santiago.- Vamos hablar de cómo limpiar el organismo de los tóxicos que recibimos permanentemente a través de la dieta, de los medicamentos, el alcohol, de la polución…

Olga.- Para que el organismo se desintoxique, debemos tener la vía del intestino completamente limpia y la forma de hacerlo es teniendo una limpieza de colon. La colonterapia es una manera simple de desintoxicar el colon de una manera profunda, porque llegamos hasta el colon ascendente.

Santiago.- Cuando usamos la caneca, la debemos limpiar todos los días. ¿Cómo se hace una limpieza terapéutica y profesional de todo el intestino grueso?

Olga.- Es muy sencillo. Es un sistema mecánico consistente en poner una cánula de dos vías, una de entrada y otra de salida, así el paciente no tiene que retener para ir al baño. Por la cánula empieza a entrar agua y el paciente empieza eliminar en el momento en el que lo solicite. El paciente, acostado cómodamente en la camilla, está conectado a una máquina que ingresa el agua caliente o el agua fría. Hacemos un baño térmico, pues cambiamos la temperatura del agua. Con el agua caliente se produce una vasodilatación de todo el intestino grueso, lo cual permite soltar toda las toxinas acumuladas en las paredes. Con el agua fría hay una contracción que permite soltar más profundamente los residuos y mejorar el peristaltismo, que es el movimiento natural del intestino. El cambio de temperaturas permite cambiar la musculatura lisa del intestino grueso.

Santiago.- Esto suena como algo totalmente natural hecho a través de un proceso mecánico, con una tecnología avanzada y el profesionalismo de la persona que lo hace. Pero, ¿cuál es el sentido de hacer esto? ¿Solo para el que está estreñido? ¿A quién le podría beneficiar hacerse una limpieza intestinal adecuada?

Olga.- Obviamente la persona que sufre de estreñimiento va a beneficiarse de esto. Se recupera completamente el peristaltismo, que es el movimiento natural por el cual el intestino elimina toda las toxinas que están acumuladas. El peristaltismo solo se recupera después de hacer unas limpiezas continuadas. El número de limpiezas dependen del paciente. Hay personas con estreñimiento que hacen deposición una vez cada 15 días o cada tres días, y uno les recomienda hacerse mínimo unas seis limpiezas, una a la semana, ojalá dos semanales. Uno puede ver cómo evoluciona el paciente.

Santiago.- ¿Puede haber algún daño para el intestino? Tenemos una flora intestinal, unas bacterias que nos ayudan a lo que se llama simbiosis: el cuerpo les aporta a las bacterias así como las bacterias le aportan al cuerpo.

Olga.- Absolutamente no. Por el contrario, es muy benéfico para el paciente. La flora intestinal se incrementa cuando hay toxinas. El colon tiene que eliminarlas. Con este procedimiento vamos a hacerlo y a equilibrar la flora intestinal. No tiene ninguna contraindicación, no duele y no presenta incomodidad alguna para el paciente.

Santiago.- ¿Puede uno hacerse esos lavados en la casa? Cuando yo estaba chiquito me lo hacían y muchos pacientes lo hacen con un poco de café para quitar la jaqueca.

> Obviamente la persona que sufre de estreñimiento se beneficiará.

Olga.- La colonterapia es algo mucho más profundo, porque el lavado normal que se hace en las casas solamente lava la última porción del colon, la ampolla rectal y el colon sigmoide, si mucho. Nosotros llegamos hasta el colon ascendente, que es la primera porción del intestino grueso en unión con la válvula ileocecal, que es el inicio del intestino delgado.

Santiago.- Eso quiere decir entonces que el lavado intestinal es algo saludable y recomendado durante años a personas que están intoxicadas, que se siente sobrepasadas por la comida. En lugar de tomarse un producto por la boca, que a veces puede llegar a producir irritación, pueden hacerse una limpieza. ¿Cómo debe ser la dieta de un paciente que se hace una colonterapia? Me imagino que necesitamos quitar lo que no sirve y pienso, ya no solamente como médico occidental sino desde el punto de vista de la medicina tradicional china, que los pacientes que mejoran su colon mejoran su pulmón y la calidad de su piel. ¿Qué debe hacerse para que un paciente no solo no se sienta mal de su intestino sino que mejore todo su estado general a través de una alimentación complementaria y una buena limpieza intestinal?

Olga.- La recomendación que se da al paciente es aumentar la ingesta de frutas y verduras y disminuir las harinas, sobre todo las refinadas, que están produciendo un empastamiento total en las paredes del colon y que es lo que más produce estreñimiento.

Santiago.- Uno se vuelve estreñido por comer pan, bizcochos, pasteles, este tipo de cosas, pastas refinadas, arroz blanco…

Olga.- También porque esto no te brinda ninguna fibra para que haya aumento del bolo fecal y pueda eliminarse fácilmente.

Santiago.- Los gastroenterólogos recomiendan tomar 30 o 35 gramos de fibra al día, o cinco porciones de frutas y verduras.

Olga.- No solamente los pulmones hablan del sistema, también hablan de la piel. El estreñimiento también causa problemas en los ovarios y el útero, y sobrecarga circulatoria de los miembros inferiores, venas várices. La colonterapia también mejora la circulación.

Santiago.- Eso suena muy lógico, si uno limpia adecuadamente el organismo y le quita las toxinas. El organismo es muy sabio, sabe cuándo limpiarse, y si uno le ayuda de una manera adecuada, con 6 limpiezas, tendrá múltiples beneficios, esté sana o esté enferma la persona . ¿A una persona normal que haga sus deposiciones al día le beneficiaría?

Olga.- Claro. Todos acumulamos toxinas en el intestino y si limpiamos y desintoxicamos el colon estaremos limpiando todo el organismo y mejorando también la visión, los sentidos, la percepción, la capacidad de ver. Tuvimos un paciente psicólogo que hizo cien colonterapias y nos explicaba cómo sus emociones comenzaron a cambiar, la percepción de la vida y la manera de ver las cosas cambiaron totalmente al desintoxicar todo su cuerpo.

Santiago.- Un paciente de 14 años nos cuenta que tiene un colon grande, se llama megacolon, y tiene estreñimiento, le cuesta hacer deposición, le duele cuando va al baño y tiene gases. ¿Esto le serviría?

*Olga*a.- Claro. Perfectamente. No hay ninguna contraindicación para él.

Santiago.- Uno siempre como hombre piensa que si se somete a la colonterapia podría tener dolor y que lo que le hagan por el ano es poco digno. Los pacientes que hacen este procedimiento tienen una sensación de limpieza y además bajan de peso. ¿Cuánta agua se utiliza en la hidrocolonterapia?

Olga.- Podemos utilizar hasta 30 litros de agua, pero los 30 litros no entran inmediatamente.

Santiago.- Si una persona se va hacer una colonoscopia, es decir, un examen para mirar el intestino por dentro, ¿una colonterapia la dejaría listica y limpiecita para poder hacer eso?

Olga.- Si es una persona que sufre estreñimiento, con una sola no tendría. Es muy conveniente que se haga una colonterapia para llegar muy bien preparada a su procedimiento.

Santiago.- Cuando una persona está haciendo una dieta inadecuada, ¿hacer este tipo de limpieza intestinal le puede ayudar?

Olga.- Claro que sí, todo lo que uno haga por el cuerpo, este se lo agradece. Así la persona siga comiendo mal, una colonterapia le va eliminar muchos tóxicos que tiene acumulados. Puede que mejore su sistema de eliminación, porque obviamente siempre está expuesta a tóxicos, y hay que favorecer el sistema de eliminación para que el cuerpo se desintoxique completamente.

Santiago.- Yo quisiera saber qué contraindicaciones hay para que una persona se haga limpiezas intestinales.

Olga.- Hay una contraindicación, que es más una prevención, y son los primeros meses de embarazo, para evitar que una persona pueda tener una amenaza de aborto.

Santiago.- ¿Y si hay enfermedad diverticular?

Olga.- La colonterapia beneficia mucho. Hemos tenido pacientes con diverticulosis y salen muy favorecidos haciéndose la limpieza del colon.

Santiago.- ¿Y si han sido operados del colon?

Olga.- No tiene ninguna contraindicación. Hemos tenido pacientes con diarreas repetidas, o sea con una irritabilidad del colon, y también ha sido muy favorable para los pacientes.

Santiago.- ¿Y las personas lo hacen fácilmente?

Olga.- A las personas les cuesta un poco subirse a la camilla para hacerse el procedimiento. Sin embargo, nosotros se lo explicamos, se les dice que es algo fastidioso sentir una cánula intrarrectal, pero que no es algo doloroso o traumático. Después la persona siente los beneficios y quiere volver.

Santiago.- ¿Y cuánto dura?

Olga.- El procedimiento en sí, como irrigación del colon, puede durar treinta o treinta y cinco minutos, pero al paciente se le recomienda que se tome una hora, mientras llega, se organiza y termina la terapia para poder salir a su casa. La persona

> Una persona con estreñimiento se mejora y deja de ser estreñida si hace ese tipo de procedimiento.

sigue con su vida normal, puede ir a trabajar, y como es un proceso completamente mecánico, no queda con irritación. No se produce diarrea posterior y el paciente sale perfecto.

Santiago.- Una de las cosas que puede ser complicada cuando uno se pone un edema, es que puede estar haciendo deposición varias horas seguidas.

Olga.- Por la irritación, ya que se coloca un medicamento que produce la irritación de la mucosa.

Santiago.- En su experiencia, ¿cuáles han sido los mejores resultados con su tratamiento en pacientes con algún tipo de dificultad?

Olga.- Obviamente, el estreñimiento.

Santiago.- Cualquier persona que tenga estreñimiento cuenta con uno de los grandes factores para tener enfermedades graves del colon, entre ellos el cáncer, que es una enfermedad que necesitamos transformar. Una persona con estreñimiento se mejora y deja de ser estreñida si hace ese tipo de procedimiento.

Olga.- Claro. Deja de ser estreñida. Según el padre de la colonterapia, el doctor Bernard Jensen, una persona debe hacer tres deposiciones diarias. Después de cada comida uno debe eliminar las toxinas, por lo menos a la hora de haber comido, como los bebés... Los bebes se alimentan e inmediatamente hacen su deposición. El estímulo para hacer la deposición es la comida y debería haber mínimo tres veces al día. Según esta perspectiva, se supone que una persona que haga tan solo una deposición diaria, es estreñida.

Santiago.- Eso quiere decir que alguien que haga la hidrocolonterapia va a hacer más deposiciones al día.

Olga.- Obviamente va a hacer más deposiciones al día, porque se le quita el estreñimiento. Se disminuyen los problemas de piel y la obesidad. Sin tantas toxinas, las personas se sienten más ligeras, más sueltas. Los problemas hepáticos se mejoran muchísimo, así como los problemas alérgicos.

Santiago.- Una de las enfermedades de más consulta al gastroenterólogo y una de las más comunes en la historia de la estadística médica es el síndrome de intestino irritable, que se conoce también con los nombres de colon espástico y colon irritable. ¿Se mejora esta enfermedad con la colonterapia?

Olga.- Se puede mejorar con la colonterapia.

Santiago.- Una última recomendación.

Olga.- Lo más importante es cambiar sus hábitos alimenticios. Lo peor que hay para el colon son las harinas blancas, así que hay que dejarlas, incluyendo el arroz blanco. Sería muy bueno poder consumir arroz con fibra, pan integral y arroz integral, y tomar salvado para hacer mover el intestino.

Santiago.- Nosotros los médicos decimos que los laxantes deben ser de corta duración porque irritan el intestino y después se vuelven tóxicos, pero el problema fundamental para que el intestino se estriña es que no haya una buena dieta, no haya actividad física, no haya un consumo adecuado de agua y no se tenga el hábito de ir diariamente al baño.

El organismo tiene todas las capacidades para vivir en equilibrio con todo lo que a diario acontece en la vida. Es poderosamente adaptable, y los órganos de purificación, eliminación y desintoxicación encargados de lograrlo son los más importantes. Si les damos una mano de manera decidida, ellos cumplen la labor y, además de evitar enfermedades, nos permiten gozar de bienestar y vitalidad. ¡¡Qué esencial que es ayudarles a su ardua labor!!

EL SONIDO VITALIZADOR

Conversación con el
Dr. Juan José Lopera Sánchez

Al oír un eco muchos creen que el sonido proviene de él.
—Ernest Hemingway

Hoy vamos a hablar del sonido como agente vitalizador. Contamos con Juan José Lopera, médico del CES de Medellín, con una extensión en medicinas alternativas y complementarias. Se formó con el médico Jorge Iván Carvajal Posada. Hizo su práctica rural con los arahuacos en la zona de Nabusimake, en el Departamento del Cesar. Es tenor concertista. Ha podido unir dos cosas que son absolutamente especiales, la ciencia de la medicina, en el campo de la sensibilidad, y el arte de la música. Es tenor y ha estado en los más importantes sitios de conciertos del mundo, con más de 1200 presentaciones, algo que cualquier tenor del mundo quisiera... Con él vamos a hablar de cómo utilizar el sonido para salvarnos y sobre todo para vitalizarnos.

Juan José.- Cuando yo comencé a estudiar canto estaba comenzando a estudiar medicina. Me llamó mucho la atención que cuando tenía mi clase de canto a las siete y media u ocho de la noche, y salía después de hacer hora y media o un par de horas de vocalizaciones, casi no dormía. Me quedaba despierto hasta altas horas de la noche. Estudiaba mucho y me rendía muchísimo. Poco después empecé a leer los textos del famoso escritor francés Tomatis, en los cuales afirma que el sonido que uno produce —y sobre todo el sonido cantado, que es tan rico en armónicos, tan potente en fuerza y tan cargado emocionalmente— es uno de los principales factores que cargan de energía la corteza cerebral. Él tiene una historia muy linda. Hacia 1950 fue llamado a una de las abadías de monjes benedictinos cercanas a París porque los monjes se estaban deprimiendo. Como médico hizo unas investigaciones y se dio cuenta de que los monjes habían comenzado a deprimirse un mes después de que un nuevo abate, un nuevo prior, con ideas progresistas, había eliminado de las prácticas diarias el canto gregoriano.

Santiago.- Cuando no cantaban el canto gregoriano, empezaron a desvitalizarse, a cansarse y a enfermarse...

Juan José.- El abate simplemente prescribió volver a cantar los cantos gregorianos y santo remedio, porque él sabía que ese bucle, que ese circuito neural que hay entre el oído y la corteza cerebral, es el que alimenta con esos impulsos eléctricos y nerviosos el tono de la corteza cerebral.

Santiago.- ¿Quiere decir eso que si todos cantáramos cantos gregorianos nos estaríamos vitalizando?

Juan José.- Los cantos gregorianos en sí son muy especiales y los cantos bizantinos y muchos de los cantos son escritos como una especie de salmodias que tiene que ver con los mantras, que tienen que ver con aquellos cantos indígenas que son repetitivos, o de nuestras queridas negras chocoanas, que cantan a la orilla del río y que tienen una estructura melódica muy simple. Pero no solo eso. También muchas personas relatan que cuando escuchan una canción en la radio y se ponen a cantar, su estado de ánimo cambia y muchas veces después de estar desvitalizadas, deprimidas, cansadas, simplemente se ponen a cantar y sin darse cuenta ya están otra vez activos.

Santiago.- Todo el mundo dice que cuando uno llega cantando ¡está contento!, está emocionado. Pero vayamos un poco más a la ciencia. ¿Cómo es que el canto nos puede vitalizar? Hemos grabado unos videos para que la gente pueda ver y comprender a través de la imagen visual y no solamente de lo que va a escuchar, y lo pueda reproducir la cantidad de veces que quiera a través de la página www.caracol.com.co.

Juan José.- En las tradiciones antiguas se dice que el sonido que produce el ser humano es aire trasmutado, aire vitalizado. Ese aire viene de la respiración, y en la base de los sonidos que emitimos a través de nuestra voz, de los sonidos que cantamos, está la respiración. La respiración como una respiración conectada, como una respiración que abre diferentes espacios en nuestro cuerpo, y que los integra y que les da energía. Precisamente en esos videos comenzamos con uno que habla de la respiración pélvica profunda, más abajo del abdomen. Muy pocos sabemos que el diafragma es como una cúpula y que cuando inspiramos va hacia abajo, pero como nos han enseñado a respirar hacia arriba, subiendo los hombros, estirando el cuello, nosotros casi nunca acompañamos ese movimiento natural del diafragma.

Santiago.- Pero si uno mira un bebé, él respira con el abdomen; la barriguita se le mueve de arriba hacia abajo.

Juan José.- Cuando tú respiras profundamente en el abdomen bajo, más abajo del ombligo, permites que el aire vaya hacia allá. Ese aire que entra está masajeando los órganos internos, aumentando la capacidad del intestino de conducir las materias fecales y disminuyendo los problemas de constipación y estreñimiento. Muchas veces la desvitalización de la parte inferior del cuerpo está asociada a la sensación de frío. Los mismos monjes tibetanos enseñaban una respiración muy profunda, con contención del aire, que generaba calor. Algunos de estos monjes derriten la nieve sobre la que se sientan a meditar o la nieve que está a su alrededor simplemente con el calor generado por su propia respiración. Es una técnica muy sencilla que aumenta la sensación de calor en esta Bogotá que a veces es tan fría y fuera de eso aumenta otro tipo de calor interno: la disposición a la actividad e incluso la disposición a la actividad sexual.

Santiago.- Yo quiero que hablemos de ese primer video: la respiración pélvica.

Juan José.- Es una respiración pélvica termogénica y es muy sencilla. Si usted es

En las tradiciones antiguas se dice que el sonido que produce el ser humano es aire transmutado, aire vitalizado.

friolento, respire hondo, sostenga abajo cerrando el ano y la zona que llamamos del perineo, esa zona entre el ano y los genitales. Simplemente en el momento en que uno respira profundo contrae allí abajo y sostiene el aire unos segundos y luego lo deja salir con un sonido prolongado. Cuando se acabe el aire, espere unos segundos antes de volver a tomarlo, lo máximo que pueda sin hacer un esfuerzo desmedido, y vuelva a hacer el ejercicio.

Santiago.- ¿Cuánto tiempo podemos respirar así?

Juan José.- Cuando uno no está acostumbrado y lo hace dos o tres veces, es posible que pueda sentir un leve mareo, pero si incrementa el número progresivamente, puede llegar a hacer hasta diez respiraciones sin ningún problema y a sentir que la temperatura del cuerpo aumenta y que la vitalidad también.

Santiago.- ¿Qué sucede si uno está en la costa con ese calor y hace ese ejercicio?

Juan José.- Bota el aire, no lo retiene, se concentra en la expiración. La respiración más rápida disipa el calor. A veces, cuando tenemos miedo o estamos estresados, guardamos el aire y subimos los hombros, y cuando nos relajamos bajamos los hombros y dejamos salir el aire. Cuando estamos con temor de hablar en público la voz se nos va subiendo porque no botamos el aire. De pronto botamos el aire y nuevamente podemos hablar tranquilamente.

Santiago.- Hablemos entonces de cómo utilizar la energía a través de la respiración. Esta es esencial. El primer alimento que recibimos es el aire.

Juan José.- El segundo video tiene que ver con la relajación del diafragma. Sabemos que cuando estamos con temor y agitados, se nos cierra la boca del estómago, nos da gastritis, nos da sensación de pesadez en la boca del estómago. Se nos detiene la digestión, guardamos las heces, no vamos al baño, y todo eso produce desde malestares inespecíficos hasta lumbagos. Allí hay un ejercicio espectacular para liberar y fortalecer el diafragma, y para liberar esa zona de la parte alta del estómago que llamamos epigastrio o boca del estómago, y que se basa en la risa, la carcajada.

Santiago.- Hay formas de reírse liberadoras y hay risas contenidas no liberadoras.

Juan José.- El segundo video hace referencia a una respiración que pone en movimiento el diafragma en una cuasirrisa «ja... ja.. ja... ja...», empujando hacia fuera en la boca del estómago con cada expiración. Colgamos uno de los videos (www. caracol.com.co) que realizamos en Suecia en uno de nuestros cursos. Allí veremos cómo hay una verdadera culebra de personas acostadas, unas sobre otras con la cabeza de cada una sobre el estómago de la otra. Allí se ve cómo están muriéndose de la risa, activando esa zona. Infortunadamente allí no está filmado, pero justo después de ese ejercicio, la potencia, la proyección de la voz, la definición y la entidad del sonido y del canto que estas personas producían era impresionante.

Santiago.- Realmente reírse es lo más vitalizante y lo más relajante a la vez. Es una vitalización con relajación.

Juan José.- Y no solo revitaliza porque activa al diafragma sino porque produce una intensidad de cambios gaseosos en la respiración muy intensa. Expulsamos los restos de dióxido de carbono, exprimimos el pulmón y aumentamos la frecuencia respiratoria. Al hacerlo con la carcajada, también aumentamos la llegada de oxígeno a nuestras células. La concentración de oxígeno se hace mayor.

Muchas veces ese ejercicio de la risa crea la conexión con el dolor profundo y se convierte en un llanto liberador, y una vez liberada esa tensión emocional o ese trauma emocional a través del llanto, queda la sensación de una sonrisa interna y de paz.

Santiago.- El llanto también es liberador y por supuesto reírse y un orgasmo son totalmente liberadores del diafragma. ¿Qué otro video tenemos?

Juan José.- Tenemos uno que está concentrado en la apertura de los senos paranasales y la estimulación del cráneo con el propio sonido. Muchas veces, sobre todo cuando vivimos en urbes tan contaminadas como las grandes ciudades colombianas, tenemos sinusitis crónica, rinitis crónica, y todos aquellos pequeños conductos que permiten la entrada y salida de aire a los senos paranasales muy bloqueados. La persona que hizo la gra-

> Realmente reírse es lo más vitalizante y lo más relajante a la vez. Es una vitalización con relajación.

bación me dijo que le llamaba mucho la atención porque tenía rinitis y sinusitis crónica, entonces hicimos con ella un pequeño ejercicio. Inmediatamente terminó, empezó a drenar, porque ese masaje no solo vitaliza por vibración esas células del macizo óseo facial y de los músculos faciales, sino que ayuda a licuar las flemas que crónicamente están adheridas a esas paredes internas de los senos paranasales.

Santiago.- Recordemos también aquellas personas que tienen apnea obstructiva del sueño. Viven cansadas, agotadas. Respirar nos vitaliza y respirar mal nos cansa.

Dr. Lopera.- El último video tiene que ver con sonidos concretos, con sonidos armónicos. Los armónicos son sonidos que uno emite con ciertas posiciones de la boca, de la lengua y del paladar. Como si fuera una flauta.

Santiago.- ¿Son los armónicos las octavas? ¿Un «la» en una octava, un «la» en otra octava?

Juan José: No solo es armónico un sonido en «la». Todos los sonidos pueden ser armónicos, El primer armónico es el «la», en su propia identidad, en una octava superior, pero el siguiente armónico de ese «la» ya es un «mi». Se escucha como si uno hiciera sonar una flautita. Parece muy extraño, muy difícil, pero en los seminarios lo aprendemos a hacer facilísimo.

La última reflexión es precisamente que todo esto es muy simple. Para aprender a hacerlo no hay que saber de música y tener una voz muy bonita. Tampoco hay que saber de medicina. Con este proceso liberamos traumas, liberamos tensiones y aumentamos el poder de uso de nuestra voz y, a través de ella, de nuestra presencia, nuestra identidad y nuestra capacidad de hacer lo que nos corresponde en el mundo.

Si el sonido crea y transforma la salud y la vida, ¡qué responsabilidad tan grande tenemos con el lenguaje que usamos cada día! Cada palabra emitida, cada frase pronunciada puede cambiar nuestro mundo y el de los demás. Es fundamental el buen uso que le demos y reconozcamos toda la fuerza que hay en ella. No en vano nos dieron dos oídos y una boca, para escuchar más, reflexionar lo escuchado y hablar solo lo adecuado, sin excederse.

HÁBITOS ALIMENTICIOS

Conversación con la
Dra. Claudia Jaramillo Uribe

Desayunar como rey, almorzar como príncipe,
cenar como mendigo.
—Adagio popular

Hoy vamos a valorar esos conocimientos populares que dicen que es mejor desayunar más y comer un poco menos. Miguel de Cervantes Saavedra también tiene una frase que habla sobre el tema. Dice que hay que almorzar poco y cenar todavía menos, que la salud del cuerpo se fragua en la oficina del estómago.

Tan importante puede ser qué comer como cómo comer. Cómo deberíamos comer, la masticada, todo el proceso asociado con la alimentación y la digestión. Cuánto y cuándo. Para eso tenemos una especialista: la doctora Claudia Jaramillo, experta gastroenteróloga que también trabaja con terapias alternativas. Es homeópata e investigadora en temas de nutrición.

Santiago.- ¿Eso de desayunar como rey, almorzar como príncipe y cenar como mendigo tiene valor desde el punto de vista digestivo, desde el punto de vista de la salud?

Claudia.- Pensemos en que nuestros ancestros y la gente del pueblo afirmaban cosas basadas en sus vivencias, y que no necesitamos estudios muy grandes para darnos cuenta de que es así. Debemos empezar el día con un desayuno que no necesariamente tiene que ser muy copioso, pero si balanceado, con una buena ingesta de carbohidratos, de algo que sea agradable, y en eso sí quiero poner mucho énfasis desde ahora. Busca siempre que la comida sea agradable, nunca busques en la comida un remedio. Todo es bueno y nada es bueno, depende de la dosis, esa es una frase que debemos tener en cuenta. En el desayuno vamos a ingerir la energía para comenzar el día, para que tengamos de donde sacar nuestra energía, nuestra gasolina para el día. Ese desayuno debe ser balanceado, pero por favor siempre busca cosas que te gusten, no lo que tu vecino te recomendó, ni lo que le recomendaron a la tía de alguien. Busca cosas que ames, que sean hechas con agrado: un jugo de naranja preparado con amor, una papaya pelada con gusto, eso siempre te va a dar bienestar. Después vamos a tener un almuerzo, donde usualmente haya proteína, carbohidrato y casi siempre verduras; es importante no hacer mezclas de muchas cosas. Tenemos la costumbre occidental de empezar los almuerzos con fruta, seguir con sopa, después seco y terminar con jugo. Tanta mezcla de alimentos puede producir molestias estomacales. La recomendación es comer un plato que sea normal a la vista, ni exagerado ni muy poco, pero sin revolver muchos alimentos para que no haya un proceso metabólico difícil.

Una cosa que hay que tener en cuenta es que si hay actividades muy grandes o que necesiten mucha concentración después de la hora del almuerzo, este debe ser ligero y no muy abundante. Ese sería otro secreto. Y luego vamos a la cena. En las horas de la noche, nuestro organismo está listo para descansar, para hacer un proceso de asimilación y de descarga, y tenemos que pensar que la digestión es un proceso que gasta mucha energía. Si ingerimos grandes cantidades de alimentos en las horas de la noche, esa energía que vamos a recargar durante la noche nos la vamos a gastar haciendo la digestión. La recomendación entonces es: desayuna muy bien porque es tu gasolina, almuerza normal sin hacer mezclas de muchas cosas diferentes y cena poco para que durante la noche tengas un sueño reparador y puedas al otro día volver a comenzar.

Santiago.- Eso es lo que siempre dicen los ancianos porque les toca, ¿no? Comer poquito porque les cae mal; pero los jóvenes no se sienten con la misma molestia pues lo hacen infortunadamente de manera desaforada y después sufren cuando son personas mayores. Además, los hombres tendemos a comer desaforadamente —las mujeres se cuidan un poco más—, pero debe haber una cantidad para cada persona. Si pudiéramos medirlo, ¿cuánto sería lo ideal que una persona podría comer?

Claudia.- Una nutricionista o un nutriólogo lo que usualmente recomienda es un plato lleno solo en un 80%. Algo que alguna vez aprendí es que uno debe comer el 80% de ese 80% que sirves, algo que yo no puedo decir que está en un estudio específico. Hay gente que establece culturalmente que dejar comida en el plato es de mala educación. Yo creo que eso puede variar dependiendo de los lugares, pero uno no tiene que dejar comida, simplemente sirve menos comida de la capacidad que tiene el plato y eso va a ayudar a tener un límite. Servirse de fuentes, de bandejas, nos lleva a servirnos más de lo que nos vamos a comer. Siempre «es más grande el ojo que el buche» y uno siempre termina sirviéndose más de lo que se va a comer pero por pena a dejar las cosas entonces termina comiéndose más de lo que se debe comer.

Santiago.- Hay quienes comen muy rápido y quienes comen muy lento, y eso altera un poco la digestión, altera la sensación de bienestar. ¿Qué es lo saludable? ¿Cómo funciona eso?

Claudia.- Lo importante no es a veces qué me como, sino cómo me lo como. Siempre hay que tomarse el tiempo para ingerir la comida, porque la comida como uno la mire es una bendición, es un regalo, es una medicina, no es una obligación. No comemos por obligación, comemos porque es parte de sentirnos bien y de querernos. Comer de pie es una mala costumbre. Me debo sentar donde no esté bombardeada por la televisión, las noticias, el partido de fútbol; yo sé que eso es difícil en los tiempos modernos, pero hay que buscarle espacios a cada

Nunca busques en la comida un remedio, busca un placer.

cosa. Comer es un hábito que nos da vida, es un hábito que debemos respetar. Antiguamente no nos dejaban parar de la mesa del comedor ni a contestar el teléfono, ni a ninguna otra actividad que no fuera cenar en familia. Actualmente contestamos mensajes, chateamos, vemos el partido de futbol. No tenemos concentración. La recomendación entonces es sentarse a comer, desayunar, almorzar o cenar, ojalá en una buena compañía y si no tiene una buena compañía, por lo menos en una soledad tranquila. Hacerlo sin prisa, hacerlo masticando muy bien el alimento, evitar mezclar líquidos con sólidos, es decir no empujarse la comida a través del tubo digestivo solamente porque uno tiene afán.

Si tengo muy poco tiempo para comer, lo ideal es comer muy poquito o comer cosas que no necesiten grandes procesos de masticación: cremas de verduras, sopitas. Cuando alimentamos un niño, a nadie se le ocurre darle la comida muy rápido, porque va a empezar a hacer cosas que no nos gustan, como devolver la comida. Sentémonos a comer como niños pequeños, con tiempo, agradecidos porque lo podemos hacer y porque tenemos qué comer. Es ideal si podemos después descansar algo, lo que pasa es que la vida moderna ya no nos da para dormir siesta.

Santiago.- Acláreme, doctora, eso de no mezclar los líquidos y los sólidos.

Claudia.- El proceso digestivo comienza con la masticación; la saliva tiene una enzima, la ptialina, que comienza a desdoblar los carbohidratos. Si yo suplo la masticación con la empujada de la comida con el líquido, estoy saltándome un paso. Es una costumbre que la gente coma y beba, pero la primera petición que yo le haría a alguien sobre sus hábitos alimenticios es que introduzca el alimento en la boca, después lo mastique, lo pase y luego, si quiere tomar algo, que lo haga. No se empujen nunca el alimento con el líquido.

> Si tengo muy poco tiempo para comer, lo ideal es comer muy poquito o comer cosas que no necesiten grandes procesos de masticación.

Santiago.- Hablemos, doctora, del descanso, de la siesta...

Claudia.- Nos encontramos en un mundo donde todo es muy rápido y les compramos la historia a unas personas que son exitosas en el planeta, los estadounidenses, y vivimos a una velocidad absurda, producimos y producimos y producimos, y la productividad nos ha llevado a que no tengamos tiempo ni de pensar en nosotros mismos. Llama un poquito la atención cuando uno viaja a Europa o a otros países del otro lado del mundo, y a las doce del día la gente cierra los negocios y se sienta a almorzar. Los italianos y los españoles se toman el tiempo para almorzar, y uno ve que hay más longevidad, es decir, que la gente llega a vieja sana, tranquila, y no es porque se tomen una copa de vino o se la dejen de tomar, sino porque se sientan a conversar con sus amigos, con la gente que quieren, porque aman lo que hacen, y eso hace que las cosas sean mucho más agradables. Después de eso puede haber un descanso. Sería ideal que pudiéramos recostarnos al menos unos 10 minutos. Lo ideal sería que después de almorzar no tuviésemos que sentarnos frente a un computador o entrar a una sala de juntas a resolver grandes problemas. Podemos tomarnos esos mismos 10 minutos de descanso en un lugar tranquilo donde no tengamos que hacer trabajo específico, y eso nos podría suplir la siesta.

Santiago.- La doctora dijo recostarse, no acostarse...

Claudia.- Después de comer uno no debe acostarse porque pierde una gran ayuda que es la gravedad y facilita que los alimentos hagan reflujo. Es usual que todos los seres humanos tengamos algo de reflujo, especialmente después de las comidas, pero ese reflujo no debe ser ni sintomático ni debe molestarle a la persona. Es algo fisiológico, pero para poder ayudarle a esa parte fisiológica, lo ideal es solamente recostarse.

Santiago.- Cualquier persona que coma al mediodía sabe que le da sueño después y esa es una respuesta del cuerpo, que le está diciendo: descanse, tómese un tiempo, que después de una hora va a estar preparado para lo que sea.

¿Qué hacer si ese reflujo no es pequeño, si hay eructos o demasiados gases? ¿Qué puede uno cambiar, no con medicamentos sino con hábitos de alimentación?

Claudia.- Lo ideal es revisar un poco lo que uno está haciendo, devolverse a los básicos: ¿qué estoy comiendo?, ¿estoy comiendo lo adecuado?, ¿cómo me lo estoy comiendo?, ¿me lo estoy comiendo despacio?, ¿me lo estoy comiendo agradecido? Vuelvo a poner un poquito de énfasis en eso de que no estamos acostumbrados a agradecer la comida. No importa a quién se lo agradezcamos, pero hay que agradecer el hecho de que alguien se tomó el trabajo de cultivar un alimento, de tener unos animales que después son sacrificados, de preocuparse por llevarlos a un mercado, de preparárnoslos. Hay personas contratadas para eso, pero de todas formas es un oficio amoroso gracias al cual nosotros accedemos a ese alimento. Debemos agradecer sanamente. La comida no es mi enemiga, es mi amiga. Es muy frecuente que la gente diga: «Es que me comí algo que me hizo daño» y no, la comida nunca hace daño. Probablemente lo que haya pasado es que hemos hecho mal el proceso, hemos elegido alimentos que no son los adecuados, los hemos comido en el momento inadecuado y no hemos hecho un proceso de masticación y de digestión adecuados, por lo cual después nos sentimos llenos, distendidos y probablemente malhumorados, y por eso decimos que lo que nos comimos fue lo que nos hizo sentir así.

Santiago.- Seguramente una comida saludable peleando con el jefe o con la suegra puede ser más dañina que una fritanga en una parranda con unos buenos amigos.

Claudia.- Una comida nunca te va a hacer daño si estás feliz, pero siempre te va a hacer daño si estás muy triste o muy bravo.

Santiago.- Desde que nos levantamos, ¿cuándo son los mejores horarios para realizar la ingesta?

Claudia.- Tenemos que tener en cuenta la individualidad de los horarios. Hay gente que trabaja en las noches y obviamente sus horarios son completamente distintos, pero digamos que para la mayoría de las personas, que somos las que trabajamos en los días y descansamos en las noches, lo ideal es después de levantarnos y tomar un baño, tomar el desayuno. Debemos tener en cuenta que a media mañana debemos consumir algún tipo de alimento, porque los grandes períodos de ayuno causan grandes respuestas del organismo, cosas como dolores de cabeza, malestares, sensación de hueco en el estómago, que no podemos interpretar o que interpretamos como enfermedades. Además, si comemos algo a media mañana, cuando lleguemos al almuerzo no tendremos que comer mucho, y esa es una de las formas de disminuir la cantidad de comida al almuerzo. En las tardes debemos también consumir algún tipo de refrigerio, que puede ser un carbohidrato simple, no grandes cantidades de azúcar. Hay que evitar muchas comidas procesadas, porque nos van a dar muchos síntomas gastrointestinales. Por la noche debemos cenar muy poco, ojalá más o menos dos horas antes de irnos a la cama. Eso no quiere decir que no podamos ir a una cena o a una parranda, pero cuando lo hagamos, siempre debemos pensar que no nos tenemos que comer todo lo que nos sirven.

Santiago.- Una última recomendación, doctora Claudia.

Claudia.- Lo único que como gastroenteróloga les pido a las personas es que se sienten a la mesa agradecidas, porque pueden comer el alimento, porque lo pueden tener, porque están sanas. Si uno piensa que es un regalo lo que está recibiendo, simplemente el cuerpo hace el resto.

Qué rico es comer. Los humanos hemos vuelto el alimentarse uno de los placeres mayores, y con seguridad que lo hemos logrado. Pero no siempre en esta estimulante actividad de nuestros sentidos tenemos en cuenta al que le toca el trabajo pesado de procesar todo nuestro banquete. Pensemos en nuestro sistema digestivo, escuchemos sus expresiones y respetemos sus condiciones para poder seguir disfrutando sanamente de esta gratificante experiencia.

AFRONTAR LA MUERTE

Conversación con Magda Catalá

No es lo que dices ni lo que haces lo que ayuda,
sino quién eres.
Rabí Susan Leider

Hoy estamos nuevamente con la psicoterapeuta Magda Catalá, mexicana de origen, 40 años radicada en España trabajando con un tema esencial relacionado con la muerte. Ella ha trabajado con las personas que tienen dificultad, angustia, miedo para poder vivir las experiencias transformadoras. Debemos entender que la muerte es un cambio necesario que ocurre en todos los momentos de nuestra vida y vamos a ver cómo lo podemos simbolizar adecuadamente, transformarlo, dejando atrás lo que hemos perdido, como cuando somos niños y dejamos la infancia, como cuando nos ponemos erguidos y dejamos de estar gateando; son pequeñas muertes que nos van a ayudar a vivir de una manera natural y sabia la gran muerte. Con Magda hemos aprendido cómo los tibetanos y el budismo han dedicado toda su vida a la experiencia de comprender ese fenómeno de la conciencia, que para muchos es inexistente y para muchos vivencial, algo que no se puede teorizar o simplemente abordar desde la razón.

Santiago.- Magda: hablemos del tema del acompañamiento, de dos preguntas que se hace un hijo, uno de cuyos padres está enfermo, grave, y puede morir: «¿Qué hacer?», «¿qué no hacer?».

Magda.- Cada vez somos más conscientes de la muerte y del momento de morir, y ciertamente a nuestros seres queridos o a las enfermeras les preocupa mucho qué decir o qué hacer. La frase de Leider que mencionamos es absolutamente cierta, pero desde luego es un gran desafío que nos hace tomar conciencia de que no hay nada que uno aprenda o necesite o haga bien o mal, sino que la verdadera ayuda viene de cuando la persona está al lado del enfermo o de la persona que está sufriendo. Puede estar realmente presente desde ese centro de nuestro ser en que hay confianza y certeza, y desde donde puede acompañar al otro. Lo que desde ahí se diga o se haga estará bien cuando el ser que nos habita y que es lo que en realidad somos está presente también en nosotros. Ese ser acompaña naturalmente.

Santiago.- Yo estuve en Hospice, que es un sitio donde muchas personas fallecen en Inglaterra, generalmente solas. Aquí en España, donde me crié y donde he estado aprendiendo las curas paliativas en los hospitales donde están las personas hasta el último día de su vida, hay familiares. En Colombia, uno muchas veces llega a las casas, se encuentra solo al moribundo en la habitación mientras que en la sala hay 25 personas, fumando, hablando, comiendo, bebiendo, viendo la televisión pasito, calmando a los hijos que están desesperados, con caras tristes, pero ninguno está con el moribundo. Todos están esperando que la muerte ocurra, pero al mismo tiempo deseando que no sea así. ¿Cómo hacer para que los involucrados estén presentes durante el tránsito?

Magda.- Por eso hablamos de lo que somos y no de lo que hacemos. Cuando nos asusta el tema de la muerte, perdemos la capacidad de estar presentes. A mí me gusta mucho citar a Marie de Hennezel y Jean-Yves Leloup, autores de un librito muy pequeño pero muy valioso que se llama *El arte de morir*, en el que insisten que muchas veces más que la muerte misma lo que nos asusta son esos momentos en los que no nos hemos desarrollado nosotros mismos para poder compartir con el otro lo que es la intimidad.

Santiago.- La intimidad, esos momentos de estar uno con uno mismo y también con la otra persona.

Magda.- Si no sabes ser íntimo contigo, si no tienes profundidad de escucha, ¿cómo puedes realmente acercarte al otro en esos momentos en los que la verdad está al descubierto?

Santiago.- Para estar cerca de los que están muriendo, tenemos que aceptar que nos podemos morir.

Magda.- Sí. Esa es una lección de humildad y de coraje. La pretensión de que podamos aprender en libros e incluso en programas de radio algo más que una visión que nos permita hacer un camino es una pretensión muy tecnológica, y resulta que los seres humanos no somos tecnológicos. No somos máquinas.

Santiago.- O sea que nosotros pretendemos aportarles a los que están sufriendo y en realidad estamos viviendo y aprendido de ellos. Los grandes maestros son ellos, no nuestros beneficiados.

Magda.- En los años ochenta yo me metí en este tema sin buscarlo y la gente empezó a acudir a mí y fueron los años en los que más he aprendido en mi vida. Fueron los moribundos los que me enseñaron a escuchar y a oír frases para aprender a vivir. La gente aprendía en semanas lo que cuando no había esa «amenaza» de muerte le podía tomar meses o años. En ese sentido la muerte nos abre los ojos a muchas cosas y la pretensión es que, sin haberlos abierto nunca, podamos estar cercanos a una persona que está en ese trance, lo cual creo que es una lección de humildad.

Santiago.- Sin duda yo creo que no es una experiencia teórica. Yo creo que a uno le pueden explicar cómo es que le saquen una muela y que le duela, pero que se la saquen es totalmente distinto. Pero una vez que se evidencia, no se olvida.

¿Qué pasa si uno está angustiado, llora, tiene miedo? ¿Lo muestra? ¿No lo muestra? ¿Lo cuenta? ¿No lo cuenta? Expresar lo que uno siente a la persona en trance, ¿le hace más daño, le hace más bien?

Para estar cerca de los que están muriendo, tenemos que aceptar que nos podemos morir.

Magda.- Es una pregunta muy general y probablemente depende de cada caso, de cada circunstancia, de la persona, de la edad... Si tuviera que contestarte también de una manera muy general y muy amplia, daría el consejo que suelen dar los tibetanos al respecto y es que uno está en capacidad de abrirse a la experiencia sin quedar absorbido por ella y mirándola a los ojos. Es como abrir un espacio en el que puedes escucharte a ti mismo sin confundirte con ello, sin juzgarlo, sin negarlo. Se trata de ser otro para nosotros mismos, cuando se puede producir ese abrazo que alivia la angustia, el dolor, el sufrimiento. Es, claro, una experiencia difícil que yo procuro posibilitar, porque no es algo que uno enseñe, sino que se posibilita, como posibilitar un parto. Tú no das a luz, simplemente estás ahí para ayudar a que eso ocurra. Cuando la persona se encuentra en esas situaciones tan graves, muchas veces acude a un terapeuta con la expectativa de que la pueda ayudar a estar consigo misma en ese trance, que muchas veces se vive como una muerte intensa pero que no es más que un renacer de una conciencia un poquito más amplia y compasiva.

Santiago.- Todas estas palabras me llevan a hacer una gran cantidad de relaciones con mi pasado, y por eso me quedo en silencio, porque he tenido la oportunidad de acompañar a morir, experiencia que ha sido transformadora para mí. Incluso he creído que al lado de la muerte me he reconciliado muchas veces con la vida. Encuentro en un lecho de muerte a una familia e inmediatamente valoro profundamente cada experiencia de mi vida.

¿Cómo hacer para manejar esos estados emocionales que ocurren tan frecuentemente, además de observarlos y verlos? A través de la experiencia yo los he clasificado en seis tipos: la tristeza, la rabia, la culpa, el miedo, el apego y la pérdida del sentido de la vida. Quiero trabajar inicialmente con la rabia y la culpa, que predominan. ¿Qué hay que hacer?

Magda.- Pues encararlas. Decir: ¿Qué es esto, de dónde me viene la culpa, dónde la siento, cómo la siento, qué me lleva a sentirla, qué beneficios tengo con sentirme culpable, cómo siento esta rabia? Lo que los maestros dicen cuando aparece cualquiera de esas emociones, es que no son más que pensamientos cargados de energía: debes saltar ese fuego, quemarte en él, quemar todo lo que no eres tú. Lo que eres tú va a quedar intacto y además limpio.

Santiago.- Podemos ir de frente, que saldremos ilesos, aunque se nos queme lo que nos sobra.

Magda.- Claro que no le digas eso al ego, porque al ego no le sobra nada.

Santiago.- Pero la palabra «sobrar» es la que los antiguos alquimistas utilizaban. La alquimia es retirar lo que nos sobra. Por eso querían convertir en oro una vasija, quitándole el plomo o el mercurio.

Magda.- Así es, o Miguel Ángel descubría el Moisés que estaba en la piedra.

Santiago.- Sí, le quitaba lo que le sobraba.

Magda.- Así es, pero saltar ese fuego no es fácil.

Santiago.- Junto al miedo siempre habrá rabia, y la culpa estará junto al miedo.

Magda.- Eso son revoltijos. Los tibetanos dicen que solo hay tres problemas a partir del momento en que nacemos, a partir de que salimos del vientre de la madre. Se producen tres movimientos energéticos: quiero, no quiero y no sé; el apego, la rabia, la confusión y el miedo subyacen a todo. Para los cristianos ese sustrato se llama culpa o pecado, y para los tibetanos se llama ignorancia.

Santiago.- De hecho la palabra «culpa» no existe en el lenguaje tibetano.

Magda.- Pero sí «ignorancia». Es un malestar fundamental que lleva el ser humano. Si solo fuéramos divinos, no tendríamos ese problema, y si fuéramos animales tampoco. Pero somos esta especie rara en la que somos conscientes de nuestra vulnerabilidad, de nuestros miedos. Y eso no es más que un mecanismo para compensar algo que no podemos evitar y que me gusta mucho porque es muy brutal. Uno de los problemas que más he estudiado es la «jodienda básica». Desde ahí hacemos todo para ver que no estamos jodidos, que podemos avanzar, encarar nuestra realidad. Eso se llama humildad y de ahí viene la trascendencia. No es más que un problema de ego.

Y la evolución o la trascendencia no pasa más que por ir ampliando ese espacio de la roca al vegetal, al animal, al ser humano, y eso no es más que la esencia de transición. No hay mucho más. Creo que también podemos ver las crisis de ansiedad, de pánico y los problemas que se generan por no poder encarar la esencia de todo ello, que son, como tú dices, la tristeza, la rabia, la culpa. El no poder encarar todo esto nos lleva a montar esta gran estructura donde todo parece que es muy importante, pero que es simplemente humano, el desafío de ser humanos, de ser mortales, al mismo tiempo que tenemos esa conciencia profunda y luminosa que nos permite verlo.

Santiago.- ¿Cómo manejar esa pérdida del sentido que se da cuando nos enfrentamos a la posibilidad de morir, ya sea la de nosotros o la de alguien cercano?

Magda.- Yo creo que hay que afrontarla como una gran ocasión, como una gran oportunidad, como una puerta, porque todos los seres humanos nacemos vulnerables, incompletos y necesitados, y eso mismo nos obliga a buscar el sentido de nuestra vida. Lo que ocurre es que nos olvidamos muy pronto y pensamos que el sentido está en el chupa chupa, en el cigarrillo, y la muerte o una situación traumática nos confronta y nos muestra el sentido de la vida, y es entonces cuando empezamos a cuestionarlo. Si lo tomamos en serio, realmente podemos darnos cuenta de que estamos aquí para encontrar ese sentido y que ese sentido no está en las cosas de afuera. ¿Dónde estará? Esa pregunta es la que nos convierte en buscadores. Unos buscan a Dios, otros la luz, yo, la verdad, y nos damos cuenta de que la respuesta va a venir de adentro.

> Unos buscan a Dios, otros la luz, y nos damos cuenta de que la respuesta va a venir de adentro.

Santiago.- ¿Cuál es el sentido que ha encontrado usted a través de todas estas experiencias del día a día?

Magda: Es una pregunta un poco impertinente y, además, difícil de responder. Me atrevería a decir que voy encontrando el sentido a esta búsqueda incansable de la verdad y que cada vez vislumbro claramente que voy por el buen camino, y eso es alentador y satisfactorio.

Santiago.- Ahora, una reflexión para quienes están fuera del tema, para quienes no lo tienen en su mente, los adolescentes, los jóvenes, pero quienes oyen de él, muchas veces a través de sus padres o en la universidad.

Magda.- Recuerdo cuando uno de mis hijos, a los 6 o 7 años, me tomó desprevenida y me preguntó qué es la muerte, qué pasa cuando nos morimos. Solo le pude contestar que no sabíamos nada y me dijo: «¿No sabemos nada de lo único que es importante?». Los niños, los adolescentes, todos en algún momento tenemos esa pregunta abierta y lo que ocurre es que el mundo nos distrae y nosotros mismos nos dejamos distraer, con lo cual yo diría que la única reflexión es: Tómatelo en serio.

Santiago.- ¿Y qué opina ese muchacho hoy?

Magda: Ese muchacho hoy está muy distraído, ha perdido ese niño que se preguntaba por las cosas importantes. Confío en que en la vida reencuentre el tema, porque es parte de la vida perder esa inocencia. Lo único que podemos hacer es recordarlo de tanto en tanto, darnos un tiempo.

Santiago.- Yo me quedaré con esa frase: Hay que tomarse en serio el tema de la muerte, tan en serio que si la sufrimos y nos da dolor y nos da angustia, busquemos dónde está ese dolor, dónde está ese miedo, dónde está esa angustia, y qué podemos hacer con ellos, cómo podemos aprender y crecer, porque es mejor hacerlo ahora, como quien paga una cuota pequeña y no más grande, más lejos, más difícil, más insoportable y menos gozosa, porque la vida se puede gozar y se puede gozar teniendo certeza de la muerte.

Magda.- No es raro escuchar a una persona que ha pasado por un trauma muy difícil o una situación prácticamente de muerte decir que descubrió la vida a partir de allí, y ese puede ser un descubrimiento continuo.

Santiago.- Antes de que la vida nos ponga en esa encrucijada, antes de que el dolor, el sufrimiento, la enfermedad de otros o simplemente nuestra propia incapacidad nos lleve a estar confrontados con la muerte, busquémosla conscientemente, no a través de hacernos daño ni de lesionarnos, sino en nuestro interior. La semilla de la vida se presenta a través de la comprensión y el conocimiento de la muerte.

Magda.- El truquito consiste en saber que cada vez que encaras la muerte encuentras otra vida, más plena, más amplia, más libre, donde hay mucho más amor, porque simplemente hay mucho menos miedo.

Santiago.- O sea que el amor y el miedo son opuestos.

Magda.- El amor y el miedo son opuestos y más que miedo a la muerte, se lo tenemos al amor.

Al lado de un lecho de muerte un ser humano se puede reconciliar con la vida. Allí, donde las apariencias dejan de existir, donde lo superficial deja paso a lo esencial y donde los instantes son presentes eternos, es el lugar para valorar el maravilloso regalo de vivir. Es el momento de agradecer que se cuenta con la oportunidad de aprender, crecer y transformar. Es en este mismo momento en que se lee este capítulo, que se puede valorar lo que se nos dio y aprovecharlo al máximo para no sufrir cuando ya no se nos permita conservarlo.

SANACIÓN CON LAS MANOS

Conversación con Alberto Margaín

*Todo lo que es hecho, todo lo humano de la tierra
es hecho por manos.*
—Ernesto Cardenal

Cada vez más en el mundo, y cada vez más en Colombia, muchas personas están trabajando con las manos, hacen sanación, imponen las manos. Esto no es algo moderno, es de la antigüedad. Muchos pueblos aborígenes lo hacen y en la misma iglesia muchos sacerdotes. Hay relatos de cómo Jesús imponía las manos. Ya no solamente grupos místicos hablan de esto sino también científicos. Las personas del común utilizan las manos como agentes de sanación. Cada vez que tenemos un dolor, los seres humanos cogemos nuestras manos, nos las llevamos al dolor, y aunque no nos demos cuenta también estamos ayudando, porque eso mitiga el sufrimiento. Vamos a hablar de las manos para la sanación, las manos que curan, y aprenderemos un poco más de lo que está detrás de las manos. No son las manos por supuesto, es el ser que está allí, el ser que es más que ese ser que conocemos, y que utiliza sus manos como agentes para llevar algo, algo que es energía.

Hoy tenemos con nosotros a Alberto Margaín, mexicano, a quien hemos querido entrevistar para aprender eso de sanar con las manos.

Santiago.- ¿Qué significa la imposición de manos?

Alberto.- La curación con manos viene de muchísimos años, pero ahora está otra vez volviendo muy fuerte. Yo llevo veinticinco años estudiando en más de cuarenta escuelas, incluso en la India. Es algo increíble. Uno mismo a veces no entiende cómo es posible que se pueda quitar una enfermedad muy grave en una sesión. ¿Por qué? Porque la energía tiene que ver con el paciente, no tanto con uno. Uno no es nada más que un canal de la energía, y eso viene de fuera, porque entra una paz muy fuerte. A todo el mundo le da una paz muy grande, se relaja mucho, se quita mucho el estrés, todo lo emocional. Se pueden quitar, a veces en una sesión, enfermedades graves como el cáncer y el sida. Hay veces en que se puede detener el dolor, en que se hace más chico el tumor. Uno nunca sabe qué va a pasar. A veces ayudas a morir bien.

Santiago.- Se le ayuda a vivir bien a la persona hasta que se muere. Es decir, no se le ayuda a morir.

Alberto.- Hay gente que sí ayudo a morir. Siempre según mi punto de vista. Eso podría ser discutible, pero es gente que tenía ya que haberse ido y que no se fue en su momento preciso. Es gente que ha estado sufriendo mucho, durante muchos años. Entonces llega uno, le impone las manos, le da la terapia, y es muy rápido. A veces mueren en la tarde, a veces mueren al otro día.

Santiago.- ¿En qué consiste esa experiencia terapéutica de sanar con las manos? ¿Cómo es el rito, cómo son las condiciones?

Alberto.- Yo empiezo poniendo las manos en la cabeza a la persona.

Santiago.- Directamente en contacto.

Alberto.- Yo pido, es decir, invoco al ser superior para que me pueda ayudar, que sea su voluntad, que sus manos sean las mías. A veces entro en estados de meditación muy fuertes, que es cuando vienen curaciones mucho más rápidas. Cada paciente es único. A veces se va a la parte espiritual, a veces a la parte física, a veces a la parte mental, y hay veces en que trabaja las cuatro. Pero eso no lo hago yo. Soy un canal de esa energía. Es muy impresionante ver cómo se van curando las personas. Claro que yo tengo muchos años trabajando en esto, me he hecho limpiezas interiores muy fuertes en la India para ser un buen canal, soy vegetariano. Muchas cosas pasan en el cuerpo para que seas un buen canal, pero imponer las manos y curar lleva su tiempo, requiere dedicación, poner todo tu corazón y mucho amor, un amor impresionante, un amor increíble, algo muy especial.

Santiago.- Comúnmente, ¿cuánto dura una sesión de sanación?

Alberto.- Una hora más o menos, una hora diez; depende del paciente también. A veces no importa el tiempo. Si es un paciente muy grave, podemos estar trabajando con él hasta dos horas.

Santiago.- ¿Y todo el tiempo trabaja con las manos, o también hay diálogo, palabras, instrucciones?

Alberto.- Al principio y al final hablo con los pacientes. Yo les dejo todos los días una tarea, tienen que trabajar con ellos mismos, aprenderse a querer. Los pongo a abrazarse todos los días, como si abrazaran a Dios. Al amanecer, al abrazarte, sientes que puedes fiarte. Recomiendo mucho el yoga y el pilates. Cuando uno inspira, normalmente sale una energía negativa de la columna. Hacer siete respiraciones profundas te ayuda muchísimo al organismo. También les enseño cómo quitarse angustias, miedos, temores, todo a base de once respiraciones profundas.

Santiago.- Alberto, hagamos un ejercicio. Siempre buscamos que los entrevistados nos dejen alguna práctica que puedan hacer las personas. Alberto Margain nos va a enseñar una práctica con respiración para quitar el temor y la angustia.

Alberto.- Se para uno sin zapatos. Pone la mano izquierda abajo del abdomen, la mano derecha arriba de la izquierda. Hace once respiraciones profundas. Cada vez que tome el aire, mentalmente va a decir el sonido de la respiración: «h a m s a». Al tomar el aire, uno sube las manos, se queda cinco segundos con el aire dentro, lo suelta muy despacio y se vuelve a quedar sin aire cinco segundos, y así otra

Yo los pongo a abrazarse todos los días.

191

vez, durante once veces. Al cabo de las once respiraciones la mente se alivia, los pensamientos se tranquilizan. Si uno estaba enojado, el enojo ya no aparece; si estaba angustiado, la angustia desaparece.

Santiago.- ¿Cuánto dura el efecto?

Alberto.- Se te quita de inmediato. Cuando lo terminas de hacer ya no estás enojado.

Santiago.- ¿Pero cuánto dura el efecto del beneficio?

Alberto.- Si estás muy angustiado, lo haces dos o tres veces al día, y se te va quitando.

Santiago.- ¿Y eso sirve también para quitarnos no un dolor emocional sino un dolor físico?

Alberto.- Eso es más difícil, no se hace así. Cuando impongo las manos, normalmente se quita cualquier dolor físico.

En las mañanas, después de abrazarte y estirarte, haces siete respiraciones profundas. En la primera de las siete respiraciones entra el amor y sale el miedo, y en la última entra Dios y se queda contigo. Las del medio, lo que tú quieras. Puedes decir: entra felicidad sale depresión, entra alegría sale tristeza, entra paciencia sale impaciencia, lo que quieras, y después de eso te vas al espejo y en el espejo vas a decir tres decretos en presente y de manera consciente. Si, por ejemplo, tienes un cáncer en el pulmón, dices: «Qué sano soy, qué bien funcionan mis pulmones y todas mis células están sanas». Si, por ejemplo, vives en una angustia terrible, dices: «Qué tranquilo soy, qué paciente soy…».

Santiago.- Siempre en positivo.

Alberto.- Las mismas tres afirmaciones durante cuarenta días. No se vale cambiarlas. Al cabo de los cuarenta días, todo lo que tú digas se cumple. Los decretos deben ser cortos. Créeme que todos los decretos se cumplen. El poder de la mente es impresionante.

Santiago.- ¿Por qué se puede sanar con las manos? ¿Qué tiene esa técnica que puede producir sanación?

Alberto.- Por la energía, porque hay una energía muy especial en las manos. Frotarse las manos durante un minuto hasta que se calienten las palmas y ponérselas debajo de los lóbulos de la oreja sirve muchísimo para regularizar la presión de las personas hipertensas. Si lo hacen todos los días en la noche y en la mañana, normalmente al cabo de un tiempo la presión está regularizada. Si están tomando pastillas para la presión alta, tienen que estarse examinando porque la presión va empezar a bajar y puede descender demasiado. Si la mamá se frota las manos como he dicho y las pone donde le duele al hijo, normalmente se le quita el dolor.

Uno mismo puede hacerlo. Para la cabeza, por ejemplo, si le está doliendo. La esposa y el esposo se pueden ayudar el uno al otro. La mamá tiene un don muy grande porque está muy conectada con los hijos. Todo eso tiene también mucho que ver con las actitudes en la vida. Si cambias tu actitud te va a cambiar todo, incluida la salud también. Ni las personas ni las circunstancias podrán nunca afectar tu paz interior. Lo que afecta tu paz interior es tu actitud ante las personas y las circunstancias, y el día que lo entiendes, si estás enojado es porque quieres estar enojado, si estás triste es porque quieres estar triste. Nadie te puede afectar más que tú mismo.

Santiago.- ¿Se puede llegar a hacer daño a una persona utilizando la técnica de imposición de manos?

Alberto.- ¿Daño? No.

Santiago.- Alberto también hace masajes. ¿Qué diferencia hay entre dar un masaje y una técnica de sanación como resultado en el paciente? Ambos utilizan las manos, solo que de una manera diferente.

Alberto.- Yo doy masajes normalmente en las manos, en los pies y en la espalda. En la espalda para quitar las bolas de estrés que hay. Se quitan muy rápido. Pones las dos manos desde arriba, como si dieras un pellizco, y vas sintiendo como se va desvaneciendo el estrés. Eso se lo puede hacer el esposo a la esposa. El chiste está en el cuello, jalar hacia abajo las bolas que se llegan a hacer en el cuello cuando hay muchísimo estrés. Eso ayuda a que no tengas migraña. Hay migraña de estrés, que da cuando las bolas se meten entre la cabeza. No hay que dejarlas llegar nunca a la cabeza, hay que bajarlas desde el cuello hacia la espalda.

> El chiste es que la mente trabaje para ti y no tú para ella.

Santiago.- ¿Se puede ayudar a una persona a vitalizarse? En el mundo moderno las personas están cansadas, sin energía, somnolientas, porque no duermen bien, y no tienen suficientes arrestos para enfrentar el día a día.

Alberto.- Cuando no se puede dormir porque la mente está dando muchas vueltas por todos los problemas que se tienen, se mira el entrecejo, se cierran los ojos y se concentra en la respiración —cómo entra y cómo sale el aire—. Cada vez que entra el aire, con la mente digo «h a m», y cada vez que sale, digo «s a», respirando normal, sin respirar profundo, y con eso te quedas dormido inmediatamente y no necesitas pastillas.

Te quedas dormido porque tienes la mente ocupada en eso. El chiste es que la mente trabaje para ti y no tú para ella. La mente puede ser tu mejor amigo o tu peor enemigo.

Santiago.- Alberto: una reflexión para todas las personas para que hagan estrategias de autosanación, de bienestar para sí mismas, de autocuidado.

Alberto.- Tratar de no juzgar, de no criticar y de no quejarse de las siete de la mañana a las once de la noche. Decir: «No juzgo, no critico, no me quejo», y «No me dejo de nadie». Eso es muy bueno porque vas aprendiendo a observarte. Si lo logras hacer, a la semana le agregas una hora más y así poco a poco hasta que lo logras hacer todo el día, y eso te puede durar un año, y cambias tu manera de ver la vida y te mejoras muchísimo.

La mano que acaricia es la mano sanadora. La sanación con las manos es una pequeña caricia sobre el campo de energía, tal como se haría al aplicar una crema sobre la piel de un recién nacido, o sea con amor, ternura y cuidado. La mano que acaricia toma la forma de cuna que es capaz de contener y apoyar a quien lo necesita. No es una mano rígida que intenta penetrar con su energía al paciente, lo que puede ser agresivo y presentar reacciones indeseables, sino una mano amorosa que sostiene, acompaña y cura, porque en esencia se convierte en un apéndice del corazón sanador del terapeuta.

LA RESPIRACIÓN ENDÓGENA

Conversación con el Dr. Pedro Ramón Rodríguez Serrano

La vida es aspirar, respirar y expirar.
Salvador Dalí

Hablaremos de algo que hacemos todo el tiempo: respirar. A través de la inhalación recibimos el aire exterior; luego ese aire en nuestro interior produce todo un proceso de integración con los tejidos, llevando el oxígeno. Hay elementos del aire que no se utilizan: el nitrógeno que está en el aire no se toca y luego se elimina, se elimina oxigeno con anhídrido carbónico, y se elimina gas carbónico (co_2). Sin embargo, ya hace unos años en Rusia hablan de una respiración que se hace dentro del cuerpo, una respiración que llamaríamos los médicos endógena, en el interior nuestro, y para eso traemos al programa a un médico colombiano que ha investigado el tema, el doctor Pedro Rodríguez, graduado en la Universidad Druzhba Narodov de Moscú, especializado posteriormente en reumatología y doctorado en linfoendoecología. También trabaja en terapias alternativas y complementarias.

Santiago.- Hace unos meses hablamos en dos programas sobre Buteyko, un investigador ruso que habla de la importancia de mantener dentro del organismo el anhídrido carbónico, el gas carbónico, porque eso lleva más oxígeno a los tejidos. Ese es el tema que vamos a trabajar porque si bien es cierto que no es una investigación reciente, es novedosa para Occidente, y tiene resultados en varias enfermedades. Cuéntenos un poco de la respiración endógena, doctor Rodríguez.

Pedro Ramón.- Todo esto comienza con la competencia de los rusos por conquistar el espacio exterior. Cuando hacen su estación MIR e intentan permanecer por fuera de la Tierra durante más de un día, observan que al regresar, los astronautas (o cosmonautas, como los llaman ellos) tienen una gran cantidad de patologías: presentan hipertensión, envejecimiento impresionantemente acelerado, espacios en los bronquiolos y grandes problemas digestivos, y tratan de resolver cómo poder permanecer más tiempo en la estratosfera en condiciones de ingravidez. Consultando con los fisiólogos llegan a la conclusión de que lo que sucede es que en el aire de las naves espaciales, de las cápsulas o de la estación MIR respiran un aire con una alta concentración de oxígeno y que en realidad lo que sucede es que en los cosmonautas, como no hacen ejercicio en estado de ingravidez, no se produce CO_2 en el cuerpo, y al no haberlo se produce un gran espasmo de la musculatura lisa, la que le da el tono a los vasos. Y al haber un espasmo, los vasos se cierran y hay una hipertensión. Como el espasmo aumenta la musculatura lisa a nivel de los bronquios, se produce una bronquiolitis, un estado de asma, y hay una distensión abdominal porque, como sabemos, arriba del diafragma va a haber un efecto simpático y abajo va a ver un efecto parasimpático y hay una distensión intestinal, gran producción de gases. Además, se produce una gran cantidad de radicales libres porque es muy alta la concentración de oxígeno y se produce una oxidación y una acidificación del cuerpo.

Los rusos consultaron los antiguos libros de fisiología y descubrieron que ya en 1940 el antiguo manual de fisiología rusa dice que precisamente es el anhídrido carbónico el que regula el tono de la musculatura lisa. Deciden entonces inyectarle anhídrido carbónico al aire de las cápsulas espaciales, que no hubiera solamente oxígeno y nitrógeno sino gas carbónico, porque los cosmonautas al no hacer ejercicio no lo pueden producir. Al aumentar el gas carbónico en las naves, observan que los cosmonautas pueden permanecer dos, tres, muchos días en órbita, y actualmente se han impuesto récords de dos años de permanencia y no suceden todos esos cambios fisiológicos que sucedían antes. Ahora pueden permanecer allí, no se presentan los problemas causados por la ingravidez que se les presentaban cuando no tenían una suficiente concentración de anhídrido carbónico. Los fisiólogos rusos descubren que eso es exactamente lo que les sucede a los enfermos crónicos, y hacen un estudio de 6000 parámetros diferentes en enfermos crónicos, en búsqueda del parámetro común a todos ellos, y entre los 6000 parámetros descubren que el común denominador es precisamente que el anhídrido carbónico está disminuido en absolutamente todos los enfermos crónicos. No hay un enfermo crónico, no hay ninguna patología crónica en que el anhídrido carbónico no esté severamente disminuido, precisamente por falta de oxígeno, por falta de movimiento de la gente o del sedentarismo y por otro efecto, el de la estasis venosa. Los rusos descubren también que en realidad el corazón tiene efecto importante en la circulación en solo un 1%, que lo que importa es el retorno venoso, el retorno del líquido intersticial, del líquido mesenquimal, el líquido que está depositado entre las células, y ese retorno, ese líquido es lo que realmente importa en la circulación, y eso está afectado en la mayoría de los pacientes, porque no basta con el solo movimiento, es necesario que se produzca un temblor, es necesario que uno se masajee, es necesaria la caricia, es necesario el autocuidado del cuerpo, los automasajes, el cambio posicional, por ejemplo, en la noche en la cama, porque de lo contrario no hay un retorno venoso adecuado y ahí se produce una estasis, lo que nosotros en medicina alternativa llamaríamos el empantanamiento mesoquímico o sea el encharcamiento, el depósito de las toxinas al nivel del intersticio celular.

> No hay un enfermo crónico, no hay ninguna patología crónica en que el anhídrido carbónico no esté severamente disminuido.

Si el parámetro común de todos los enfermos es que tienen disminuido el anhídrido carbónico, se parte del supuesto de que si este se les aumenta, va a mejorar uno de los elementos más importantes, provocador, soportador, sustentador, catalizador de la enfermedad, que sería la disminución del anhídrido carbónico, y los médicos rusos proponen que todos los pacientes aumenten el nivel de anhídrido carbónico. ¿Cómo hacerlo? Lo hizo el director técnico Pinto con los deportistas cuando fueron a jugar a Bolivia, y encontraron unas tiendas, unas carpas de anhídrido carbónico donde los pusieron a respirar una semana antes de ir a Bolivia, y lograron el famoso cuatro-cuatro, la primera vez que Colombia pudo jugar decentemente a la altura de La Paz. Pero esas tiendas de anhídrido carbónico valen cien mil dólares cada una y además el efecto es de muy corto plazo. ¿Para qué ponernos a respirar anhídrido carbónico a través de un balón o a través de una tienda si lo producimos nosotros en nuestro organismo? Entonces los rusos, que son muy prácticos, descubrieron, inventaron o diseñaron algo que llamaron hipercarboncentrador, o sea un concentrador de anhídrido carbónico, un artilugio, un artefacto muy sencillo que tiene unas pequeñas trampas que mediante una técnica de ejercicio permite que el paciente concentre el anhídrido carbónico. Un hipertenso normalmente tiene una concentración de anhídrido carbónico en su sangre entre el 2 y el 3%. La mayoría de enfermos crónicos tienen concentraciones similares, pero eso es muy evidente en la hipertensión, y al hacer ese ejercicio con el hipercarboncentrador veinte minutos, dos veces al día durante tres meses en su caso, se logra llevar la concentración de anhídrido carbónico al ideal, que es del 6,5 con relación a los otros gases, con relación al nitrógeno, con relación al oxígeno en la sangre. Esa concentración permite que desaparezca ese tono de la musculatura lisa, dando como consecuencia, por ejemplo, que los hipertensos prácticamente a los tres meses suspenden o disminuyen a unos límites muy bajos los hipotensores. Eso sucedió en pacientes crónicos con patologías muy severas de hipertensión, con patología de anginas de pecho, con patologías claudicantes o sea con problemas circulatorios a nivel de los miembros inferiores, con problemas circulatorios a nivel cerebral por envejecimiento. Se presentó una cantidad de efectos positivos sobre elementos muy importantes. En nuestra práctica, quienes llevan cinco años con ese tipo de respiración, en lugar de tener parámetros de cinco años más de enfermedad perfectamente tienen parámetros de cinco años menos. El fisiólogo creador de esta propuesta en Rusia hizo una demostración en televisión con parámetros fisiológicos y demostró que él, a sus sesenta años, tiene parámetros normales de la salud, equivalentes a los de una persona de veinticinco años de edad. Lo que los yogas consiguen en diez años de trabajo de yoga diario nosotros lo conseguimos en tres meses. Los pacientes nuestros aprenden a respirar normalmente. En lugar de 18, 16 respiraciones por minuto, hacen 8, 10 respiraciones por minuto, qué quiere decir que se están ahorrando prácticamente la mitad de tiempo de vida— Recordemos que uno de los principios de los Vedas es precisamente que el ser humano nace con las respiraciones contadas. Por eso el paciente estresado se envejece más, porque al respirar más se oxida más. Por eso la gente de la costa, siendo aparentemente tan tranquila y teniendo elementos muy positivos para ser longeva, sin embargo tiene muchos más accidentes cerebrovasculares, mucha patología circulatoria. En realidad a nivel del mar la gente se envejece más rápido porque hay más oxígeno, hay más oxidación. Los pueblos longevos viven precisamente en las altas montañas, donde hay menos oxígeno, donde tienen que hacer más esfuerzo, más actividad física, para producir más anhídrido carbónico.

Santiago.- ¿Todo esto que usted está diciendo, doctor, tiene validez casuística, y la investigación científica en este momento en Rusia tiene todo el rigor que se requiere para poderla validar?

Pedro Ramón.- Totalmente. Efectivamente uno de los baluartes de la linfoendoecología es precisamente esta técnica de respiración bien sea con el hipercarboncentrador o con la respiración reconocida mundialmente como la técnica Buteyko, que es una técnica de respiración que nos permite a nivel doméstico, sin la necesidad de hipercarboncentrador obtener algunos de los resultados. Obviamente los máximos resultados se obtienen con hipercarboncentrador.

A mí personalmente me sucedía que iba a Bogotá y no podía desplazarme por la Candelaria, menos subir a Monserrate.

Recordemos que uno de los principios de los Vedas es precisamente que que el ser humano nace con las respiraciones contadas.

Alguna vez subí a Monserrate y no pude acceder a las gradas del templo por fatiga. Tal vez tenía una respiración muy agitada y se me concentraba, se me bajaba el nivel de anhídrido carbónico. Pues bien, tras veinte días de estar practicando este ejercicio, subí a Monserrate caminando sin ningún problema, lo que antes no hacía ni soñando. Actualmente puedo hacer mucho ejercicio de montaña sin ningún problema de hipertensión y con el rendimiento físico adecuado.

Les recomendaría a nuestros oyentes la respiración Buteyko. Seamos primero conscientes de nuestra respiración, tengamos en cuenta que cuando nosotros nos concentramos, somos seres de intencionalidad. Entonces dediquemos unos diez minutos de nuestro día a hacer una respiración abdominal, o sea una respiración en la que cuando tomamos aire insuflamos o sacamos nuestro abdomen y tomamos el aire un poco rápidamente, hacemos una pausa inspiratoria. O sea que, después de tomar el aire, esperamos un poco, y luego expulsamos el aire lo más lentamente posible. Tomamos el aire contando hasta cuatro, esperamos contando así, expulsamos el aire contando hasta ocho. Eso es una respiración Buteyko, y en la medida que podamos vamos incrementado la pausa inspiratoria y haciendo una expiración, una exhalación más lenta cada vez, de tal manera que después de un mes podamos ya hacer un ejercicio de respirar nuevamente, rápidamente, inhalar en cuatro, hacer pausa inspiratoria de ocho, y exhalar contando hasta doce, o mirando el reloj simplemente mirando el segundero y esforzándonos por hacer un ciclo respiratorio distinto. Por ejemplo, en lugar de respirar 16, 18 veces por minuto, hacer 12 veces por minuto, 10 veces por minuto, 8 veces por minuto y en la medida en que nosotros hagamos ese ejercicio en la casa cada vez nuestra respiración va a ser más eficiente, con menos cansancio, con menos fatiga, con más eficacia en la asimilación del oxígeno y el aprovechamiento de la energía…

Solo lo conocido por nuestros sistemas de creencias nos genera la sensación de ser lo correcto. Lo que pertenece a otras culturas distantes nos suele generar desconfianza y rechazo, sin siquiera darnos la oportunidad de conocerlo en mayor profundidad. Esto es un error común que lleva a perder oportunidades todos los días. Por supuesto que validarlo sin pasar por el análisis y la reflexión sobre lo novedoso, sin siquiera tener la experiencia, tampoco es el camino adecuado. La invitación es que ante cada propuesta novedosa se abran la mente y los sentidos, para valorar de manera más adecuada lo que se presenta. Por el seguro camino de lo ya conocido solo seguiremos por el mismo trayecto tantas veces recorrido. Sin embargo, por el de lo desconocido podemos aventurarnos a recorrer el mundo.

ALIMENTO
Conversación con el Dr. Julio Calonge

Abreviar la cena: prolongar la vida.
—Benjamin Franklin

Hoy vamos a hablar de la importancia del alimento, y es que cada vez le damos menos importancia porque cada vez ingerimos comida más contaminada. Nuestro suelos están llenos de fungicidas, herbicidas, tóxicos, además de las sustancias contaminantes durante el proceso de la fabricación, Incluso en la mesa les añadimos más cositas que hacen que el alimento nos llegue contaminado. Por eso queremos hablar con un especialista, el doctor Julio Calonge. Él es médico y trabaja en Cali con terapias alternativas y complementarias.

Santiago.- La gran mayoría de personas comen lo que encuentran, lo que pueden, por supuesto lo que su presupuesto les permite, pero ¿cómo tener hábitos saludables de alimentación?

Julio.- Yo pienso que, como en todo en la vida, lo primero es la conciencia con la que nos acercamos a las cosas. Alguna vez escuché un chiste que me gustó mucho, que hablaba de dos extraterrestres que llegaron a la Tierra y uno le dijo al otro: «Baja a ver qué hay en la Tierra, para ver si nos quedamos acá», y al rato subió y le dijo al otro: «No, mejor vámonos, que en la Tierra hay demasiado médico y demasiado abogado».

Eso refleja un poquito la falta de conciencia que tenemos. Como en muchas cosas, nos acercamos a los alimentos por vía de la emoción y no por vía de la razón: el olor de un alimento que me lleva a la infancia, por ejemplo. De alguna manera somos lo que comemos, pero también comemos lo que somos. La primera aproximación a una alimentación saludable debería ser preguntarnos: ¿Por qué comemos eso? ¿Cómo nos lo vamos a comer? ¿Cómo vamos a acceder a la alimentación? La alimentación no es simplemente cumplir un deber fisiológico con el cuerpo; la alimentación también tiene otros matices: la parte del gusto, la parte lúdica, pero también una parte que debe ser la responsabilidad con la que uno se mete algo a la boca. Hemos subvalorado mucho el poder curativo de los alimentos. En mi experiencia en el Instituto Hipócrates vi curar gente de cáncer con una alimentación sana.

Santiago.- Hablemos un poquito de esa responsabilidad. Uno tiene que llegar a ser diabético o hipertenso o celíaco (intolerante al gluten), o padecer fenilcetonuria, para darse cuenta de que si no consume alimentos sanos, la vida puede estar en riesgo.

Julio.- Cuando uno nace le entregan un Ferrari, después de los 35 años ya tiene un Renault 4 modelo 71, y además chocado y con el motor «llevado», y cuando ya estamos en esa etapa, nos empezamos a preguntar cómo debemos comer, cómo debemos hacer las cosas más sanamente. Creo que no deberíamos esperar a llegar a eso. Deberíamos aprender a ayunar aunque sea una vez a la semana, y hay ayunos muy lindos a base de jugos verdes, por ejemplo, y ayunos de agua, pero son ayunos muy fuertes y no recomendables cuando uno está empezando este camino. ¡Si pensáramos cuando nos metemos algo a la boca: ¿De dónde viene? ¿Cómo fue cultivado? Es mucho más sano comerse un bistec en la casa que un bistec en un restaurante, porque tiene un ingrediente que se llama morno, que es el que lo está poniendo la esposa o la persona misma.

Santiago.- O sea que la película «Como agua para chocolate» es válida…

Julio.- ¡Preciosa! Realmente todo el mundo la debería ver porque nos habla de la fuerza… Mi mamá hacía un arroz que yo, que sé cocinar, no lo he podido hacer. Era muy sencillo: ajos, cebolla, un poquito de sal… pero, no sé, tenía el amor de ella, que es lo que me ponía a vibrar.

Santiago.- ¿Cuáles son los alimentos saludables que tenemos que comer, además de tener esos hábitos de comer más despacio, masticar mejor, consumir menos cantidad por la noche?

Cuando uno nace le entregan un Ferrari, después de los 35 años ya tiene un Renault 4 modelo 71.

Julio.- Hoy en día ya es claro que la proteína animal es generadora de cáncer. Yo hablaba con un paciente en el consultorio y le decía: El cáncer es como un loco que se mete a la casa y entra a hacer daño, y al que le encantan la grasa animal y los carbohidratos, además de que le encanta que haya acidez e inflamación en el medio donde se desarrolla. A través de los alimentos podemos combatir estas cosas, no solo el cáncer, sino cualquier enfermedad degenerativa, inclusive una gripa. Cuando uno tiene una gripa y ese día decide hacer un ayuno y se hace un lavado, un enema, esa gripa va a golpear con mucha menos fuerza e incluso abortará. Hay un estudio muy bello, el Estudio de China, del nutricionista más reputado de Estados Unidos, Colin Campbell, en el que se hace un experimento con dos grupos de ratones que ya tienen inyectadas unas células cancerígenas en su hígado, hepatocitos, es decir que ya están enfermos. A uno de los grupos le dan proteína animal y al otro proteína vegetal, y se demuestra que la proteína vegetal logra curar el cáncer, mientras que en los ratones alimentados con proteína animal se acelera el cáncer y se mueren. El doctor Campbell empieza a jugar con eso: a los ratones vegetarianos los cambia a la proteína animal y el cáncer vuelve a aparecer, y se las quita otra vez y se empiezan a mejorar. Es un estudio científico muy bien montado, demostrable, como se le debe pedir a cualquier estudio, y con él se demuestra que la proteína animal es una generadora de enfermedad. La proteína animal genera agresividad. Muchos biólogos domestican lobos y los vuelven vegetarianos. Los pueblos más agresivos del mundo han sido pueblos carnívoros. Bajémosle a la proteína animal, empecemos a comer muchos más vegetales, que con ellos estamos comiendo vitaminas y minerales. A través de una propaganda que no siempre ha sido verdad nos han dicho, por ejemplo, que el calcio que viene en los vegetales no es biodisponible, no es asimilable, y eso no es cierto. La vaca nunca se come un churrasco, come pasto, y sostiene todo su cuerpo, tiene un ternero y produce leche. Alguien dirá que tiene muchos estómagos, pero no es solo eso. Es muy importante mirar un contexto. Cuando uno se come cualquier alimento de origen vegetal, está ingiriendo sustancias que ayudan a absorber a las otras y finalmente uno logra una asimilación muy bella de nutrientes.

Santiago- ¿Se refiere usted a toda la proteína animal?

Julio.- Sí, a toda la proteína animal: pescado, pollo, cerdo, carne de res. Hay que tener en cuenta las prácticas con que, si se me permite la palabra, se cultivan estos animales. Nos encontramos con hormonas en la carne de res y de pollo. Sabemos de dónde vienen los pescados, del mar, y sabemos que los mares nuestros son basureros literalmente hablando. El cerdo es un animal que se parece demasiado al ser humano y por eso el ser humano reacciona a la carne de cerdo. Fuera de eso el cerdo es muy rico en histamina, muy rico en colesterol.

Santiago.- ¿Y el pavo? Para defender a alguno…

Julio.- Hoy en día yo pondría al pavo en la misma categoría del pollo. Un paciente que fue durante veinticinco años gerente de una empresa de concentrados me decía que prefiere morirse de hambre que comerse un pollo, por la manera como se crían. A él le tocó ver cómo se sacrifican. Si un día antes del sacrificio hay una epidemia de alguna enfermedad avícola, los pollos se sacrifican ese día y se sacan a la venta, no importa que ya hubiera una enfermedad en curso o no. Con los pavos es lo mismo. No es igual tener un pavo en la casa y criarlo que criarlo en un proceso industrial, que básicamente busca generar la mayor rentabilidad posible sin poner mucho cuidado en la salud que va a tener la persona que se coma ese animal. Además da mucha tristeza matarlo.

Santiago.- Le pido que a continuación nos haga una estructura de una dieta saludable, una recomendación sobre qué vegetales consumir y que sean fáciles de adquirir, pero sobre todo que sean fáciles de asimilar.

Julio.- Si comemos despacio, si comemos en un medio apropiado, si lo hacemos con una buena conversación, en un momento donde estemos contentos, todas esas cosas van a ayudar a una buena digestión. Pero hay otra serie de recomendaciones muy importantes: no consumir líquidos con los alimentos; en los alimentos de origen vegetal hay suficiente agua como para que tengamos que consumir agua. Al consumir agua estamos diluyendo los jugos gástricos y estamos poniéndole un trabajo adicional al sistema digestivo, sobre todo si hay historia de reflujo gastroesofágico. Los líquidos deben tomarse media hora antes o dos horas después de los alimentos.

Por otra parte, los carbohidratos no hacen buen matrimonio con las proteínas, porque se digieren con diferentes pH. El pobre estómago se ve a gatas para poder hacer esa digestión. Hay que cuidar, pues, las combinaciones de alimentos. Las frutas nunca van bien con los vegetales, con una excepción: el aguacate, que se considera una fruta. Cuando uno va a comer frutas, debe tratar de que ese día solo se coma una fruta y si uno va a comer otra fruta que sea del mismo grupo. Las frutas se dividen en tres grupos: ácidas, subácidas y dulces.

Si hay gente que tiene una enfermedad degenerativa y le dice a uno que no puede dejar alguna cosa, yo hago como el cura: el que peca y reza empata. «Dese un gusto, sobre todo los fines de semana, pero el lunes es un buen día para hacer ayuno». Hagamos un ayunito con jugos verdes, hechos con un extractor, no con licuadora. Podría uno decirse: «Le voy a regalar un día a la semana a mi cuerpo y voy a hacer un ayunito, ese día voy a cuidar el cuerpo, a tomar agua, a tomar jugos verdes, y en la noche terminar con una sopita de verduras. Esa es otra excelente recomendación: la noche se hizo para descansar. En general uno debe evitar comer de noche. La última comida debe ser máximo a las

> Los carbohidratos no hacen buen matrimonio con las proteínas, porque se digieren con diferentes pH. El pobre estómago se ve a gatas para poder hacer esa digestión.

siete, siete y media de la noche, una comida ojalá caliente y muy digerible, idealmente una sopa o una cremita. Cuando digo «crema» no me refiero a crema de leche si no a las sopitas que le preparamos a los bebés, casi una papilla, de zanahoria o de zapallo. La noche es la hora del descanso del hígado.

Santiago.- ¿Qué otra recomendación?

Julio.- Hay una cosa muy importante en la salud del ser humano a la que no le hemos dado todo el valor que tiene y sobre la que un autor de los años cuarenta, que se llama Colin Campbell, escribió, y es el valor de las enzimas en la salud del cuerpo humano. Las enzimas son capitales para que el cuerpo funcione. Hay trescientas y pico de enzimas y ayudan a generar toda clase de reacciones en el cuerpo humano y a que los procesos fisiológicos del cuerpo se den. Lamentablemente cuando cocinamos los alimentos matamos esas enzimas, y ahí nos vemos en problemas, porque al cuerpo le toca sacar los ahorros para poder digerir los alimentos. La recomendación es: Siempre en la dieta debe haber comida cruda, vegetales crudos y si son germinados mucho mejor. El germinado es una semilla que está iniciando su vida, su proceso de crecimiento, una semilla que usualmente uno la ha dejado en agua por 48, 72 horas, y ese es el momento de máxima nutrición de una planta, cuando ya la proteína no es un aminoácido y el carbohidrato complejo es un carbohidrato simple con mucha más facilidad de asimilación. Están llenos de enzimas. Es un regalo de Dios poder comerse un alimento de esos y es muy barato. No es sino poner unos granos en agua, dejarlos remojar, a las veinticuatro horas botar el agua y simplemente dejarlos húmedos otras veinticuatro horas más, y con que uno se coma seis cucharadas al día de germinados, no se imagina toda la salud que se está regalando…

Hace años conocí a un médico que me decía que si fuera gerente de una empresa escogería sus empleados por su capacidad mental y su rendimiento. Se basaría en lo lúcidos que estuvieran después de cada comida, pues si comían saludable en cantidad y calidad no pasarían varias horas con la digestión pesada y sin rendir. Es bueno probar una dieta sana y disfrutar cómo se siente despejada la mente.

SALUD — ENFERMEDAD

Comprendiendo qué
nos pasa

L A SALUD LA ENTIENDO COMO el equilibrio y el bienestar psico-bio-social y espiritual, lo que significa que
la parte mental (y emocional también), así como la
vida espiritual en conjunto con la parte orgánica, están en
armonía y adecuada interacción entre sí. Esto permite vivir
adecuadamente en sociedad, con correctas relaciones consigo mismo, con el mundo interior y con los demás, incluyendo los demás reinos de la naturaleza. Con esta visión, la salud
no es simplemente la ausencia de enfermedad mental, física
o de interrelación social, sino que incluye armonía en los
diferentes niveles de la vida. Asimismo, la enfermedad carece de armonía o bienestar en cualquiera de los niveles.

Quiero afirmar que la enfermedad y la salud no tienen
por qué verse como absolutamente opuestas, ya que ambas
pueden coexistir simultáneamente en la misma persona. Una
persona puede tener un estado en la vida donde gran parte
del ser goza de lo mejor de su bienestar, al tiempo que en
algunas otras partes hay más alteración que equilibrio. Es
bueno entender que estos estados no son estáticos o rígidos,
sino que de manera dinámica fluyen con los mismos cambios
que tenemos en cada instante de la vida. En realidad casi nadie está totalmente sano o totalmente enfermo, sino que goza
de un grado de salud al tiempo que tiene aspectos de su ser
que podrían estar mejor en continua actividad y posible transformación. La búsqueda esencial es la de fortalecer la salud
en cualquiera de sus niveles.

Generalmente las personas que se sienten sanas tienen
un estilo de vida que más tarde o más temprano las llevan a
enfermarse. Dieta inapropiada, alto nivel de estrés, ausencia
de descanso o relaciones interpersonales tormentosas, todas
pesan en la balanza en contra de la buena salud. La clave es

215

retomar el control de la propia salud, aprendiendo a conocerse a sí mismo y actuando con respeto y responsabilidad para mantener la buena salud o recuperarla en caso de ser necesario.

De todas maneras soy muy consciente de que todos los humanos viviremos en algún momento diferentes tipos de padecimientos, así que es bueno conocer más acerca de ellos, para afrontarlos de la mejor manera.

PIE DIABÉTICO
Conversación con la
Dra. Laura Reyes Vargas

En diabetes el control es vida.
–Cofield Nan

Hay una enfermedad cuyos efectos en el cuerpo muchas personas desconocen. Los daños que puede generar en su salud física pasan a veces desapercibidos: enfermedades muy graves en el corazón, infartos incluso, ceguera, y problemas en las extremidades inferiores, sobre todo en el pie. Esa enfermedad es la diabetes.

Laura Reyes Vargas es médica general de la Universidad Nacional y lleva 20 años trabajando en diabetes. Está vinculada a la Asociación Colombiana de Diabetes y es una experta en este tema.

Santiago.- Doctora: ¿Qué significa la diabetes, cómo se manifiesta, qué es lo que pasa realmente en el cuerpo?

Laura.- La diabetes es una enfermedad crónica sobre la cual el mayor énfasis debe estar puesto en la prevención y buen cuidado para evitar complicaciones tan serias como los daños de los riñones, los ojos y el pie. Hoy queremos difundir sobre todo el cuidado del pie.

Santiago.- El cuidado del pie diabético, asunto que para muchas personas suena extraño… Yo tengo muchos pacientes diabéticos que son conscientes de que pueden tener neuropatías, ceguera, cardiopatías, pero muy pocos se preocupan cuando tienen un uñero, un padrasto en el pie, cuando empiezan a salirle hongos, y muchas veces he visto pacientes que han terminado teniendo problemas mucho más graves, entre ellos amputaciones, cuando llega a haber mala circulación. Centrémonos entonces en el pie.

Laura.- Sí, realmente el pie diabético es una enfermedad crónica, una de las complicaciones crónicas de la diabetes mal controlada. Esto viene a acarrear daños en el sistema circulatorio, en el sistema nervioso y muchas veces también en la parte muscular y ósea, lo que conlleva que el pie esté más susceptible a cualquier lesión, a complicaciones de heridas mal tratadas. Lo que usted comentaba de un uñerito al que no le ponemos mucho cuidado; generalmente siempre se acude a los remedios caseros sin ir oportunamente al profesional de la salud, quien puede dirigir y ofrecer oportunamente un buen cuidado para evitar una complicación. Lo más lamentable sería una pérdida de una extremidad.

Santiago.- ¿Cualquier paciente que tenga diabetes puede sufrir un daño en el pie?

Laura.- Solo un paciente con diabetes que esté mal controlado.

Santiago.- Bueno, entonces empecemos. ¿Qué tendría que hacer un paciente diabético para controlar su pie, para que no tenga un pie diabético?

Laura.- Bueno, lo principal es un control metabólico adecuado. ¿Qué quiere decir esto? Que tenga sus glicemias adecuadas. La meta a conseguir es que siempre tenga una glicemia en ayunas menor de 100 y no superar los 140 a cualquier hora del día, en especial a dos horas de cada comida.

> El pie diabético es una enfermedad crónica, una de las complicaciones de la diabetes mal controlada.

Santiago.- ¿Cuáles son las complicaciones, entonces? Describamos un poco más lo que ocurre con el pie diabético a nivel de las uñas, de los dedos, de la sensibilidad. ¿Qué puede generar?

Laura.- Pongamos el caso de una persona que ha mantenido hemoglobinas glicosiladas superiores a 6,5. Inicialmente se van dañando los pequeños vasos, lo que llamamos la microcirculación. Esa microcirculación es básica en las extremidades, pues lleva el oxígeno al tejido para que sea sano. Alimenta tanto el tejido muscular como el óseo y la piel. Esos pequeños vasos también se ven afectados en los riñones y por eso una de las complicaciones puede ser la nefropatía. En la retina la microcirculación deficiente puede causar lesiones serias, que pueden causar la ceguera. De hecho la primera causa de ceguera en las personas es la diabetes mal controlada, la retinopatía diabética.

Santiago.- Cuando yo estudiaba medicina se decía con respecto a la diabetes: «Ojos que no ven, corazón que no siente». Daba ceguera y podía dar infartos que no eran sensibles para la persona, pero tras los cuales el corazón se dañaba; sé que es una enfermedad silenciosa pero absolutamente destructora. Con la microcirculación deficiente se pueden tener úlceras. Primero el pie se pone frío porque, digamos, la persona no puede tener la misma temperatura corporal.

Laura.- Sí, inicialmente es falta de oxigenación y eso puede producir úlceras. Al haber ulceración y no haber buena oxigenación, también la cicatrización va a ser tardía o lenta, con el riesgo de complicaciones por infecciones. Ahí es cuando debemos actuar oportunamente para poder prevenir que se nos complique y nos dé una gangrena, que es una de las principales causas de amputación.

Santiago.- O sea, se pueden llegar a perder el pie y la pierna...

Laura.- Sí, se puede perder el pie. Inicialmente podría decir uno que se puede perder un dedo. Si vamos a hablar de costos en medicina, a las entidades de salud generalmente les suele resultar más económico hacer una amputación grande, o sea, por encima de la rodilla. Estoy hablando un poquito exageradamente pero a veces suele suceder eso: se van haciendo varias cirugías, se va cortando de a poquitos. Suena bastante terrible, pero esto es menos económico para el servicio de salud, infortunadamente...

Santiago.- Pero para el paciente es más económico cuidar su pie.

Laura.- ¡Claro! Va a ser más económico y más saludable cuidarlo y sobre todo prevenir. Siempre la prevención. Lo que más queremos es hacerles entender a las personas que previniendo podemos evitar muchas cosas.

Santiago.- ¿Qué cuidados tendría una persona frente a su pie? Específicamente, ¿el lavado, el pedicure que se haga, cosas de este estilo? ¿Qué diferencias tiene que haber con respecto a una persona común y corriente?

Laura.- En general todos nosotros tenemos que cuidarnos los pies, porque tienen bastante carga, mucho trabajo, e infortunadamente somos pocos los que estamos pendientes de cuidarlos, de mantener una piel húmeda, de estar pendientes de que las uñas no se encarnen, de los callos, de hacernos un autoexamen tan sencillo como mirarnos con un espejo la planta del pie para mirar a ver si tiene alguna lesión. Es lo básico, no se necesita mayor cosa. Si hay alguna uña encarnada, se sugiere acudir a la persona idónea, que puede ser un podólogo, para que haga un tratamiento adecuado, sin utilizar callicidas ni objetos abrasivos que puedan causar úlceras que se puedan complicar.

Santiago.- Perfecto. La atención de un especialista que pueda evitar una complicación y hacer un manejo profesional adecuado. Cuéntenos sobre la Asociación Colombiana de Diabetes.

Laura.- La Asociación Colombiana de Diabetes es un ente netamente educativo, tanto para pacientes como para profesionales de la salud. A los pacientes se les brinda apoyo desde que se inscriben allí, se les presta toda la atención encaminada a educarlos y sensibilizarlos en la importancia de mantener las metas anteriormente mencionadas, y a los profesionales de la salud se les están brindando cursos para ponerlos al tanto de las actualidades en medicina y sobre todo en diabetes, en el manejo de la diabetes. Somos un centro avalado por la IDF, que es la Federación Internacional de Diabetes, y por la Asociación Latinoamericana de Diabetes.

Santiago.- ¿Cuál es la diferencia entre las diabetes tipo 1 y tipo 2?

Laura.- La diabetes tipo 1 es aquella en la que las personas necesitan el uso de insulina. Antiguamente a esos pacientes se

les llamaba insulinodependientes. La diabetes tipo 1 se puede ver también en adultos,
pero generalmente se da en niños y personas jóvenes.

La hipoglicemia
a veces es más
nombrada que
la diabetes.

La diabetes tipo 2 es de personas
adultas y generalmente con sobrepeso
y algo de carga genética. O sea, son las
personas cuyos abuelos, tíos, hermanos han
tenido diabetes tipo 2, o sea diabetes de adulto. Hay otra, que es insulinorrequiriente, que
es una diabetes tipo 2 en que se ha llegado a necesitar el uso de
insulina.

Santiago.- ¿Por mal manejo o por sobrepeso?

Laura.- Puede ser por mal manejo o por el tiempo de evolución. Hay literatura que dice que las células beta, que son la que
producen la insulina, después de un tiempo empiezan como a
morirse, y si se ha tenido un mal control, aceleramos ese proceso y puede llegar a requerirse la insulina.

Santiago.- La pregunta más frecuente es: ¿La diabetes es
curable?

Laura.- Infortunadamente aún no se ha logrado ese hallazgo; sería fantástico que alguien pudiera llegar en algún momento a demostrarnos la cura de la diabetes. Digamos que sí es
controlable, y eso es importante.

Santiago.- ¿Qué avances existen hoy en el mundo? Por ejemplo, la bomba que infunde insulina o la insulina inhalada.

Laura.- A Colombia no ha llegado todavía la tecnología,
llamémosla así, de insulina inhalada. En el exterior ha tenido
algo de inconvenientes, porque ha causado alergias e inflamacio-
nes de la mucosa nasal. Entonces todavía no se va a poner a
disposición del público.

Santiago.- ¿Y la bomba?

Laura.- La bomba sí. Aquí muchos pacientes han sido beneficiados con el uso de la bomba. Básicamente es un computador,
llamémoslo así, que está dando información, como si fuera el
páncreas, de las necesidades de insulina en el transcurso del día,
e infundiéndola automáticamente, sin necesidad de estar aplicando inyecciones de insulina.

Santiago.- Hablemos un poco de la hipoglicemia, que es uno de los síntomas que pueden presentarse tanto en los diabéticos como en los pacientes prediabéticos.

Laura.- La hipoglicemia a veces es más nombrada que la diabetes. Uno podría llamarla prediabetes, pero se ha exagerado su diagnóstico. A cualquier niña o niño, a cualquier joven que presenta algún desmayo, ya le están diagnosticando hipoglicemia, un diagnóstico un poco exagerado. El diagnóstico debe ser algo más preciso, ya sea por medio de exámenes de laboratorio, por ejemplo del estudio de curvas de insulina, ya sea por algunos otros estudios.

Santiago.- ¿Cómo debe ser la alimentación ideal, no solo para una persona que tenga hipoglicemia sino para una persona que por tener cualquier factor hereditario o hipertensión o lipidemia pueda llegar a ser diabética? ¿Cuál sería la recomendación esencial para no generar lo que se llama «síndrome metabólico» y luego una diabetes tipo 2?

Laura.- Pues básicamente la alimentación debe ser muy balanceada. Una nutrición adecuada debe tener los tres grupos básicos de alimentos, que son los carbohidratos, importantes para nuestra energía, algo básico, y que a nadie se le pueden prohibir del todo; las proteínas: la carne, el pollo, el pescado; y las verduras y frutas, que sirven para la ingesta de vitaminas y de algunos otros nutrientes básicos. Al ingerir estos tres tipos de alimento y de una forma adecuada, digamos en ciertos porcentajes, podemos decir que llevamos una vida sana. Hay que disminuir las harinas. A una persona que tiene diabetes, se le va a prohibir por supuesto el azúcar.

Santiago.- ¿En todas sus formas, por ejemplo en la miel, algo que nos preguntan permanentemente?

Laura.- La miel y la panela son formas de azúcar.

Santiago.- Igual se prohíben también. Lo digo porque a veces hay confusión al respecto. ¿Y la cantidad de ejercicio recomendado?

Laura.- Siempre se recomiendan por lo menos 20 minutos diarios de ejercicio. Es lo que inicialmente se puede sugerir a una persona con diabetes, pero hay inconvenientes: hay personas muy ocupadas que siempre tienen la disculpa de que no lo pueden hacer, pero que lo hagan tres veces a la semana de una forma eficiente y juiciosa sería lo ideal.

Santiago.- Así sea subir escaleras…

Laura.- Sí, procurar dejar el carro un poquito más lejos de donde se trabaja o caminar unas cuadritas más antes de llegar al trabajo y subir escaleras.

Santiago.- Una última recomendación. Ya sabemos que el 8% de la población colombiana puede sufrir la enfermedad. No todos la tienen diagnosticada pero ¿qué deben hacer las personas que son diagnosticadas por primera vez con diabetes?

Laura.- La Asociación Colombiana de Diabetes presta los servicios integrales. Cuando una persona llega a la Asociación se le brinda su consulta especializada. Siempre va a estar bajo estricto manejo por parte de un endocrinólogo, con toda la experiencia que tienen los profesionales médicos de la Asociación.

Aun a pesar de tener una predisposición en nuestra herencia para desarrollar una enfermedad determinada, es en el estilo de vida donde esta encuentra las condiciones apropiadas para desarrollarse. Al no poder modificar la genética en nosotros es en el estilo de vida donde podemos dirigir la atención para evitar desarrollar la enfermedad o, en caso de aparecer, que esta se manifieste de una manera menos agresiva o letal.

ADICCIONES

Conversación con el Dr.
Mauricio Zafra Lizcano
y Felipe Acosta Bonilla

La adicción nunca debería ser tratada como un delito.
Debe ser abordada como un problema de salud.
—Ralph Nader

Cómo abordar las adicciones y también cómo saber que realmente alguno de nuestros seres queridos está bajo ese yugo. Mauricio Zafra es administrador de empresas de la Universidad de los Andes y Presidente de la Fundación Betel. Felipe Acosta es sociólogo y director del Comité Administrativo de Finanzas de la Fundación Arcos, donde lleva nueve años de experiencia como terapeuta en adicciones.

Santiago.- Mauricio, quisiera saber algo fundamental: cómo notar que el hijo de uno, el hermano, el compañero de trabajo está empezando este proceso de adicción, específicamente a las drogas.

Mauricio.- Básicamente la detección de las adicciones en nuestros hijos es un tema de cambios de comportamiento. Empiezan a aislarse, a tener cambios en su forma de vestir, de comportarse, de relacionarse. Aunque parezca sencillo, las personas que empiezan la vida en las adicciones hacen llamados claros pero tácitos, como si fueran inconscientes, a las personas que están cercanas. No es de extrañarse tampoco que ellos dejen pruebas de que han estado consumiendo sustancias psicoactivas, que cambien sus horarios. Son cambios en la personalidad y en el comportamiento.

Santiago.- Nos dejan unas huellas para que los podamos descubrir, para que les podamos ayudar. Felipe: ¿Qué hacer cuando uno empieza a notar estos cambios en las personas, qué hacer cuando vemos que se aíslan, que cambian la forma de vestir, de comportarse, de relacionarse o que nos dejan alguna huellas?

Felipe.- La primera recomendación es abordar el tema con realismo y sin fatalismo. Es muy común entre los padres y otras personas significativas para la persona que inicia el consumo que se desesperen, pierdan un poquito el centro, tiendan a abordar el asunto de una forma poco asertiva y piensen que se está iniciándose la debacle. Es sumamente importante dar el mensaje de presencia, de acompañamiento, de una actitud y disposición especial para que asertivamente y como familia se pueda superar la problemática.

Santiago.- ¿Qué recomendación tiene usted entonces a nivel terapéutico? ¿Qué conducta se debe seguir y qué hacen ustedes específicamente en su institución?

Felipe.- Digamos que el primer abordaje es evaluar tanto la frecuencia como las consecuencias negativas que hay en la propia vida, en la vida familiar y en el entorno de una persona que está consumiendo. Uno de los signos cardinales de la adicción es el desconocimiento completo de las consecuencias negativas que esta conducta o este comportamiento aporta para la propia vida. Entonces, lo primero es evaluar la pérdida de control que está significando, y, dependiendo de eso, se pueden recomendar intervenciones de tratamiento como tal o bien simplemente un acompañamiento, con una serie de sugerencias para cambiar hábitos de vida, cambiar la forma como la persona se está relacionando con la familia y con los amigos.

Yo pienso que la labor de prevención en consumo de drogas se inicia en las primeras etapas de la vida de nuestros hijos.

Se deben indicar cosas puntuales como el deporte, las redes de apoyo escolar, familiar o comunitario, pero lo primero es valorar hasta dónde esa pérdida de control tiene consecuencias realmente negativas en la vida de la persona.

Santiago.- Mauricio: ¿Cómo empezamos el proceso antes, como prevención para que nuestros hijos o familiares, alumnos o muchachos de la comunidad no lleguen a incursionar en el consumo de drogas?

Mauricio.- Yo pienso que la labor de prevención en consumo de drogas se inicia en las primeras etapas de la vida de nuestros hijos e hijas, alumnos y personas menores relacionadas con nosotros. Muchas instituciones han llegado a la conclusión de que las personas que tienen bajos niveles de autoestima son más propensas al consumo de drogas y al abuso del alcohol. Son personas que no tienen facilidad para tomar decisiones, que tienen rasgos de personalidad que las hacen débiles en el momento en el cual deben enfrentarse al consumo de drogas. En las edades tempranas se les debe potenciar la responsabilidad, aumentar la autoestima, darles instrumentos que sean útiles en el momento en que se enfrenten con las drogas, porque es inevitable que ese contacto potencial suceda tarde o temprano, no necesariamente con el consumo mismo pero sí con el contacto con sus amigos, con sus vecinos, con sus compañeros de estudio, con esa presión de grupo, un tema muy fuerte que potencialmente les hace tomar decisiones equivocadas.

Santiago.- Felipe: ¿Cómo sería la charla que tendrían un padre y una madre con un muchacho menor —a los nueve, diez, once años— que aún no está en esa sociedad que lo está presionando para una posibilidad de consumo? Usted ha tenido la experiencia. ¿Cómo sugiere que sea la primera vez y cómo continuarla a lo largo de los años?

Felipe.- La mejor estrategia de prevención es desarrollar una actitud de diálogo y cercanía emocional con nuestros hijos. En la medida en que podamos desarrollar esa cercanía emocional, indudablemente el tema de abordar los riesgos y las consecuencias del consumo o abuso de alcohol es mucho más sencilla. Los muchachos tienen mucha más información al respecto que lo que nosotros suponemos e indudablemente en la cotidianidad hay mil elementos que permiten abordar el tema: charlas de radio, artículos de prensa, donde cada día es más frecuente ver las consecuencias negativas del abuso del alcohol y la problemática del uso de drogas de una forma adictiva.

Santiago.- Digamos entonces que en la medida que hay cercanía emocional y actitud dialogante para abordar todas aquellas cosas que inquietan a nuestros hijos y a nosotros mismos y que además son factores de riesgo, el abordaje es más sencillo para poder señalar las consecuencias negativas que están conductas tienen. Felipe: ahora cuéntenos un poco en qué consiste la Fundación Lugar de Reencuentro

Felipe.- Lugar de Reencuentro es una institución dedicada a trabajar el tema de dependencias, no solo a drogas y alcohol, sino también al juego, a las relaciones afectivas insanas —la codependencia—, la sexualidad, la lujuria. Tenemos una cultura que promueve conductas o pérdida de control en el uso de Internet, de la televisión, inclusive hay unas dependencias socialmente muy exitosas, al trabajo, al deporte. En la fundación trabajamos ampliamente todo el tema de dependencias. Estamos convencidos de que el tema de la drogadicción, el alcoholismo y en general el desarrollo de dependencias es la epidemia del siglo XXI. Cada día los jóvenes inician a una edad más temprana el consumo de alcohol y/o sustancias, y cada día más personas transitan del uso de alcohol y de sustancias a un uso problemático de los mismos. Por eso desarrollamos todo un programa de prevención a nivel comunitario y simultáneamente en intervención de adicciones, con programas ambulatorios de acompañamiento y asesoramiento. La adicción en el país viene creciendo a un ritmo absolutamente sorprendente. Por estudios se sabe que de 100 personas de cada mil que desarrollaban adicción en el 2004 pasamos a 130 personas que desarrollan uso problemático de sustancias. Además, si bien en el 2004 la edad en la cual se iniciaba el consumo de alcohol o sustancias por parte de nuestros hijos adolescentes era de trece años, en promedio hoy en día se está hablando de que está en los once años. Estos indicadores nos hablan de que nos tenemos que apropiar del problema como comunidad, como familia y como personas. En el tema de la adicción hay un factor que coadyuda a su desarrollo, que es la negación. Todos pensamos que el tema no tiene que ver con nosotros y yo invito a la reflexión, en el sentido que cada quien mire en su familia y en su historia personal cómo hay un episodio de abuso de alcohol o de sustancias que quiere simplemente borrar de la memoria, que lamenta como parte de su historia personal. Solo en la medida en que como comunidad rompamos el efecto de negación y nos apersonemos de la problemática como familia, que abordemos el asunto con realismo, con cercanía, con actitud dialogante y abierta, vamos a poder emprender realmente acciones asertivas que nos permitan superar la problemática.

> Yo invito a la reflexión, en el sentido que cada quien mire en su familia y en su historia personal cómo hay un episodio de abuso de alcohol o de sustancias que quiere simplemente borrar de la memoria

Santiago.- Mauricio: ¿Cómo hacen ustedes esa prevención? ¿Con enseñanza, con conferencias, con talleres, con libros, con promoción?

Mauricio.- Básicamente lo que estamos haciendo es dictar unas conferencias destinadas a padres de familia, a profesores en general, a cualquier persona que tenga interés en el tema. En este momento estamos dictando una conferencia por todo el país que cuyo nombre es «Estar preparados», sobre el papel de padres y madres en la prevención de consumo del alcohol y las drogas. Estamos socializando esa charla por diferentes ciudades, y además la tenemos en algunas páginas de Internet. El papel de prevención básicamente lo hemos enfocado por el lado de la información, de la comunicación, de que las personas empiecen a afrontar el tema de las adicciones no con alarma, no con angustia, sino con una especial atención en la charla con los hijos, en hablar de sustancias, de hábitos de consumo, del significado que tienen las drogas para nuestros hijos. Adicionalmente, lo que pretendemos es mostrar instrumentos que padres y madres o educadores o líderes comunitarios pueden transmitirles a los hijos o a las personas que se están iniciando en el consumo de drogas, o que están en la adolescencia, para que se refuerce su responsabilidad, su autoestima, la autoconfianza, porque estamos seguros de que todos esos instrumentos son los que van a ser útiles como parte de la formación integral de nuestros adolescentes cuando tengan que afrontar el problema de las drogas.

Santiago.- Una reflexión final.

Mauricio.- Yo quisiera transmitirle a las personas que escuchan este programa que la adicción es una enfermedad, un desorden, y como tal puede tratarse. Es una enfermedad que responde positivamente cuando se le da un tratamiento adecuado, al igual que todos los demás desórdenes de naturaleza crónica. A veces existe tendencia a la recaída, a veces se convierte en un proceso de recuperación de largo plazo, pero quisiera transmitirles a todas las personas que nos escuchan que la recuperación es posible siempre y cuando sea un tema tratado, como decía el doctor Felipe, con responsabilidad, con amor. Tratándose de cualquier adicción y de cualquier etapa en que esta se encuentre, la recuperación es posible, solo que hay que abordarla de una manera responsable, de una manera clara, tranquila, sin angustias. Eso hará que las posibilidades de éxito en la recuperación sean mucho más altas.

Santiago.- Además es importante recordar que es un problema de salud, no de delincuentes, de personas que lo hagan por maldad, sino porque sufren un trastorno que termina siendo un comportamiento adictivo, compulsivo, autodestructivo, y por supuesto con efectos desfavorables para su pequeño entorno en la sociedad. Su última reflexión, Felipe.

Felipe.- El tema de la prevención es básico en función de no tener que llegar a consumos con absoluta pérdida de control por parte de la razón. En el pasado se decía que únicamente quienes tocaban fondo podían recuperarse. Hoy en día está demostrado que usted, con la medidas adecuadas, puede generar y despertar tanto la conciencia como el respeto por las consecuencias negativas que el uso de sustancias y alcohol reporta para la vida, para que la persona que esté iniciando este camino tome medidas asertivas, medidas claras para cambiar sus hábitos. La orientación, la compañía, la presencia, la cercanía, el acompañamiento, el direccionamiento de padres y madres son fundamentales. El mensaje para todas las personas que nos escuchan es que el camino de la adicción, el camino del desarrollo de la enfermedad crónica de la drogadicción es el camino al infierno. El tránsito de una adicción es la pérdida del uso responsable de la libertad, la pérdida de la voluntad. Transitar por este camino es sumamente doloroso, y poder prevenir el tránsito de ese camino en buena parte está en manos de padres y madres, que puedan acompañar, direccionar y asistir oportunamente a sus hijos. Entonces el mensaje es: Hagamos prevención.

Se dice que el último nivel del aprendizaje es la enseñanza. Quienes han pasado por el oscuro camino de las adicciones y han logrado encontrar la luz y devolverse a iluminar a otros para encontrar la salda a su infierno, son sin duda los grandes maestros que pueden dar de verdad la cátedra con su vida, historia y ejemplo. Para ellos mismos el compromiso de ayudar a otros en el proceso de recuperación ha de ser su gran sentido de vida para no volver atrás ante las múltiples circunstancias que lo favorezcan. Así que quienes han conocido este camino, sabrán que su vida no ha sido en vano, que su experiencia dolorosa ha servido para evitar dolor a otros, y que pueden levantar la cabeza, sacar pecho y hablar en voz firme cada día más. A ellos muchas gracias, pues sin ellos infinidad de seres sufrirían en vano.

HERIDAS DEL ALMA

Conversación con Eduardo Horacio Grecco

Las lágrimas son la sangre del alma.
—San Agustín

A veces estamos felices por algunas cosas pero también podemos tener heridas en el alma, heridas muy profundas, muy difíciles de sanar, que nos pueden hacer daño, y por cuyo conducto podemos destruir mucho nuestra vida.

Eduardo Grecco es psicólogo graduado de la Universidad de Buenos Aires, con especialidad en psicoanálisis. Es pionero y formador en Argentina, su país de origen, en terapia floral.

Vamos a hablar del dolor emocional y de las heridas del alma.

Eduardo.- Hay que partir de una situación esencial que es la relación que el bebé tiene con la madre durante los primeros 18 meses de vida, 9 meses dentro del vientre materno y 9 meses después del nacimiento. En ese momento, en ese tiempo, hay dos necesidades básicas que el bebé necesita cubrir, no solamente para sobrevivir sino para llegar a convertirse en una persona: la necesidad de comunicación y la necesidad de contacto.

Muchas veces a los varones, a nosotros los padres, nos deja un poco asombrados la capacidad que tiene la madre de poder entender los diferentes llantos del bebé y traducírselos y devolvérselos en una conducta apropiada. A veces el bebé necesita comer, a veces agua, a veces ser levantado, a veces ser abrigado. Y siempre la madre interpreta lo que él demanda, y se los devuelve en una conducta adecuada. Mediante esa respuesta el bebé va desarrollando un código de comunicación con la madre que le ayuda a crecer, a adquirir seguridad y a sentirse amado.

En segundo lugar, va a seguir en contacto. Esta necesidad que todos tenemos, aun ahora, de ser acariciados, de ser abrazados, de ser colmados, es una experiencia que hoy de alguna manera reproduce la experiencia con la madre.

Si el bebé alcanza la satisfacción de estas necesidades puede avanzar significativamente en la vida con un profundo sentimiento de seguridad. Pero si no es así, comienzan a hacerse en su vida ciertas heridas, ciertas dificultades, ciertas cicatrices que básicamente pueden agruparse en cinco posibilidades básicas: heridas del alma del abandono, del rechazo, de la humillación, de la traición y de la injusticia.

Es bueno entender que no habría que pensar siempre en estas heridas del alma como algo negativo, sino como oportunidades que a veces se repiten en nuestra vida, y a partir de la oportunidad de que vuelvan a aparecer en nuestra vida, una y otra vez, las podemos cambiar.

Cuando una persona tiene una herida de abandono, lo que habitualmente hace en la vida es buscar la dependencia. En lugar de aprender lo que de alguna manera la vida le da como posibilidad de aprendizaje, de aprender a ser independiente, de aprender a valerse por sí misma, la persona recurre a un camino inadecuado, un camino que la va a llevar al sufrimiento, que es la conducta de dependencia.

> Cuando una persona tiene una herida de abandono, lo que habitualmente hace en la vida es buscar la dependencia.

Santiago.- Entonces, para que tengamos un esquema básico: durante esos primeros 18 meses, 9 en el vientre y 9 después de nacer, cuando no se le suplen al bebé las necesidades de contacto, comunicación, nutrición, a veces por causas sutiles y a veces sin que la madre lo pueda reconocer, pueden presentarse cinco heridas fundamentales: de rechazo, de abandono, de humillación, de traición y de injusticia.

Cuando uno se siente abandonado en esa etapa, puede llegar a tener conductas de dependencia que puede llevar a tener sufrimiento, necesidad de ser totalmente manejado por otra forma de vida, por otra persona, en el caso de la dependencia afectiva, por alguna sustancia. ¿Quiere decir eso que si uno tuvo esa herida, va a tener esa tendencia, y que si uno fue o es dependiente o tiene adicciones, debe buscar esa herida del abandono en alguna etapa primaria de su vida?

Eduardo- Tal cual, así es. En el caso específico del abandono, generalmente las personas manifiestan una conducta de dependencia que pone en evidencia, por ejemplo, la falta de un proyecto propio frente a la vida que se llena con la dependencia, ya sea de una relación, ya sea de una sustancia, o de cualquier otra cosa.

Santiago.- Perfecto. ¿Qué máscara se puede quitar y qué tendría que trabajar específicamente esta persona?

Eduardo.- Lo que esta persona habitualmente tiene que trabajar es el fortalecimiento de su autoestima y el desarrollo de su autonomía y su independencia. Solo desde esa posición de ser libres, de ser autónomos, es que podemos acceder a un amor verdadero, a un amor auténtico. Entonces habría que trabajar con las personas a través de los distintos recursos: puede ser con las esencias florales, el trabajo bioenergético u otras herramientas terapéuticas.

Santiago.- O sea que lo que hay que hacer es hacerse cargo de sí mismos.

Eduardo.- Exactamente. Salir de ese ardid infantil de poner afuera lo que es en realidad responsabilidad nuestra.

Santiago.- Muy bien. Pasemos entonces… al rechazo.

Eduardo.- Lo que habitualmente genera el rechazo son conductas de evitación, conductas huidizas, conductas de no involucramiento, de no compromiso. Eso generalmente conduce a las personas a quedar marginadas del vivir, separadas, aisladas, y sobre todo pierden esa oportunidad esencial que tiene que ver con el desarrollo de nuestra vida que es vivir a través de las relaciones.

Uno evoluciona, crece, se desarrolla, se descubre, se sana a través de los otros, a través de las relaciones. Entonces si yo evito, si yo huyo, si lo que hago es por temor al rechazo o para evitar el dolor que el mismo produce, lo que hago es evitar el contacto profundo, evitar el encuentro con los otros.

Santiago.- ¿Qué pasa con la humillación, cuando nos hemos sentido humillados en esa etapa de la vida?

Eduardo.- Bueno, la humillación es una herida bastante interesante y bastante frecuente, que lleva a que la persona desarrolle una conducta masoquista. Muchas veces uno se pregunta, escuchando a las personas, reflexionando sobre las cosas que uno ha vivido a lo largo de la vida, cómo puede ser que la gente esté en situaciones que la hacen sufrir, en relaciones que la hacen padecer, en lugares o con gente con la cual se siente profundamente disgustada, profundamente lleno de malestares, aceptando el dolor, aceptando el sufrimiento, como si de alguna manera el sufrimiento, el dolor, la humillación, el maltrato, el abuso, la manipulación, todo lo sucio del poder que puedas imaginar, sean vistos como una manera de reconocimiento y como una forma patológica de sentir el amor, como si de alguna manera en lugar de una caricia, hubieran hecho del golpe una forma de reconocimiento, aceptación y amor.

Santiago.- Sigue la traición.

Eduardo.- La traición es una herida que lleva a las personas a establecer una conducta de control. Un control sobre todas las circunstancias de la vida, la posesión, la manipulación. Se trata de evitar que el otro nos traicione tratando de tener una conducta absolutamente reglada y controlada de todo lo que el otro pueda hacer.

Generalmente lo que les ocurre a estas personas es que son frecuentemente traicionadas. Como si de alguna manera aquello que tratan de evitar termina por revisarse, como una especie de profecía cumplida.

Santiago.- Sin hacer mucho esfuerzo, uno ve, en uno mismo, por supuesto, en las parejas y en muchas personas alrededor de nosotros, todos estos comportamientos. Interesante es ver de dónde partieron. Falta la herida de la injusticia.

Eduardo.- Sí, la de la injusticia es una herida bastante desarrollada en nuestro tiempo y lleva a conductas de rigidez, de dogmatismo, de racismo, de alzarse y pensar que la verdad está en uno y que todo lo que no es como yo pienso en realidad está equivocado.

La medida de la injusticia se traduce en rigidez y se traduce en absolutismo. Generalmente cuando las personas están dominadas por la herida de la injusticia, de haber sido de alguna manera consideradas como no creían que merecían, desarrollan una compensación a través de su vida a través de conductas o mecanismos emocionales, defensas y máscaras, y presentándose ante la gente y ante los otros como personas muy dogmáticas, muy rígidas, muy centradas por supuesto en sí mismas.

Santiago.- Es absolutamente real. Lo veo en mí mismo, veo en todas las personas conductas de dependencia, y entonces las puedo relacionar con un abandono en la primera etapa de mi vida, 9 meses en el ámbito intrauterino, 9 meses fuera de él. Igualmente sucede con la conducta de evitar el relacionamiento social para no tener vínculos ni relaciones, que es proveniente de una herida del alma de rechazo. Sucede con la conducta autodestructiva que proviene de esa primera herida esencial de la humillación. Sucede con la búsqueda de tener todo bajo control —que nadie se nos vaya a salir de nuestro alcance— por una herida de traición; nos sentimos traicionados y como decimos en Colombia, de lo que uno más detesta, uno se apesta, o sea, atraemos esa posibilidad para que en las relaciones nos pase lo mismo. Y sucede, por último, con la herida esencial de la injusticia, que nos lleva a la rigidez, a tener siempre la razón, a no buscarla, al dogmatismo, incluso a las conductas de desprecio hacia los demás, hacia la diferencia, como pueden ser el racismo, el clasismo y cualquier actitud de sentirse que tenemos la verdad y la razón, y el ánimo de destruir a los demás.

Ahora, el dolor emocional...

Eduardo.- El tema del dolor emocional es un tema medular y tiene mucho que ver con la subjetividad, en el sentido de que cada uno de nosotros vive y siente las cosas de modos muy diferentes.

Si pensamos en lo que es el sistema digestivo, vemos que no nos alimentan los alimentos, sino realmente lo que hace el sistema digestivo con ellos, transformándolos en nutrientes. Lo mismo pasa con el sistema respiratorio: el aire no nos alimenta, no nos nutre; nos nutre lo que hace el sistema respiratorio, pues en el aire está proporcionándose el oxígeno.

Así, el oxígeno y los nutrientes nos permiten crecer, pero no solo necesitamos del oxígeno, los nutrientes y las experiencias para crecer, sino de experiencias para poder avanzar en la vida.

Son pendientes que nos quedan en la vida una pérdida que no elaboramos, un enojo que no expresamos, todos esos afectos que no logramos expresar y que quedan dentro de nosotros y que muchas veces se transforman en afección. Hay una veta de cosas que podemos llamar dolores emocionales, es decir, afectos que no hemos expresado.

> Desde chiquitos nos enseñan a reprimir ciertas emociones y a expresar a medias ciertas emociones.

Desde chiquitos nos enseñan a reprimir ciertas emociones y a expresar a medias ciertas emociones: no te enojes tanto, no te deprimas tanto, es envidia de la buena, no seas tan celoso. Y por esa vía de llevarnos a expresar las cosas a medias, sin querer nos han hecho muchas veces discapacitados emocionales, mediocres emocionales. A tal punto, que muchas veces cuando expresamos emociones de una manera muy fuerte, muy intensa, pedimos disculpas: perdóneme que sea tan apasionado, decimos, cuando en realidad la capacidad de expresar fuertemente nuestras emociones es algo que nos da mucha certeza, mucha seguridad, y nos aleja profundamente del dolor emocional.

Santiago.- Maravilloso. Emoción viene de mover, de movimiento.

Eduardo.- Exacto.

Santiago.- Nos hace actuar y no actuamos. Entonces esos dolores del alma, esos dolores emocionales, en este caso las heridas del alma, vienen de nuestra propia incapacidad de expresar lo que sentimos, de todo lo que nos queda pendiente. Es importante que las personas sepan cómo el abandono lleva a la dependencia, cómo el rechazo nos lleva a las actitudes de evitación, cómo la humillación nos lleva a actitudes de masoquismo, cómo la traición nos lleva a una conducta de hipercontrol y cómo la injusticia nos lleva al dogmatismo y a la rigidez.

Vivir es aprender y el dolor emocional que viene del pasado puede ser visto como un maestro justo que nos educa. No reconocerlo es sufrir lo ocurrido como un eterno impedimento. Como afrontemos el dolor emocional también nos puede llevar a comprender que otros también sufren y que no solo nos ocurre a nosotros. Si logramos sanar nuestro dolor emocional, en alguna medida buscaremos ayudar a otros a que también lo logren, y en esa medida terminaremos de sanar el nuestro.

TRAUMAS Y CONFLICTOS

Conversación con David Berceli

*La memoria es una experiencia sustituta
en la cual se da todo el valor emocional
de la experiencia actual, sin su tensión,
sus vicisitudes y sus perturbaciones.*
—John Dewey

Hoy vamos a hablar de un tema que está grabado en el inconsciente y que nos puede alterar al salir a parrandear, a gozar, a disfrutar, que nos puede impedir estar todos los días en bienestar. Se trata de esos traumas vividos que nos quedan en el inconsciente, del estrés postraumático, de esa dificultad que se llama el estrés cotidiano, esa sensación de malestar que nos puede sobrevenir en cualquier momento de la vida y que nos puede dañar la existencia.

Un especialista en el tema nos va hablar de cómo solucionar el estrés cotidiano, pero sobre todo de los traumas vividos en circunstancias dolorosas de la vida, experiencias que pueden marcan toda nuestra existencia. Él aprendió y desarrolló un método que es fácilmente aplicado por cualquier persona. Se llama David Berceli, es experto internacional en las áreas de intervención del trauma y la resolución de conflictos.

Santiago.- David, ¿en qué consiste el TRE?

David.- TRE (Tension and Trauma Releasing Exercises) significa Ejercicios de liberación de la tensión y el trauma. Son unos ejercicios que cualquier persona puede hacer, que ayudan a liberar tensiones y traumas muy profundos que ni siquiera uno reconoce y que puedan estar en el cuerpo. Los ejercicios mismos van a ayudarle al cuerpo a liberar la tensión y el trauma para poder volver a un estado relajado y calmo.

Santiago.- ¿Donde empezó el TRE y como apareció en la vida de David?

David.- El TRE comenzó porque yo estaba viviendo en el Líbano hace muchos años, durante la guerra, y durante ese tiempo vi el cuerpo humano de una manera inusual. Allí se vivía en el borde entre la vida y la muerte. Como se vivía en ese estado, vi muy claramente que el cuerpo me mostraba los mecanismos que tiene para sobrevivir, y uno de ellos es una vibración, un temblor que ayuda a reducir el estrés muy alto.

Santiago.- ¿Se puede hacer un ejercicio con movimiento corporal para quitar un trauma psíquico?

David.- Estos ejercicios producen una vibración suave. Es un mecanismo que tiene el cuerpo y que se desencadena en muchas personas cuando se asustan. Automáticamente el cuerpo reduce el estrés o la ansiedad. Si activamos este mecanismo de una manera artificial, en un ambiente seguro, la persona puede vibrar y sentir los músculos, que se van relajando lentamente y llegan a alcanzar un estado profundo de relajación. Cuando esto pasa, la psique y las emociones se comienzan a diluir y a relajarse. Logramos una relajación neurológica, psíquica y física.

Santiago.- ¿No importa que haya ocurrido un trauma?

David.- Yo he visto personas que al hacer estos ejercicios han sanado o han resuelto un trauma sufrido en edad tan temprana como el nacimiento. La única manera en que puedo entender esto es parece ser que el cuerpo recuerda cada una de las tensiones o de los traumas experimentados anatómicamente en el cuerpo. Desde el nacimiento hasta el momento actual, el cuerpo tiene una memoria, un recuerdo, y el cuerpo puede resolver y sanar ese recuerdo, esa memoria.

Santiago.- Quedan como archivos en el disco duro.

David.- Exactamente. Lo que parece ser es que un individuo experimenta todos esos archivos en su vida y el cuerpo tiene una manera de poder deshacerse de los antivirus que ya no son saludables para el organismo.

Santiago.- Una persona tiene un trauma y asiste a una consulta con David Berceli. ¿Cómo es una consulta? ¿Qué pasa en ella?

David.- Yo le pido a la persona que me cuente lo que quiera, por qué vino a verme. Si no quiere decirme nada, no tiene que hacerlo. Algunas personas tienen mucho miedo de hablar de su experiencia, pero están buscando ayuda. Yo escucho por más o menos quince minutos, para asegurarme de que entiendo lo que ellos están buscando, y luego les enseño la serie de ejercicios. Cuando los hacen, su cuerpo empieza a vibrar o a temblar, y yo les ayudo a controlar ese proceso de temblores para que se sientan seguros y cómodos. En los movimientos vibratorios, el cuerpo empieza a producir una relajación profunda. A medida que el individuo empieza a relajarse explica lo que significa eso para él, lo cual va a tener relación con la razón por la cual vino a verme. En ese momento tratamos juntos de poner todo en orden, de organizar la historia de una manera que no tenga una carga emocional alta, de tal modo que el individuo pueda contar su historia de una manera relajada, siguiendo al cuerpo, para que tanto este como la emoción vayan en la dirección de la calma y la relajación.

Santiago.- ¿Cuánto tiempo dura el paciente haciendo ejercicio?

David.- Como cualquier sesión típica, simplemente dura una hora. Lo ejercicios duran más o menos quince minutos. Luego, una vez que los ejercicios activan el mecanismo de vibración, simplemente se acuestan en el piso o en una colchoneta, y permiten que su cuerpo vibre, tiemble. Yo me aseguro de que ellos sepan cómo volver a sus casas por ellos mismos de manera segura, porque parte del

> Algunas personas tienen mucho miedo de hablar de su experiencia, pero están buscando ayuda.

proceso es empoderarles para que haya una autosanación, para que no se vuelvan dependientes de un terapeuta para poder recuperarse.

Santiago.- ¿Cuántas veces debe seguirlo haciendo para poder ver un resultado?

David.- Muchas personas pueden ver resultados en la primera sesión, pero a medida que progresan en el proceso, van a descubrir que llegan más y más profundamente a esos estados de relajación. Si el trauma se ha ido desarrollando desde la infancia, lo cual es diferente por ejemplo un trauma de una accidente de carro o un trauma de adulto, puede tomar más tiempo para que sane. Enseñarles estos ejercicios es una manera de ayudarles por el resto de sus vidas, porque regulan constantemente el estrés y la ansiedad. En cualquier momento de tensión en la vida cotidiana se pueden hacer estos ejercicios: antes de una conferencia por miedo de hablar en publico, antes de montar en avión, antes de conducir en un tráfico difícil, en cualquier momento en que la persona empiece a experimentar ansiedad. Después de eso debe hacer estos ejercicios porque ese mecanismo de vibración se va, y debe activarse para poder reducir la ansiedad, porque no es saludable para el cuerpo vivir en un estado de tensión alta.

Santiago.- Ahora le quiero preguntar a David si las personas que borran las experiencias pueden caer nuevamente en esos traumas.

David.- Muchos de los traumas que tenemos en nuestro cuerpo han estado ahí, en estados tan profundos que es posible que hayamos olvidado que los tenemos. También hay muchos traumas inocentes, por ejemplo accidentes que nos han ocurrido durante la vida y que no consideramos traumas, como partirnos un brazo jugando cuando éramos niños. No tomamos eso muy en serio pero para el cuerpo eso es una herida seria, una lesión seria. El organismo los considera un trauma y muchas personas que hacen estos ejercicios descubren que sus cuerpos están regresando en el tiempo a los momentos en que sufrieron esas lecciones y que realmente no se han sanado. Es posible que se hayan corregido en cuanto a que, por ejemplo, el hueso se ha recuperado, pero los tendones y los músculos todavía tienen ahí la historia de la lesión y pueden generar una vibración muy fuerte.

Santiago.- ¿Pueden volver a presentarse dolores en esa parte del cuerpo durante la experiencia?

David.- Las personas experimentan lo mismo que experimentaron en el momento de la lesión o de la herida, pero un poco más suave, lo que significa que pueden experimentar el dolor. La persona puede decir: Sí, ahí es justo donde fue el dolor, donde yo me hice esa lesión, pero no va tener la misma intensidad. Quiero hablar de casos específicos; por ejemplo, se puede llegar a reconocer el origen de la claustrofobia de una persona con temor a estar en ascensores, en lugares cerrados, y se puede eliminar con esta estrategia del TRE. Puede ser que esas personas liberen la fobia sin siquiera saber cuál es el origen, porque esta es la diferencia entre trabajar con la psicología y con la neurología. La psicología está relacionada con la historia del origen de la fobia, la neurología de solamente cómo funciona el cerebro que produce la ansiedad de la fobia. Podemos resolver el patrón neurológico sin siquiera saber cuál es el origen psicológico.

Santiago.- ¿En cuánto tiempo se pueden resolver otros tipos de fobia tan comunes como subir a un avión, temerle a las alturas, hablar en público?

David.- Es difícil determinar el período de tiempo, pero lo que hace el TRE es reducir inmediatamente la ansiedad de cualquier fobia porque la neurología no está interesada en una fobia específica sino en cómo se incrementa. Hay un incremento alto en la neuroactivación y no está preocupada de cuál es la historia detrás de esa neuroactivación. Simplemente sabe que está tratando de regularla, de disminuirla, para que pueda seguir funcionando a un nivel neurológico saludable.

Santiago.- En su experiencia, ¿qué resultados observa en las personas después de meses y años de su trabajo terapéutico?

David.- Uno de los resultados más constantes es que las personas duermen mucho mejor en la noche. Ya no tienen los dolores crónicos que han tenido durante años. No entienden por qué pero viven la vida más calmadamente. Las cosas que antes les causaban ansiedad o rabia o miedo ya no las afectan. Quiero citar el caso concreto de una persona que ha sido violada en la infancia, algo que infortunadamente ocurre muchas veces en

Colombia. Ya como adulta, esa niña no tiene una relación afectiva con su pareja. A nivel físico, a causa del trauma, la pelvis, el estómago y las piernas se congelan o se disocian, y la persona no tiene sensibilidad en esas zonas. Cuando comienza a sentir esa sensaciones en esas áreas es cuando se vuelve adulta, se casa y quiere tener sexo, pero cualquier sensación comienza a crear ansiedad y miedo. Lo que pasa con estos ejercicios es que causan esa vibración y el mecanismo se activa muy profundamente en la pelvis, en el estómago y en las piernas, y comienza a generar una relajación muy profunda, justamente ahí en el tejido muscular, y lo que hace es restaurar un sentido del placer y de la seguridad en vez del miedo y el peligro que había experimentado. Cuando puede restaurar su propia sensación de seguridad y placer, entonces puede tener actividad sexual, ya como adulta, sin reactivar ese patrón de miedo que ya no está en el cuerpo.

Santiago.- David: ¿Usted hace los ejercicios todos los días?

David.- Yo hago estos ejercicios todas las noches, lo juro.

Santiago.- Muchas personas que nos escuchan tienen dolores emocionales pero no pueden acceder a los talleres que ustedes dictan o de tener un terapeuta que les haga esto. ¿Qué recomendación les haríamos?

David.- Muchas personas pueden comprar un libro o un DVD y pueden hacer los ejercicios en sus casas. Las personas que están postradas y no pueden salir o levantarse pueden ajustar estos ejercicios para hacerlos en sus camas y pueden tener buenos resultados.

Cuando puede restaurar su propia sensación de seguridad y placer, entonces puede tener actividad sexual.

Santiago.- Lo más importante de todo esto es el mensaje de esperanza para las personas que están viviendo el dolor de un trauma: su cuerpo tiene la capacidad física, neurológica, fisiológica de autosanarse, y eso es de lo que se trata este mecanismo. Le está diciendo a la persona: tu cuerpo puede sanar aun los traumas más severos porque tienes un mecanismo genéticamente codificado para poder llevarte otra vez a un estado de salud. Estamos tratando de ayudarles a las personas a activar este mecanismo para que no sientan más desesperanza o impotencia, porque viven en un organismo que constantemente está tratando de pulsar de nuevo, de sentirse vivo, no importa el trauma que haya sufrido. Podemos renacer todos los días.

La humanidad vive en su camino del presente condicionado siempre por lo ocurrido en su pasado. Donde cada experiencia vivida atrás hace que se vea y viva el presente bajo una óptica alterada. Cada dolor, pérdida, agresión recibida, frustración o cualquier otro tipo de trauma modifican la vida si no son solucionados. Lo maravilloso es que como están siempre activos y mostrando su influencia en el presente, es en el mismo hoy, aquí y ahora que se pueden modificar. Nunca es tarde para hacerlo, siempre hay una oportunidad de sanar el dolor del pasado que ahora se inscribe en el presente. Siempre hay la posibilidad de hacerlo, sin importar lo doloroso, complejo y profundo que sea. Nuestro país está lleno de dolores presentes que nacieron en el pasado, de heridas y huellas de todo tipo. Hoy podemos decir que se pueden modificar, no para que desaparezca la herida, sino para que se cicatrice, no siga abierta, no sangre, y sobre todo no duela. Un aplauso para los valientes que se atreven a intentarlo.

DISFUNCIÓN ERÉCTIL

Conversación con el Dr. Ricardo Schlesinger Piedrahita

Lo más útil en el hombre es la sexualidad.
—Lóuis-Ferdinand Céline

Vamos a hablar de un tema que les compete al hombre y a la mujer, que el hombre padece, y que por supuesto también genera dificultades en su vida íntima. Muchos lectores nos han preguntado sobre el tema de la disfunción eréctil, popularmente conocido como impotencia, que afecta un gran porcentaje de la población masculina. Para eso contamos con un urólogo, el médico especialista que maneja específicamente los temas del árbol genitourinario. Él es el doctor Ricardo Schlesinger, miembro de la Asociación Colombiana de Urología graduado en la Universidad Militar Nueva Granada.

Santiago.- Doctor Schlesinger, definamos para empezar qué es la disfunción eréctil.

Ricardo.- La disfunción eréctil es la incapacidad que tiene el hombre de tener una erección adecuada para penetrar y sostener una relación sexual satisfactoria tanto para él como para su pareja.

Santiago.- Antes de pasar a la enfermedad, ¿cómo es el declive natural de la erección con el paso de los años?

Ricardo.- Realmente no hay un límite de edad para el cual podamos definir que una disfunción eréctil se presente como un fenómeno normal. Lo que es interesante es que las causas o enfermedades que llevan a la disfunción eréctil son las mismas que llevan a problemas como el infarto del miocardio o los accidentes cerebrovasculares, lo que en su conjunto conocemos como la enfermedad endotelial, mediante la cual una serie de factores alteran el riego sanguíneo de los cuerpos cavernosos del pene y de otros órganos, en especial las arterias coronarias y del cerebro, causas todas de enfermedades graves.

Santiago.- El punto es si a los noventa años se encuentran pacientes con una sexualidad normal sin tener que utilizar algún tipo de nutriente o medicamento para favorecer la erección.

Ricardo.- Claro que sí, si su sistema vascular es adecuado, si no tienen enfermedades que restrinjan la circulación y si el aporte sanguíneo a los cuerpos cavernosos es normal. Una persona de noventa o cien años puede tener una actividad sexual perfectamente normal para él y su pareja.

Santiago.- O sea que no debería existir en ningún momento disfunción eréctil, que desde el momento en que exista es algo patológico.

Ricardo.- Siempre que exista es patológico y debe investigarse la causa.

Santiago.- Eso es muy importante porque a veces las personas a los sesenta, setenta años, van a consulta y dicen que ya no es necesario, y sencillamente lo que tienen es una alteración que prefieren ignorar o tratar de no hablar del tema para no verlo como un proceso de enfermedad. En cualquier época de la vida, la incapacidad de tener una erección completa para la penetración o para la persistencia del acto o coito que sea satisfactoria para el hombre o para la mujer se considera un proceso patológico que se asocia fundamentalmente a una alteración vascular de la parte del endotelio, la parte interior de las arterias, problema circulatorio que puede ser similar al del infarto o el accidente cerebrovascular. ¿Qué hace usted como urólogo cuando le llega un paciente de cualquier edad que le dice que no logra tener una erección?

Ricardo.- Lo primero es evaluar esos factores o enfermedades que llevan a la enfermedad endotelial: los problemas de colesterol, la hipertensión arterial, la diabetes o algunos problemas de tipo metabólico que en conjunto alteran o aumentan la enfermedad endotelial. Hoy en día está muy de moda lo que llamamos el síndrome metabólico, el cual tenemos varias formas de evaluar, o de por lo menos definir, con base, entre otros, en el peso o el área corporal del paciente, y el diámetro abdominal, factores todos de riesgo para el desarrollo de cualquier tipo de manifestación de la enfermedad endotelial.

> No hay un límite de edad para el cual podamos definir que una disfunción eréctil se presente como un fenómeno normal.

Santiago.- Recordemos que el síndrome metabólico se caracteriza por la alteración de las grasas de la sangre, con aumento del colesterol que llamamos malo, que es el LDL, con disminución del bueno, que es el HDL, con aumento de los triglicéridos y con alteraciones de la glicemia, además de que puede cursar con obesidad, sobre todo en la parte abdominal (el gordo de la barriga, para que se entienda), y, además, con hipertensión arterial. ¿Qué ocurre desde el punto de vista de la parte afectiva y emocional? Porque también se conocen casos de personas que pueden tener alteraciones ya no permanentes sino ocasionales, o sea que podría incidir algún aspecto psíquico.

Ricardo.- Por supuesto. Hoy en día disponemos de múltiples opciones para ayudarles a estos pacientes. No solo es necesario investigar la causa y tratar aquellas enfermedades que pueden producir disfunción eréctil y otros problemas que ya hemos mencionado, sino que además es importante controlar o mejorar la calidad de vida sexual del paciente, y para eso hoy en día disponemos de múltiples opciones que hace unos veinte años no estaban disponibles. Lo primero que utilizamos es la terapia oral con medicamentos que estimulan la erección, mejorando los mecanismos de irrigación sanguínea del pene y de desencadenamiento de todos los eventos que llevan finalmente a una adecuada función sexual. Son medicamentos en general bastante seguros, que tienen sus indicaciones y contraindicaciones, como todos los medicamentos, pero que en general mejoran desde el punto de vista funcional la actividad sexual del paciente. Son medicamentos que ayudan a mejorar el síntoma mas no la causa de base, que son dos temas diferentes.

Santiago.- Solucionan el problema puntual más no el origen, como el sildenafil, conocido más popularmente o comercialmente como Viagra. Sin embargo, ¿qué pasa si un muchacho de 20, 18, 25 años utiliza el Viagra? ¿Qué efectos podría tener, porque lo hacen de manera rutinaria algunos adolescentes y jóvenes?

Ricardo.- Al igual que en el adulto mayor, estos medicamentos tienen algunos efectos indeseables que podrían en algunos casos ser peligrosos. En la mayoría de los casos son bien tolerados, pero no siempre sucede así, de manera que siempre deben ser suministrados bajo vigilancia médica y no por medio de automedicación. Por lo general, en los jóvenes su uso es favorecido por el deseo de tener una actividad sexual muy intensa, y aunque no se presenten problemas de erección, hay un abuso de estos medicamentos, lo cual realmente no es una práctica muy deseable por los eventos adversos que se pueden presentar.

Santiago.- ¿Cuál sería una contraindicación importante para tener en cuenta por parte de cualquier persona que vaya a consumir algún tipo de sustancias que favorezcan la erección?

Ricardo.- La principal contraindicación es para aquellos pacientes con enfermedades de las arterias coronarias que requieren algún tipo de terapia preventiva para el infarto, específicamente el isosorbide, un medicamento que favorece la dilatación aguda de los vasos coronarios y que tiene una interacción muy importante con el sildenafil y similares, tanto así que está contraindicado el uso concomitante de los dos medicamentos. Sin embargo, la susceptibilidad individual desempeña un papel muy importante. Hay personas que van a sufrir serios efectos secundarios, muy incómodos, que evitan su uso rutinario, y habría que medir en cada paciente, bajo vigilancia médica, si es o no adecuado utilizar estos medicamentos en cada caso particular.

Santiago.- ¿Cuál es la siguiente estrategia terapéutica?

Ricardo.- Hay varias opciones de terapia de segunda línea como los dispositivos de vacío o la terapia intracavernosa, que consiste en aplicar sustancias que llamamos vasoactivas directamente dentro de los cuerpos cavernosos del pene. Casi que el último escalón sería el implante de prótesis peneanas, que van a favorecer una rigidez adecuada para una penetración y una vida sexual satisfactoria para el paciente y la pareja. Estos tratamientos de segunda línea pueden tener un orden ascendente en cuanto a complejidad, pero si el paciente que de entrada no responde a la terapia oral desea, por ejemplo, solucionar su problema en forma definitiva con una prótesis, está indicado hacerlo incluso sin pasar por otras terapias. Sin embargo, hoy en día disponemos de muchos agentes vasoactivos y de mecanismos de restauración de las erecciones que en cada caso particular habría que evaluarlos en conjunto con el paciente y muchas veces también con su pareja para obtener el método más satisfactorio para cada caso.

Santiago.- ¿Cualquier hombre que tenga problemas de disfunción eréctil va a tener solución a su problema? ¿Podemos llegar al 100% de la cobertura en este problema de salud?

Ricardo.- Digamos que hoy en día, con la tecnología y los dispositivos de los que disponemos, podríamos mejorar y restablecer las erecciones en más del 90% de los casos. Es muy difícil atreverse a decir que en el 100% de ellos, porque hay contraindicaciones para cada uno de los tratamientos e indicaciones para iniciar con una u otra terapia que podrían retardar o impedir una solución satisfactoria en forma definitiva.

Santiago.- Eso suena bastante interesante y desde el punto de vista práctico útil para cualquier persona que tenga una disfunción eréctil, incluso después de una prostatectomía, que es la extracción de la próstata.

Ricardo.- Hoy en día la causa más frecuente de disfunción eréctil en el adulto mayor son los tratamientos quirúrgicos para el manejo del cáncer de próstata, sumados a la condición previa de síndrome metabólico en mayor o menor grado. Estos pacientes tienen hoy en día una atención temprana y preventiva para disminuir la incidencia de disfunción eréctil después de la cirugía y del tratamiento definitivo para el cáncer de la próstata, pero igual que la población general requieren la evaluación de los factores de riesgo y del tratamiento de aquellos factores que generan el síndrome metabólico.

Santiago.- Cuando las personas tienen cáncer de próstata, le tienen —le voy a decir textualmente la palabra, porque la oigo en la consulta— «pánico» a la cirugía, porque van a quedar con disfunción eréctil. Explíquenos un poco por qué no siempre ocurre eso.

Ricardo.- La cirugía puede favorecer el desarrollo de disfunción eréctil especialmente en aquellos pacientes que tienen factores de riesgo, en especial niveles de colesterol elevados e hipertensión, pero hoy en día es bastante segura desde el punto de vista de la función sexual. Cada día vemos mejores tasas y mejores resultados con la cirugía, pero no solamente con ella, sino los tratamientos con intensión curativa, como la radioterapia y otros tratamientos encaminados al control de la enfermedad prostática maligna. Las incidencias de disfunción eréctil luego de los tratamientos con intención curativa vienen de la mano del estado previo a dicho tratamiento de la función sexual del paciente. Por supuesto, un paciente con muchos factores de riesgo y con una función sexual ya deteriorada va a tener una mayor probabilidad de disfunción eréctil después del tratamiento que aquel paciente que previamente era sano y que no tenía los factores de riesgo. Sin embargo, en todos los casos, con la tecnología de la cual disponemos hoy es altísimamente probable que podamos restablecer en forma satisfactoria la función sexual, de manera que no hay que temer e impedir un tratamiento adecuado para una enfermedad maligna como el cáncer de la próstata por temor a que no vaya a haber una sexualidad adecuada luego de hacer un tratamiento.

> Hoy en día la causa más frecuente de disfunción eréctil en el adulto mayor son los tratamientos quirúrgicos para el manejo del cáncer de próstata.

Santiago.- Ese es un dato bien importante y sobre todo motivante para quien tenga una enfermedad sexual o una enfermedad prostática.

¿Alguna otra reflexión sobre la disfunción eréctil para los hombres que nos escuchan y sus parejas?

Ricardo- Básicamente que no pierdan las esperanzas. Siempre hay una luz para mejorar su situación. Hoy en día hay cantidades de posibilidades, de tratamientos muy satisfactorios para esos problemas y sobre todo hay que perderle un poquito el temor a la consulta y a enfrentarlos las enfermedades, que es lo que no permite que el paciente sea sometido a una terapia adecuada.

Si bien es cierto que la expresión sexual no está limitada al área genital, es poco común que el hombre pueda darle la dimensión integral a los contactos íntimos, como lo hace la mujer. La mujer tiene más receptores en la piel que pueden ser activados fácilmente con abrazos y caricias suaves, que se valoran tanto o más que los estímulos genitales. Mientras la terapia para la disfunción eréctil se toma el necesario tiempo para actuar, es ideal ampliar la visión limitada, para comprender la sexualidad como una fusión de dos seres que se aman y lo expresan con todo su ser, antes, durante y después del contacto íntimo.

RINITIS

Conversación con la Dr. Margarita Guillén Nakamura

*¿Puede uno recordar el amor? Es como tratar de evocar
el aroma de las rosas en un sótano: puede ver la rosa
pero nunca el perfume.*
—Arthur Miller

Hoy vamos a meter la nariz precisamente en un tema que nos compete a todos: la nariz, esa parte superior del sistema respiratorio que nos permite llevar el aire a los pulmones, pero que muchas veces no nos lo permite de manera adecuada porque se inflama, porque sangra, porque en las épocas de humedad, de viento, de frío, se congestiona. Frecuentemente nos preguntan sobre la rinitis alérgica, y para responder está Margarita Guillén Nakamura, otorrinolaringóloga de la Universidad del Rosario.

Santiago.- Doctora Margarita, ¿en qué consiste la rinitis?

Margarita.- El término «rinitis» significa inflamación de la mucosa nasal, y hay muchas causas que la producen. Hay rinitis viral, cuando hay una infección; y hay rinitis alérgica, a causa de alérgenos.

Santiago.- También me imagino que haya traumáticas. Los boxeadores deben hablar de estas.

Margarita.- Y también hay rinitis irritativas, que no necesariamente son alérgicas o infecciosas.

Santiago.- Por ejemplo cuando uno come wasabi en los restaurantes japoneses. Pero eso bueno y transitorio, y hasta agradable en medio de todo.

Antes de definir la rinitis, quiero que hablemos acerca del cuidado ideal que deberíamos tener los seres humanos todos los días con nuestra nariz. Le damos poca importancia pero lo necesitamos.

Margarita.- Primero que todo la función de la nariz es calentar, limpiar y humedecer el aire que respiramos. Al limpiar el aire que respiramos es normal que se forme mucosidad dentro de la nariz. Los mocos duros son lo que ya la nariz ha limpiado del polvo que se ha respirado. No es buena idea hacer limpieza frecuente con suero fisiológico en la nariz como mucha gente cree, porque se está limpiando la mucosidad natural de la nariz y se empieza a resecar. Yo pienso que después de una buena ducha es más fácil que la nariz se encuentre humidificada y es más fácil hacer esa limpieza nasal, es decir, no hay necesidad de estar aplicando nada dentro de la nariz. Si se ha estado en un ambiente de mucho polvo o muy contaminado, sí es recomendable hacer una limpieza, en ese caso con un poquito de solución salina para lavar los residuos que hayan quedado en la nariz.

Santiago.- ¿Hay alguna técnica especial para aprender a sonarse?

Margarita.- No hay que sonarse con ambas fosas tapadas al mismo tiempo. Muchas personas lo hacen: se tapan y se destapan, se tapan y se destapan al mismo tiempo las dos fosas, y eso aumenta la presión que se encuentra dentro de la nariz y por consiguiente la de los oídos, y muchas veces se origina dolor de oído después de una sonada de nariz. Debe sonarse un lado primero, después el otro lado.

Santiago.- ¿Qué cuidados hay que tener para las personas que usan cánula nasal para el cuidado de su nariz, personas que están necesitando oxígeno por tener una enfermedad respiratoria, cardiovascular, en fin, que tienen que tener esos tubitos dentro de la nariz?

Margarita.- Esa pregunta es muy importante. Quienes usan cánula nasal con oxígeno frecuentemente van a notar que se les reseca la nariz ahí donde choca el flujo de ese aire contra la mucosa nasal. Esa resequedad de la nariz luego ocasionará sangrado nasal. En algunos casos se recomienda lubricar la mucosa nasal con vaselina, pero es preferible que sea con aceites naturales, aceite de almendras, por ejemplo.

Santiago.- ¿Y cómo se coloca ese aceite dentro de la fosa nasal? ¿Con un goterito?

Margarita.- Con un goterito, o sencillamente con la yema del dedo, hasta donde esta llegue.

Santiago.- Bueno, ¿y eso de meterse los dedos a la nariz, doctora?

Margarita.- Generalmente produce trauma de la mucosa, y ese trauma repetido muchas veces es causa de sangrado, y ese sangrado repetido puede producir lesiones e incluso necrosis del tabique, que quiere decir que se perfora el tabique por dentro.

Santiago.- Ya que habló del sangrado, epistaxis que llamamos los médicos, ¿qué hacer? ¿Cómo evitarlo y cómo tratarlo en caso de que ocurra? ¿Cuáles son las recomendaciones importantes?

Margarita.- Lo primero es ojalá no acostarse. En el momento en que la persona se acuesta, va más flujo de sangre hacia la cabeza y hay más sangrado. Entonces lo primero siempre es sentarse. Si está muy acalorado, buscar una manera de bajar un poco la temperatura y ocluir la nariz preferible en la zona de adelante, o sea donde se encuentran las fosas nasales. Se aprieta la nariz fuertemente y eso ayuda a controlar un poco el sangrado. Obviamente un otorrinolaringólogo tendría que hacer un examen e identificar el sitio del sangrado: si es anterior o posterior, pues este necesita otra serie de medidas para manejarlo.

Santiago.- Hay entonces que sentarse, inclinarse si se quiere un poquito hacia adelante, taparse las fosas nasales con ambas manos haciendo presión. ¿Cuánto tiempo? ¿Cinco, diez minutos?

Margarita.- Con dos dedos, por ahí unos cinco minutos, y bajar la temperatura. Por supuesto, si el sangrado es repetitivo, hay que consultar a un otorrinolaringólogo y buscar la causa. En las personas adultas hay que descartar que no estén sangrando por hipertensión arterial. Otra causa de sangrado es el uso de anticoagulantes, y en los niños las causas más frecuentes es por trauma (por el dedito), y cuando hay infecciones gripales, virales, sinusitis, rinitis, además de predisposición al sangrado. Hay también una causa frecuente de sangrado nasal y es porque adelante de la nariz, en las fosas nasales, se encuentran unas venitas que se llaman várices del tabique. Cuando esas várices se lastiman, ya sea por el flujo del aire, por el dedito, porque la nariz está muy congestionada, o por gripa o por infección, es frecuente el sangrado.

Santiago.- ¿Cuándo es bueno hacerse cirugía del tabique?

Margarita.- La cirugía del tabique se debe hacer cuando se está alterando el funcionamiento nasal, cuando se está produciendo obstrucción, o sea que la persona no puede respirar libremente; cuando la misma desviación del tabique está generando infecciones recurrentes como sinusitis; y cuando el tabique desviado es causa de dolores de cabeza, de cefalea. En cualquiera de estas tres causas es importante operarlo. Finalmente, una persona que tenga dificultades para respirar mientras duerme también debe enderezar su tabique para garantizar una mejor respiración.

Santiago.- ¿Son recomendables esos parchecitos que aumentan el tamaño de las fosas nasales?

Margarita.- Es una solución temporal, no definitiva. Esta sería corregir el problema interno de la nariz. No siempre la obstrucción nasal es por desviación del tabique; puede presentarse también cuando los cornetes están grandes. Muchas veces se necesita solamente manejo médico para descongestionarlos o desinflamarlos. Algunas veces se termina finalmente haciendo cirugía de cornetes, al igual que cuando hay pólipos en la nariz, cuando hay tumores nasales. En definitiva, ante una obstrucción nasal siempre es muy importante la valoración de un otorrinolaringólogo.

Santiago.- ¿Por qué no nos explica doctora en qué consisten los cornetes?

Margarita.- Los cornetes son como tres almohadillas a cada lado de la nariz, unos tejidos mucosos y submucosos cuya función es calentar, humedecer y limpiar el aire. Cuando se hacen cirugías muy agresivas a unos cornetes, se puede producir resequedad de la mucosa nasal, y como el aire no se puede humidificar, entonces pasa un aire frío hacia la garganta y eso crea generalmente síntomas que son irreversibles.

No siempre la obstrucción nasal es por desviación del tabique.

Santiago.- ¿Qué disminuye la posibilidad de oler, el sentido del olfato?

Margarita.- Las fibrillas, digamos los nervios olfatorios, se encuentran en la parte más alta de la cavidad nasal. Son muy, muy delicadas, muy delgaditas, y se pueden lesionar fácilmente con un trauma nasal severo, una fractura nasal, por ejemplo, y producir anosmia, o sea, falta irreversible de olfato. A veces también estas fibrillas se lesionan o se dañan cuando hay una infección severa de la nariz o de los senos paranasales; es muy raro, pero puede pasar, al igual que cuando se inhalan demasiados químicos con mucha frecuencia.

Santiago.- Volvamos al tema de origen: ¿Una rinitis también puede generar este tipo de problemas?

Margarita.- Sí, pero afortunadamente la rinitis puede disminuir el olfato por inflamación y por congestión de la nariz, pero digo afortunadamente porque, una vez eso se soluciona, el olfato retorna.

Santiago.- El olfato tiene que ver mucho con el gusto ¿no?, Las personas con la nariz tapada no tienen la degustación adecuada…

Margarita.- Exactamente. Pierden dos placeres de la vida, el olfato y el gusto.

Santiago.- Hablemos un poco de la rinitis alérgica, por qué se da, y en épocas estacionales cómo se manifiesta.

Margarita.- En general la rinitis alérgica es la inflamación de la mucosa nasal que responde a un factor alérgico, o sea a algún alérgeno que la persona ha respirado y que ha desencadenado una reacción inflamatoria en la nariz. Esa reacción inflamatoria se caracteriza por obstrucción nasal y muchas veces por mucosidad —que usualmente es un moco hialino o cristalino—, picazón, estornudadera, ojos rojos, prurito en los ojos y algunas veces tos asociada. La rinitis alérgica puede ser estacionaria, es decir, depender de la época, o puede ser perenne, cuando es sintomática durante todo el año, independientemente del clima que haya. Lo más frecuente es que se asocie con cambios climáticos, con épocas de lluvia, pues se produce humedad en el ambiente, humedad en los espacios cerrados, humedad en las ventanas, lo cual origina la aparición de hongos causantes de esa reacción alérgica. Hay reacción alérgica también al polvo, al polen de algunas flores, a los árboles...

Santiago.- A los pelos de los animales y a los ácaros...

Margarita.- Y al polvo...

Santiago.- ¿Qué hacer en el momento del malestar de la rinitis, con qué podemos aliviarlo?

Margarita.- Lo ideal es identificar qué desencadena la rinitis para en lo posible tratar de evitar esa situación en el ambiente. Muchas veces eso se nos sale de las manos. Polvo puede haber en todos los espacios. En la medida en que lo podamos controlar en el espacio donde más nos mantengamos, va a ayudarnos a mejorar la salud desde este punto de vista. Por ejemplo, en la habitación donde dormimos. En la cama pasamos mínimo seis, siete u ocho horas. Allí hay polvo que es fácil de encontrar en las cobijas, el colchón, las cortinas. Entonces se recomienda que ese espacio esté muy, muy, muy limpio, y que en lo posible no sea la persona alérgica la que desempeñe las actividades de limpieza, pues obviamente se le va a desencadenar la rinitis y le van a empeorar los síntomas. Por otra parte, una vez la alergia haya aparecido y la persona esté muy sintomática, en lo posible debe consultar al otorrinolaringólogo para que le mire la condición de la nariz y ojalá le formule un antihistamínico o algún medicamento tópico nasal para desinflamar y descongestionar.

> Hay que mirar exactamente cuáles son las razones del ronquido en cada persona en particular y dependiendo de la causa, así hay que corregir.

Santiago.- Hay un tema que a todos los hombres nos compete porque las mujeres sufren mucho por eso: ¿Qué se puede hacer en la nariz para los ronquidos?

Margarita.- El ronquido es un tema muy interesante porque no aparece, digamos, por una sola causa. El ronquido es la vibración del tejido con el paso del aire, y esto puede ser por congestión de la nariz, pero también estar asociado con problemas de paladar, lengua, garganta, cuello y obesidad. Hay que mirar exactamente cuáles son las razones del ronquido en cada persona en particular y dependiendo de la causa, así hay que corregir.

Santiago.- ¿Cómo disminuir los episodios en los que la alergia se prolonga y se repite constantemente?

Margarita.- Debemos tratar de identificar qué está generando esa cronicidad. Si hay, por ejemplo, presencia de aires acondicionados, el problema puede estar no solo en el frío como la gente cree, sino porque usualmente en los ductos del aire acondicionado se encuentra humedad y eso hace que uno esté respirando esporas de hongos que generan alergia. Muchas veces también es el tipo de alimentación, los colorantes de las bebidas o de los alimentos de paquete. Muchas veces el paciente no está en capacidad de poder identificar la causa y necesita la ayuda de un profesional. El alergista puede hacer una serie de pruebas de sangre o cutáneas, en donde se va a poder identificar a qué está haciendo alergia esa persona. Una vez que podamos identificar qué está causando la alergia y podamos manejar los síntomas, estos empiezan a mejorar. Si los síntomas no mejoran porque, por ejemplo, hay ya una reacción inflamatoria demasiado crónica, se puede ofrecer un manejo quirúrgico.

Dice la antigua tradición China que para caminar mil pasos hay que empezar por dar el primero. Para la respiración pulmonar, a la que en la vida le doy una importancia capital, como lo hacían las antiguas tradiciones, hay que empezar por tener la nariz desobstruida en su totalidad. Sin la vía área permeable no es posible beneficiarse de una manera adecuada de la energía que activa la vida mediante la respiración. Así que las técnicas de limpieza de la vía respiratoria superior, como hace la medicina occidental, y el neti o nasalterapia de la tradición oriental, se vuelven indispensables cuando de falta de vitalidad se trata.

AGRESIVIDAD
Conversación con el
Dr. José Daniel Puche Lacharme

La ira es una locura de corta duración.
—Johann Wolfgang von Goethe

Mahatma Gandhi nos demostró que podemos transformar la agresividad y lograr resultados profundos. Muchos seres a través de la historia nos lo han demostrado. ¿Pero cómo implementar ese trabajo del manejo de la agresividad en la vida cotidiana? Lo hemos visto desde diferentes ejercicios, desde el movimiento, desde actitudes mentales específicas, y hoy quiero hablar con un psiquiatra que lo va a abordar desde la programación neurolingüística. Él es docente universitario y su nombre es José Daniel Puche.

Santiago.- ¿Cómo hacemos para manejar esa pulsión tan poderosa que nos lleva a actuar a veces de manera violenta o destructiva, incluso con los seres que más amamos?

José Daniel.- El tema es cómo canalizar la agresividad, porque de entrada la agresividad es algo natural en los seres humanos, pero muchas veces puede funcionar en contra de otros. Primero que todo necesitamos reconocerla y darnos cuenta de qué es lo que está sucediendo en nosotros a nivel físico y a nivel emocional, pero sobre todo, qué podemos hacer con esa energía. Hablemos de la agresividad como una forma de energía que puede ser bien o mal dirigida, bien o mal canalizada. Se trata de cómo canalizar esa energía y cómo canalizarla a través del pensamiento, del sentimiento y sobre todo de la acción, de una acción que vaya dirigida mucho más en una forma de expresión saludable de la emoción y que, a partir de eso, podamos empezar a regular la emoción.

Santiago.- ¿Cómo hacemos para reconocer que estamos bravos? Esto suena extraño, pero hay muchas personas que no se dan cuenta de que se ponen bravas.

José Daniel.- Fíjate que lo primero es qué cambios hay en nuestro cuerpo cuando hay esa situación: tensión muscular, irritación, calor; hay partes de nuestro cuerpo que empezamos a senti como una coraza. Es muy importante precisar y diferenciar la emoción. La persona que tiene rabia respecto a alguien, a una situación, una circunstancia, necesita identificar en su propio cuerpo qué es lo que está pasando y qué cambios está viviendo a nivel de sus músculos, a nivel de su pecho, a nivel de su garganta. Hay personas que pueden tener un nudo en la garganta, quieren decirle algo a alguien, pero no se lo pueden decir. Entonces cada persona necesita identificar, experimentar, pero sobre todo reconocer qué cambios hay en su cuerpo, y a partir de esos cambios saber cómo canalizarlos de una forma saludable y constructiva.

Santiago.- Juanita Ramírez nos pregunta cómo pelear con el ego de las demás personas para no permitir que eso nos abrume con ira.

José Daniel.- Es muy importante esa pregunta, porque es nuestro ego, poco sano y en conexión con el ego no sano del otro, lo que nos va a conectar. Cuando nos sobreinvolucramos emocionalmente es donde nos enredamos, en donde nos enganchamos con el otro. En ese sentido necesitamos aprender a tomar distancia. Uno de los temas más importantes cuando estamos ofuscados, irritados y sentimos que la agresividad se está haciendo parte de nosotros es empezar a tomar distancia a veces incluso física, geográfica y del ambiente para poder manejar y trabajar ese tema.

> Hay personas que pueden tener un nudo en la garganta, quieren decirle algo a alguien, pero no pueden.

Santiago.- Josefina nos pregunta cómo disminuir el llanto, cómo controlarlo cuando se tiene rabia. ¿Cómo evitar ese descontrol?

José Daniel.- El llanto es otra manifestación que cuando se hace de manera saludable y de descarga puede ser muy útil. Cuando una persona llora de manera excesiva, exagerada, está perdiendo el control, entonces necesita recurrir a medios de contención, a medios de apoyo. Puede ser muy útil para esta persona empezar a conectarse consigo misma, a contenerse a sí misma. Muchas veces sirve darse cuenta cómo se está respirando, qué está pasando con el cuerpo y ¡escribir! Al escribir empezamos a utilizar no solamente una parte del cuerpo, sino la corteza frontal, y empezamos a descargar lo que estamos viviendo a través de la escritura. Luego podemos quemar lo escrito; y botarlo a la basura puede ser absolutamente saludable. La persona procesa así la emoción y no se queda maquinando en ella.

Santiago.- ¿Qué significa la programación neurolingüística?

José Daniel.- En forma sencilla se trata de que tenemos programas mentales, emocionales y conductuales que hacemos de una manera completamente automática, programas que a veces están dados por la forma como hemos vivido la experiencia de nuestros padres y cómo esta nos ha marcado. Estamos programados para hacer ciertas cosas, a hacerlas de una manera excelente, a manejar las emociones y a lidiar con todo. Cuando hablamos de programación neurolingüística, hablamos de modelos de excelencia. ¿Cómo hacen las personas que manejan de una forma extraordinaria sus emociones de agresividad y cómo podemos incorporar esos modelos para aprenderlos en nuestra vida y usarlos de una manera que nos brinden bienestar como esas personas?

Santiago.- ¿Y cómo se aprenden esos nuevos programas?

José Daniel.- De otras personas que ya lo han hecho. Necesitamos conocer a otras personas que ya han tenido la experiencia de aprender a manejar la agresividad, por ejemplo, o programas emocionales difíciles que esas personas han canalizado de una forma saludable. Aprendemos a incorporarlo a través de los lenguajes verbal y no verbal y de la manera extraordinaria como lo hacen esas personas.

Santiago.- ¿Cómo desligarse del concepto de que el respeto o la autoridad se obtienen con gritos?

José Daniel.- La verdad es que el respeto y la autoridad se logran más con el ejemplo. Los gritos son una forma de expresión inadecuada de la agresividad. Cuando una persona empieza a gritar, está perdiendo el control de sí misma y, al contrario, el otro tiende a respetarlo mucho menos porque está desregulándose emocionalmente. Cuando una persona se regula emocionalmente, inspira mucho más respeto y su sentido de autoridad tiende a ser mucho más eficaz.

Santiago.- ¿Se puede manejar cualquier tipo de agresividad a través de ejercicios de programación neurolingüística? ¿Hay que hacer algo más?

José Daniel.- Pues se trata de integrarlo completamente a nivel del cuerpo, a nivel de la mente y a nivel de las emociones. La programación neurolingüística ayuda a que se manejen los pensamientos y a podernos expresar de una manera mucho más equilibrada. La programación neurolingüística es, pues, una herramienta muy eficaz para podernos hacer cargo de nosotros mismos, aprendiendo de otras personas que también se hacen muy bien cargo de sí mismas. En ese contexto, debemos utilizar un lenguaje de una forma mucho más sana con nosotros mismos, y cuando se empieza a pasar a través del lenguaje, se construye una realidad realmente valiosa para nosotros y para los demás.

Santiago.- No reafirmar nada de una manera negativa porque le damos más poder en nosotros… Uno con el lenguaje puede transformar acciones, crear una realidad diferente.

Ricardo García nos pregunta: Soy una persona calmada y tengo buenas reacciones ante las crisis, que usualmente son breves. ¿Es normal ese estado de plenitud? ¿En algún momento puedo tener una mala reacción?

José Daniel.- Esa pregunta está orientada a personas que tienen tendencia introvertida e incluso a veces a reprimirse, y la represión puede generar algún detonante que puede salirse de control. En el caso de las personas que tienen tendencia a la introversión, puede ser muy útil hacer ejercicios y dinámicas físicas que le permitan a través del ejercicio físico sacar gran parte de esa agresividad, de esa emotividad reprimida.

Santiago. ¿Qué tan útiles son las expresiones cotidianas como gritar y golpear almohadas cuando uno tiene agresividad?

José Daniel. Muy útiles en personas que tienen una gran tendencia a reprimir, a no actuar. Es fabuloso permitirse gritar, saltar, pegarle a la almohada o coger una toalla húmeda, y apretarla y apretarla. Hay personas que actúan más de la cuenta, que sobreactúan sus emociones. En esas personas gritar o pegarle a las almohadas puede al contrario reafirmar un patrón implícito, entonces no es tan aconsejable. Esas personas deben practicar, por ejemplo, técnicas de respiración, de yoga, de tai chi, prácticas en las que las personas se contengan a sí mismas y puedan regularse mejor.

Santiago.- ¿Cómo diferenciar si una persona es introvertida y se reprime, o si maneja bien la agresividad?

José Daniel.- Clave. Cuando una persona es muy introvertida y reprime su cuerpo, empieza a sentirlo. Hay personas que no expresan, que no hablan, y empiezan a tener muchos problemas físicos, a veces de laringitis, a veces de tiroides, a veces de otras partes de su cuerpo. La persona extrovertida está mucho más orientada hacia afuera, es mucho más sociable, más habladora. A su vez, la persona que se extrovierte más de la cuenta a veces tiene otros males, pero relacionados por ejemplo con el corazón, con la expresión de ciertas circunstancias cardiovasculares.

Santiago.- ¿Cómo evitar o controlar la agresividad frente a los errores?

José Daniel.- Para poder prevenir la agresividad frente a los propios errores se requiere desarrollar muchísima tolerancia con uno mismo, poder comprender que nos podemos equivocar, que no somos perfectos, que cada ser humano tiene errores, que todos estamos en una experiencia de aprendizaje permanente. Cuando nos reconocemos como seres imperfectos y reconocemos

> Hay personas que no expresan, que no hablan, y empiezan a tener muchos problemas físicos, a veces de laringitis a veces de tiroides, a veces de otras partes de su cuerpo.

que los otros también cometen errores, generamos formas de tolerancia.

Santiago.- Clara Villegas nos pide un consejo pues nos manifiesta que es muy agresiva con ella misma y que constantemente está inconforme con muchas de las situaciones que se le presentan. ¿Qué podría hacer ella para esa agresividad consigo misma?

José Daniel.- Cuando una persona ejerce agresividad sobre sí misma, tiene una autoimagen negativa, hay un diálogo interior negativo, y necesita primero que todo empezar a exteriorizar y a centrar la tensión fuera de sí misma, especialmente sobre las situaciones o las personas que han influido fuertemente sobre ella. Una vez exteriorizada, puede empezar a generar una reacción diferente consigo misma a través de su lenguaje, a través de las imágenes que tiene de sí misma, a través de una nueva experiencia con respecto a su propia vida. Este es un proceso que no se logra de la noche a la mañana. La persona debe darse a sí misma un regalo, darse mensajes saludables, escribirse mensajes reconfortantes, invitarse a sí misma a un cine, como si estuviera tratando con un amigo o con una amiga.

Santiago.- Finalmente, Felipe Ortiz nos dice que es muy condescendiente y que cuando la gente se aprovecha de su buena voluntad, siente mucha ira pero no sabe manifestarla.

José Daniel.- Cuando se agrada mucho a los otros, cuando se quiere quedar bien ante los demás por miedo a que lo rechacen, uno debe aprender a expresar lo que se quiere, lo que se siente y lo que se aspira de una forma clara, positiva y concreta con las personas en cuestión.

Santiago.- Por favor, un resumen práctico que usted pueda hacerle a las personas que sienten que no controlan su agresividad...

José Daniel.- En primer y último lugar, que se hagan cargo de ellas mismas

A veces pensamos que es mejor ser firmes y fuertes como el roble siendo inamovibles con los problemas, sin saber que es mejor ser adaptable como el bambú. Ante el viento fuerte el roble se sostiene hasta que se rompe; el bambú se adapta y soporta la embestida del viento y luego de su paso vuelve a estar erguido. ¿Cómo vivimos lo que nos ocurre en la vida? ¿Como robles o como bambús? Eso lo sabremos si revisamos qué ha pasado con todas las dificultades que hemos tenido previamente.

RECUPERACIÓN DE LA VISIÓN

Conversación con el
Dr. Julio Gutiérrez Sanín

El ojo recibe de la belleza pintada
el mismo placer que de la belleza real.
—Leonardo Da Vinci

Hoy vamos a hablar del estrés en una parte del cuerpo que la mayoría de personas pensarían que no lo tiene. Uno dice que se estresan los músculos, que se estresa el tubo digestivo, pero también se pueden estresar los ojos. Esa es una de las teorías que respalda las enfermedades oculares más comunes de refracción, la miopía y el astigmatismo. Ese proceso se puede transformar y hay quien lo desarrolló hace muchos años: el doctor William Bates, oftalmólogo neoyorquino. En Colombia ya hay personas que hace muchos años trabajan para devolver la función natural al ojo con ejercicios que vamos a aprender y que podemos usar todos los días. Entre esas personas están la doctora Lucía Sanín y su hijo Julio Gutiérrez. El doctor Gutiérrez Sanín se dedica a la terapia integral visual, es especialista en métodos alternativos, su formación es de optómetra y trabaja en terapias no farmacológicas.

Santiago.- ¿Es posible esto de que las personas que tiene gafas vuelvan a ver sin ellas?

Julio.- Efectivamente, y se lo digo por experiencia propia, porque yo utilicé gafas por 17 años y luego las dejé, y hasta el sol de hoy sigo defendiéndome sin ellas.

Nuestra cultura cada vez es más visual y es raro que miremos lejos, que miremos paisajes, que miremos nubes, y eso le hace mucha falta a los ojos.

Santiago.- O sea que cuando uno trabaja más frente a un computador y frente a las tabletas, frente a las cosas pequeñitas de los computadores o del celular, ¿va a perder más la visión de lejos?

Julio.- Correcto, totalmente de acuerdo.

Hay una cantidad incalculable de personas a las que se les diagnostica miopía después de los 18, 20 o 22 años de edad. La verdad es que los ojos miopes, que son ojos exageradamente grandes, no deberían presentarse a esas edades. Los ojos crecen con la cabeza hasta los 15 o 16 años de edad, o sea que muchísimas personas generan un espasmo de acomodación por el uso exagerado del computador y demás aparatos.

Santiago.- Dicho de una forma simple, esos aparatos causan un estrés ocular y no nos permiten relajar los músculos de los ojos.

Julio.- Y los usamos sin la debida ergonomía. El parpadeo, por ejemplo, se interfiere con el uso del computador.

Santiago.- ¿Y qué ejercicios oculares podríamos hacer entonces para transformar esos defectos de refracción?

Julio.- El más sencillo que recomiendo es el palmeo de Bates.

Santiago.- ¿Traducido al español?

Julio.- El palmeo consiste en proteger los ojos con la palmas de las manos, más o menos formando un triángulo equilátero con ellas, asegurándose de que uno pueda parpadear libremente, que no entre luz y que pueda respirar libremente. Luego sí cerrar los ojos muy suavemente y pensar en el color negro terciopelo durante tres respiraciones. Eso se puede hacer cada veinte minutos mientras uno esté haciendo trabajo visual y mantiene los ojos libres de estrés.

Santiago.- Resumo: uno vuelve las manos una conchita para que no entre nada de luz, se las pone en los ojos y se juntan los dedos en la mitad de la frente para formar así el triángulo. Uno cierra los ojos para que no entre nada de luz, respira despacio y piensa en el color negro terciopelo hasta que lo vea en la mente. Y eso produce relajación.

Pero si uno ya es mayor, si ya tiene un problema de presbicia, ¿también le serviría?

Julio.- Por supuesto. Yo ya pasé hace rato a la edad de la presbicia y aquí estaba hace unos minutos leyendo de noche con luz más o menos bajita. Es un placer del que no nos debemos perder y estoy convencido de que podemos conservar la visión cercana sin anteojos hasta más allá de los 80 años de edad, porque la capacidad realmente no se pierde.

Hacer ese ejercicio cada veinte minutos tiene una ventaja añadida. Resulta que la atención y el rendimiento intelectual humano declinan a los veinte minutos, entonces sirve para darse ese descanso mental, además de visual. Eso hace que a uno le rinda mucho más el trabajo.

Santiago.-¿Cuál es la diferencia entre miopía, hipermetropía, astigmatismo y presbicia?

Julio.- El ojo miope es un ojo muy largo que entonces enfoca de cerca permanentemente; el ojo hipermétrope es un ojo muy corto, que entonces tiene que hacer esfuerzo para cambiar de forma y ver bien; el ojo astigmático tiene una deformidad de la córnea. En los últimos años se ha visto que hay una relación entre rascarse los ojos, frotárselos, algo que cada vez es más común porque hay muchas alergias en los niños, y el astigmatismo. Debo anotar también que la hipermetropía es parte del desarrollo natural de todo niño; los niños tienen todo pequeño, incluidos los ojos, y nadie debería preocuparse porque un niño tenga una hipermetropía moderada.

Santiago.- O sea que los alérgicos van a terminar siendo astígmatas. Y eso quiere decir que no solo tendríamos que trabajar el problema del astigmatismo sino también el fondo, que tiene que ver con la alergia. Porque va uno deformando los ojos cada vez que se los rasca, que se los frota.

Julio.- La córnea es una membrana transparente que cubre el iris, que es la parte de color de los ojos, que tiene más o menos medio milímetro de espesor, y al frotársela uno se arranca el epitelio y se hace todavía mas delgada, entonces el contenido mismo del ojo la empuja y la deforma.

Santiago.- ¿Entonces también tiene que ver con el queratocono?

Julio.- Correcto. Si hay tendencia a tener una presión intraocular alta, que es lo que genera en muchas personas glaucoma, pero la córnea no es fuerte, es flexible, es débil, entonces se deforma en forma de cono, de ahí la expresión queratocono. Eso lleva a un estigmatismo muy alto.

Santiago.- Nos queda faltando la presbicia.

Julio.- La presbicia significa «vista cansada» y es la perdida de capacidad visual sobre todo en personas mayores.

Santiago.- ¿Mayores de qué? Porque para mi hijo cualquier persona mayor de 15 años es vieja...

Julio.- La teoría dice que se inicia a los 40-45 años, aunque hay diferencias raciales. Por ejemplo, las personas morenas son présbitas más temprano en la vida, pero les dan menos cataratas.

Santiago.- Quiero, doctor Gutiérrez que nos de otras pautas para cualquier persona que se quiera poner en esta práctica.

Julio.- Si queremos relajar bien los músculos intraoculares, estos tienen que estar fuertes, porque quien haya hecho cualquier deporte sabe que un músculo fuerte se puede relajar mucho mejor que un músculo débil. Un ejercicio muy sencillo es el llamado ejercicio isométrico ocular, que es mirar en todas las direcciones por turnos. Si uno quiere mejorar la visión cercana, puede comenzar mirándose un dedo a más o menos una cuarta de distancia, subiendo la cabeza y manteniendo la mirada en el dedo lo más que pueda. Parpadeando y respirando suavemente.

Luego, mirando el dedo todavía, uno gira la cabeza a la derecha de tal modo que la cabeza quede a la derecha arriba, pero mirando el dedo que está derecho al frente; luego baja el mentón para quedar mirando a la derecha, luego lo sigue bajando para quedar a la derecha y abajo, luego lo sigue bajando para quedar abajo vertical, va girando la cabeza en todas las posiciones en el sentido de las manecillas del reloj y luego se devuelve en sentido contrario a las manecillas del reloj, haciendo exactamente lo mismo.

Un ejercicio muy sencillo es el llamado isométrico ocular, que es mirar en todas las direcciones por turnos.

Santiago.- ¿Y esto también serviría para el estrabismo?

Julio.- Correcto, porque trata de lograr la simetría entre las diferentes fuerzas que hacen los músculos del ojo.

Santiago.- ¿Cuándo y cuánto podemos hacer este ejercicio?

Julio.- Es conveniente hacerlo en diversos momentos del día, digamos que al terminar la primera jornada del trabajo, al terminar la segunda, al llegar a la casa, después de un rato de ver televisión.

Santiago.- Nos pregunta la señora Hortencia Holguín: ¿Es la miopía una enfermedad hereditaria?

Julio.- En algunas oportunidades sí, pero también es común ver personas que no tienen historia de miopía en la familia y que resultan miopes. Hay algunas formas de miopía que si tienen un componente genético y otras que no, y es importante diagnosticar en cada caso.

Santiago.- Nos pregunta Carla Santander: ¿Es normal que mi hijo de casi tres meses llore sin lágrimas?

Julio.- Pues es una rareza que ocurra eso, aunque el ojo seco en los adultos es una de las cosas más comunes ahora, tanto por factores nutricionales como por factores ambientales. Si un niño no produce lágrimas, es bueno hacerle un chequeo oftalmológico para verificar que todo esté bien.

Santiago.- ¿Cuál es el resultado para una persona que inicie este tipo de ejercicios, cuántas veces al día los haría y qué observaría con el tiempo en sus enfermedades de refracción?

Julio.- Si cojo la costumbre de relajar los ojos y de ejercitarlos periódicamente, voy a sentir los ojos menos cansados, frescos, me voy a sentir mentalmente más despejado, voy a conservar o incluso mejorar mi agudeza visual y puedo liberarme de la dependencia de las gafas.

Santiago.- ¿Cuál ha sido su experiencia profesional?

Julio.- Mi experiencia profesional con este método ha sido muy grata porque al mirar a mis pacientes de una manera integral, no mecánica, he hecho literalmente centenares de amigos y de amigas, he conocido mejor a las personas, he aprendido muchísimo de las cosas que ellas me cuentan y cada ves me doy más cuenta de que «ningunos ojos van solos al consultorio», siempre van con una persona, y para poder sanar la visión de esa persona hay que tener una aproximación integral, hay que sanar la visión de la vida, entre otras cosas.

Santiago.- ¿La discromatopsia, que es el nombre científico del daltonismo, causa en las personas una visión diferente a la realidad?

Julio.- El llamado daltonismo es una enfermedad muy interesante porque tiene un componente genético y es transmitido por las madres pero las mujeres nunca los sufren. Es una enfermedad del sexo masculino. También puede ser adquirido por ciertos envenenamientos. Las confusiones de colores pueden llegar a ser peligrosas para una persona: si uno conduce automóvil confunde rojo con verde y se le olvida cual luz está arriba y cuál está abajo, pues puede verse envuelto en accidentes, y son un impedimento para, por ejemplo, estudiar y hacer un análisis de fotografía aérea o cosas por el estilo.

Santiago.- Recomiéndenos, por favor, otro ejercicio para las personas que quieran mejorar su visión y poder retirarse las gafas o simplemente para ver mejor.

Julio.- Hay un ejercicio muy bonito, que viene del doctor Ángel Escudero, que es un muy buen nombre para un sanador, y es la noesiterapia. En ella la frase mágica que abre la puerta para la obediencia del cuerpo es: «Tengo la boca llena de saliva, abundante, fluida, agradable». Entrenando a personas con esa frase, el doctor Escudero ha logrado hacer más de mil cirugías sin anestesia. Uno puede decir esta frase y después decir: «Mi visión esta cada día más y más clara» o programar su mejoría visual como uno quiera. Y el cuerpo obedece.

Santiago.- Un último ejercicio…

Julio.- Un ejercicio que sirve mucho para mejorar la visión cercana es leer entre líneas un texto pequeño. Yo lo llamo leer sin leer, y consiste en mirar los espacios en blanco que hay entre renglón y renglón en una lectura pequeña, simplemente paseando los ojos en los espacios blancos sin hacer ningún esfuerzo. Esto se puede hacer por un minuto, dos o tres veces al día, y tiene un efecto maravilloso sobre la visión cercana.

Santiago.- ¿Se puede recuperar completamente la visión?

Julio.- Se puede recuperar, pero qué tanto depende de cada persona y su circunstancia. Pero se logra en muchos casos.

Siempre existirán en el mundo dos tipos de personas: las que les buscan problemas a las soluciones y las que buscan y encuentran soluciones a los problemas. En qué grupo se encuentra uno va a depender de que las dificultades las vea como retos y salga victorioso o las vea como obstáculos imposibles y se convierta en víctima de los acontecimientos. Es fácil: solo hay que escoger bien.

BIENESTAR Y CALIDAD DE VIDA

El gozo de vivir

T ANTO LA MEDICINA como los cambios en los esquemas políticos, económicos y sociales, y en cierta medida la disminución de los conflictos bélicos, han aumentando de manera significativa la expectativa de vida en los últimos 60 años. Es el caso de países como Japón, que bordea casi los 84 años, y del nuestro que ya casi llega a los 75 (74,79 años) en el 2012. Sin embargo, no solo hay que darle años a la vida, sino también vida a los años, lo que se le conoce como calidad de vida. La OMS la define como: «la percepción que un individuo tiene de su lugar en la existencia, en el contexto de la cultura y del sistema de valores en los que vive y en relación con sus objetivos, sus expectativas, sus normas, sus inquietudes. Se trata de un concepto muy amplio que está influido de modo complejo por la salud física del sujeto, su estado psicológico, su nivel de independencia, sus relaciones sociales, así como su relación con los elementos esenciales de su entorno».

Es bienestar, felicidad, nivel alto de satisfacción que le permiten desarrollarse de manera adecuada en su funcionamiento en la vida. Este concepto, al ser subjetivo, depende de la propia valoración que se tenga, y no de reglas o valoraciones externas que lo rijan.

No necesariamente es lo mismo que el nivel de vida, que tiene una directa traducción cuantitativa o incluso monetaria (renta per capita, nivel educativo, condiciones de vivienda, etc.), que son marcadores grupales que muestran un estimativo claro de bienestar social como ocurre en los países desarrollados. Por supuesto que en un estado o región, para las personas y el grupo humano, el nivel de atención en salud, el poder adquisitivo, la seguridad, la paz y en general la satisfacción de las necesidades primarias básicas con un mínimo de recursos son determinantes de la calidad de vida. Sin embargo, estos no son suficientes.

Depende de valoraciones más del mundo interior y en gran medida de la felicidad, que puede estar dada por vivencias más profundas que por simples condiciones externas. Es así que el año pasado la Asamblea General de la ONU proclamó el 20 de marzo como el Día Internacional de la Felicidad, una celebración con la que pretende recordar cada año que la búsqueda de la felicidad es «un objetivo humano fundamental».

Aprobó por consenso una resolución en la que estableció ese nuevo día mundial para celebrar que «la felicidad y del bienestar» son «objetivos y aspiraciones universales en la vida de los seres humanos de todo el mundo», algo que deben reconocer todos los Estados miembros en sus políticas.

En Sana Mente siempre hemos querido que las personas que nos acompañan al otro lado de la radio tengan la posibilidad de mejorar su calidad de vida en todas las dimensiones que tiene el término, o sea la física, la social, la psicológica y la espiritual.

Veamos cómo algunos de nuestros invitados nos mostraron su camino para lograrlo.

RESCATANDO EL VALOR DE LO FEMENINO

Conversación con
María Antonieta Solórzano

La mujer está donde le corresponde.
Millones de años de evolución no se han equivocado,
pues la naturaleza tiene la capacidad de corregir
sus propios defectos.
–Albert Einstein

Quiero tocar un tema que es esencial para la vida. Vamos a hablar del aspecto femenino en la vida. Por fortuna desde ya hace unos siglos la humanidad ha empezado a darle una importancia diferente a lo femenino. Pero solamente hasta ahora hay personas, hombres y mujeres, que le han dado un puesto adecuado, no desde lo político, que es donde se hablan las cosas, sino desde lo cotidiano, desde reconocerse en el otro, desde poder trabajar el uno con el otro.

María Antonieta Solórzano es psicoterapeuta de familia y pareja, y una persona que nos ha comunicado, nos ha enseñado y ha compartido con nosotros algo esencial: el aspecto de lo femenino, su importancia en la vida. Esta no es una charla feminista, es una charla integradora y restauradora de este aspecto esencial.

Santiago.- Yo quisiera que empezáramos por ver dónde y cuándo se genera la pérdida de ese aspecto esencial de la naturaleza femenina, y nos dedicamos solo a ver una parte de la naranja, una parte de la realidad.

María Antonieta.- Antes de explicar en qué momento perdimos nosotros, mujeres y hombres, la conexión con nuestro femenino, es importante decir que en la naturaleza y en el universo hay muchísimas manifestaciones de lo que es femenino y de lo que es masculino. La mujer no es lo único femenino que existe ni el hombre es lo único masculino que existe; entonces, cuando hablemos de femenino vamos a hablar de algo que es mucho más que la mujer y cuando hablemos de masculino, de algo que es mucho más que el hombre.

Todo esto es crucial para que entendamos que la vida requiere una interacción importante entre lo femenino y lo masculino, y que en algún punto convertimos a la mujer solamente en femenina y al hombre solamente en masculino, y que estamos viviendo cosas que a ninguno de nosotros nos gusta.

Hace mucho, mucho tiempo, más o menos setenta y cinco siglos, los seres humanos vivíamos como nómadas. ¿Qué quiere decir que vivíamos como nómadas? Que vivíamos en lo esencial, que no acumulábamos, que no podíamos cargar cosas porque solo podíamos llevar con nosotros lo que nuestros pies y nuestro andar soportaban. Vivíamos en comunidad, lo cual quiere decir algo muy sencillo: si nosotros necesitábamos comer y cazábamos un venado, el venado no era del que le había pegado la mejor pedrada; el venado era para todos.

Santiago.- Era comunitario.

María Antonieta.- Era comunitario y al que había matado el venado no se le ocurría decir: preste yo guardo el venado en mi nevera y se lo vendo mañana. Simplemente era de todos. Vivíamos en un sitio armónico con el resto de las manadas mamíferas que migraban por los territorios donde nosotros migrábamos. Las mujeres eran veloces, pues corrían tan-

> La vida requiere una interacción importante entre lo femenino y lo masculino.

to como los hombres; las que estaban en estado de preñez seguramente corrían menos, pero no se sentían enfermas, con toda
seguridad.

Santiago.- Más cómodo, ¿no?

María Antonieta.- Sí. De repente pensamos que si nos asen-
tábamos podíamos logra unas ciertas comodidades. Vamos a
imaginar que nosotros con buena intención hicimos ese cambio
de nómadas a personas que nos asentamos. Esto cambió un primer concepto muy importante dentro de nuestra mentalidad.
Nunca habíamos necesitado apropiarnos de un territorio ni de-
pendíamos de un territorio para sobrevivir. Cuando esto sucede,
comenzamos a sentir que tenemos que definir el territorio, y al
definirlo le ponemos límites, y al ponerle límites concebimos
que quien no esté autorizado para estar en el territorio es nuestro enemigo, y concebimos entonces en nuestra mente el concepto de enemigo. Esto resulta muy importante en el modo de
convivencia, porque al asegurar el territorio, los hombres —que
efectivamente son diferentes a las mujeres pero no superiores a
ellas, y que tenían algunas habilidades que les permitían ir más
lejos y conseguir caza para comer— y las mujeres —que se quedaron más quietas y descubrieron el principio de la agricultura—
comenzaron a dividir funciones. Las mujeres se centraron en la
agricultura y los hombres en la caza.

Santiago.- En la caza.

María Antonieta.- Sí, en la caza. Las mujeres en la casa y los
hombres a la caza.

La lectura de esta situación no nos invitó a decir, desde
nuestra ignorancia, que no estábamos pudiendo administrar la
abundancia evidente de la naturaleza, sino que resolvimos decir
que los recursos eran escasos. Ya entonces no solamente nos volvimos territoriales sino que además adquirimos la creencia de
que los recursos son escasos, y comenzamos a vivir con una serie
de emociones sumamente complejas que duran hasta hoy.

Pasamos entonces a sentir que acumular y competir se valía;
comenzamos a entender un mundo en el cual lo naturalmente
femenino tenía que ver con las habilidades de reconocer el sur-
gimiento de las semillas, acoger, integrar, tener relaciones cálidas,

287

entender el mundo de una manera desde la síntesis y no desde el análisis, y en el cual comenzó a privilegiarse el mundo del cazador, el que iba y traía la comida, el que podía dominar, el que podía acumular. Y de esta suerte no solamente comenzamos a deshacer las relaciones entre hombre y mujer, sino que comenzamos a crear un mundo donde los hombres dominantes dominan a hombres menos dominantes, y comenzamos a construir una cultura patriarcal.

La cultura patriarcal no solamente niega las características esenciales de lo femenino en hombre y mujer, sino que también niega las características esenciales de lo masculino en hombre y mujer. Lo masculino no es necesariamente ser un atarván, ni un hombre ambicioso que domina a cualquier precio; eso también es una exageración que la cultura de la escasez creó en las definiciones de hombre y mujer.

La mujer no es necesariamente un ser sumiso, poco creativo, sometido. La mujer es altamente creativa desde su feminidad. Lo femenino hace que se puedan establecer conexiones, que haya una capacidad de cultivar, mientras que evidentemente sabemos que los hombres crean momentos sobre los terrenos fértiles. Esta forma cultural ya ha desaparecido, se ha vuelto escaso lo femenino y se ha vuelto escaso lo masculino esencial.

Santiago.- En algún momento la naturaleza nos proveía todo, éramos uno con la naturaleza, vivíamos en equilibrio; luego decidimos asentarnos porque así podríamos tenerlo todo y no tener que estarlo buscando en un movimiento permanente. Pero empezamos a sentir que nos escaseaba todo y pasamos de contar con todo a estar en escasez, y entonces a pelear. Nos pusimos a pelear con los amigos, que ya no fueron tan amigos, por el territorio, y empezamos a llenarnos de miedo a la pérdida, a apegarnos a lo que teníamos; empezamos a generar conflicto y perdimos lo esencial; empezamos a dominar al otro, que es tal vez lo fundamental que se pierde en lo femenino.

Ya sabiendo dónde lo perdimos, quiero que lleguemos al siglo XXI para que validemos el sentido de lo femenino en este tiempo moderno para ver cómo lo rescatamos.

María Antonieta.- El sentido de lo femenino en el mundo moderno y en el siglo XXI tiene unas llamadas que son absolutamente como las de un semáforo en rojo: aler- tas por todos lados. Nosotros no solamente pasamos de intentar poseer los territorios y estar sobre ellos, sino que comenzamos a explotarlos para el beneficio de unos pocos, creamos leyes que legitiman la acumulación, fomentamos injusticias so- ciales absolutamente inmanejables, que nos inundan de una manera dramática en el siglo XXI. Pero también creamos la explotación excesiva de la tierra. La tierra en este momento se contamina, las aguas están conta- minadas, nosotros dejamos de nutrirnos de alimentos naturales para nutrirnos con una gran cantidad de químicos que podemos acumular en los refrigeradores.

> Hay que rescatar para la mujer el hecho de ser un sujeto de derechos.

Entonces tenemos este escenario —un escenario donde es urgente que hombres y mujeres rescaten lo femenino en su men- te— y también un proceso que se despierta, desde hace ya un siglo, que es la necesidad de recuperar en las sociedades un lugar donde la mujer no sea uno más de los territorios poseídos por los hombres y por las sociedades humanas.

Hay que rescatar para la mujer el hecho de ser un sujeto de derechos. Evidentemente, como en los procesos de guerra don- de hay que liberar a los esclavos, es difícil que los amos, que aparentemente están cómodos pero que en verdad están asusta- dos de perder su poder, fácilmente entiendan y digan: ¡Ah sí, qué bueno, sí, los esclavos se pueden liberar!; ¡ah qué bueno sí!, las mujeres tienen derecho a manejar su cuerpo, a decidir cuándo ser madres, a ser cultas, a ser educadas, a administrar recursos. Eso dentro de las formas características de la escasez es una amenaza para quien quiere poseer.

Hace un siglo la mujer comenzó a darse cuenta de que ne- cesitaba ocupar un lugar donde fuera sujeto de derecho, y desde luego estas luchas se han tenido que hacer de unas maneras sufi- cientemente beligerantes. Se han tenido que hacer en el modo de guerra que caracteriza la mente exageradamente masculina, no la mente del masculino maduro.

Santiago.- La mente equivocadamente masculina que se centra en la posesión, la destrucción y el dominio del otro, en lugar de la coexistencia. Uno ve que los árboles crecen y le permiten la luz y el agua al de al lado, no tienen que quitársela para la supervivencia.

María Antonieta.- Exactamente. Entonces, desde hace un siglo para acá las mujeres hemos venido conquistando ese lugar. Y hoy en día las mujeres, habiendo conquistado ese lugar, tenemos voz para decir: Queremos un mundo donde haya paz, una paz construida, por ejemplo, dentro de unos acuerdos donde no haya vencedores ni vencidos y donde no haya sumisión.

Esa paz es la que el principio femenino entiende: el acuerdo entre dos, que hasta ahora podrían definirse como enemigos, para encontrar algo más importante que sus propios intereses particulares en guerras donde probablemente tienen muchas razones y explicaciones.

Santiago.- Pero no tienen paz.

Cuando hablamos de lo femenino nos estamos refiriendo a algo más que la mujer, aunque incluye a la mujer; cuando hablamos de lo masculino, nos estamos refiriendo a un principio universal que incluye cosas mucho más allá del simple proceso de ser masculino, y que lo femenino está en la naturaleza, y que a ella podemos retornar ese principio contenedor, ese principio nutriente, ese principio conciliador y comprensivo que pueden tener las mujeres, por supuesto, por su naturaleza, pero que también es característico del hombre, que sí puede integrarlo en su vida.

¿Cómo encontrar lo masculino en el hombre y la mujer, y lo femenino en el hombre y la mujer?

María Antonieta.- Lo que me parece a mí más significativo es encontrar que una mujer es fundamentalmente capaz de acoger, capaz de abrazar, capaz de crear. Esa es la expresión de lo femenino en ella, pero también la expresión de lo femenino en el hombre.

Para que esa capacidad femenina de acoger tenga fuerza, para que una viuda sea capaz de sacar adelante una familia, requiere que en su interior exista una energía masculina que la lleve más allá, que la lance como una flecha sobre el mundo y sea capaz de ir hasta él. Aunque lo femenino sea de fácil acceso en el exterior de la mujer, lo masculino alimenta su acción.

En el hombre, lo masculino, que es su capacidad de moverse hacia el mundo, de correr, de tener la musculatura y la mente que le permitan encontrar soluciones prácticas a muchísimos problemas, requiere una energía femenina interior para que pueda hacer eso desde la cooperación con los otros seres humanos, desde la capacidad de cuidar el medioambiente, desde la entrega al servicio del mundo y de la sostenibilidad del mundo, desde su propia capacidad inteligente y su propia posibilidad de actuar.

Lo que quiero que nos quede claro es que es absolutamente necesario que cada hombre y cada mujer rescate su femenino y su masculino en el lugar en que a cada uno le corresponde ubicar lo femenino y lo masculino.

El yo sin el tú es como el desierto sin agua, la escasez, la soledad, la carencia; mientras que el yo y el tú es el nosotros, el que integra, el que permite expresar todas las posibilidades. El hombre que expresa solo su masculino o la mujer solo su femenino es el estado que nos mantiene separados de lo que en realidad somos, dado que en nuestro interior existen los dos (masculino y femenino) al tiempo, independientemente de que el cuerpo físico siempre exprese su realidad definida en un solo género.

LA QUÍMICA DEL AMOR

Conversación con el
Dr. Leonardo Palacios Sánchez

Amor, medicina milagrosa.
—Bernie Siegel

El amor, «el amor, divina locura», como diría también Walter Rizo. El amor, la esencia del universo, el amor como sentimiento, como expresión, pero vamos a abordarlo como actividad en nuestro organismo a través de sustancias, hormonas, neurotransmisores.

Leonardo Palacios es neurólogo y decano de la Facultad de Medicina de la Universidad del Rosario, y además sabe muchísimo del tema. Dicta una conferencia sobre la química del amor, puesta en el lenguaje más cotidiano.

Santiago.- Doctor Palacios, cuando menciona en las conferencias que la gente le dice algo así como: «Yo secreto sustancias y me enamoro y me desenamoro», ¿es eso posible? La gente se siente como ofendida de que lo que siente no es puro místico y espiritual, sino que es pura secreción orgánica.

Cuando van por la calle, un hombre y una mujer se reconocen: ¡Uy, me gustó, me pareció bonita! o ¡Le parecí bonito, atractivo! Empecemos desde ahí hasta que ocurre lo triste, que es cuando nos desenamoramos. ¿Qué pasa en nuestro cerebro?

Leonardo.- En el amor se distinguen tres etapas: la primera etapa se llama la atracción, después viene el enamoramiento y luego algo que llamamos el amor verdadero, y a lo largo de las tres puede ocurrir el famoso despecho o la separación . En la etapa de la atracción ocurren cosas superinteresantes. El saber popular dice, por ejemplo, que los hombres nos enamoramos por los ojos y las mujeres por el oído.

Santiago.- ¿Pero qué ocurre con esas famosas secreciones, con esas cosas que suenan como tan científicas y tan poco románticas?

Leonardo.- Ocurre que en esa primera etapa, en la que también interviene el olfato, entre otras cosas, y mucho más en las mujeres que en los hombres, también van a desempeñar un papel importantísimo las hormonas sexuales: la testosterona en los hombres y los estrógenos en la mujeres (y en menor grado la testosterona).

Por lo pronto nos quedamos en la testosterona y en los estrógenos, o sea, puros testículos y puros ovarios. Ahí estamos en la pura base primitiva en que uno dice: «Esa pareja que está al frente mío —una mujer que mira a un hombre o un hombre que mira a una mujer—podría ser perfecta para engendrar hijos con ella y asegurar la reproducción de la especie». Obviamente no lo dice así mentalmente, lo dice así biológicamente.

Santiago.- Pero hay más cositas.

Leonardo: Claro, clarísimo: la atracción hombre-mujer, más ojos del hombre, más oídos de la mujer, y un poquito de olfato, que son las famosas feromonas.

Santiago.- ¿Qué son la feromonas, para entender mejor?

Leonardo: Las feromonas son unas sustancias que secretan diferentes seres en todo el reino animal y que producen unas modificaciones muy importantes en el sexo opuesto y tienen mucho que ver con la atracción.

Algunas personas señalan que, por ejemplo, una discoteca, en la cual el ambiente es cerrado, en la cual sudamos, en la

> En el amor se distinguen tres etapas: la primera etapa se llama la atracción, después viene el enamoramiento y luego algo que llamamos el amor verdadero.

cual nos acercamos unos con otros y bailamos, es como una especie de fábrica de feromonas que, según la etapa de la vida en la que estemos, puede hacer que sea tremendo para una atracción de esas inmediatas, de eso que también se llama «amor a primera vista».

Santiago.- ¿Qué pasa cuando usamos desodorante o cuando las personas tienen un aseo genital muy grande?

Leonardo.- Las feromonas se eliminan en buena parte, pero no en un 100%. Qué curioso que todos hemos visto promocionados perfumes con feromonas. Suena un poquito al revés. Le dicen a uno: «Venga, úntese este perfume y va a ver que atrae a la que es o al que es, porque este perfume viene con feromonas». O una marca famosísima de desodorantes que se la pasa diciendo que uno se aplica eso y le «aparecen» por todas partes, y yo he visto quemaduras en la piel por exceso de desodorante. Mucho cuidado con esos mensajes que llegan por ahí: ni tanto que queme al santo ni tanto que no lo alumbre.

Santiago.- Ahora hablemos de los movimientos corporales. La mujer se coge el cabello, el hombre estira lo hombros, todos esos movimientos característicos de la cópula que hacen los animales y que tenemos también en la especie humana. ¿Cómo es el enamoramiento desde el punto de vista bioquímico?

Leonardo.- Entramos en la etapa del enamoramiento, en la cual van a intervenir unas sustancias que se llaman monoaminas, de las cuales la más importante es la dopamina, un neurotransmisor y también una hormona que se asocia con sistema de recompensa y placer en el cerebro, de manera que cuando la secretamos nos sentimos muy bien. Se han hecho estudios incluso con imágenes de resonancia magnética funcional que permiten ver que cuando una persona enamorada ve la foto del ser amado o escucha su nombre y compara con un sujeto neutral, se le activan determinadas áreas del cerebro. Esto hace también que en algunas oportunidades una persona actúe de una manera extraña: todo le parece perfecto, trasnocha pero no se siente trasnochado, porque trasnocha pensando en el ser amado. Algunas personas experimentan menos la sensación de dolor cuando, estando enamoradas, se les aplican estímulos dolorosos. Se altera la atención;

no hace la tarea que se le pidió o no trae lo necesario. Se altera el sueño, porque se dedica todo al otro. Se pierde el juicio crítico: el otro le parece perfecto. En este proceso se suman otras sustancias, entre ellas una que se llama factor de crecimiento neural, y a su vez se reduce un neurotransmisor que se llama serotonina. Se ha visto que cuando se reduce la serotonina la persona empieza a tener pensamientos y conductas obsesivas hacia el ser amado. La falta de serotonina es una de las causas hipotéticas de los trastornos obsesivo-compulsivos.

Santiago.- Algunos consideran que el enamoramiento es un estado alterado desde el punto de vista mental.

Leonardo.- El amor adelgaza, embellece y embrutece.

Santiago.- Otra frase célebre, pero solo es una frase coloquial porque realmente la persona se adelgaza porque está nutrida de dopamina y no necesita comer; se embellece, porque la dopamina embellece el rostro, como los bebes recién nacidos y despertados en la mañana y en la placidez del amor con su madre; y embrutece, porque nos altera el juicio, nos cambia la percepción de la realidad y nos impide pensar con claridad. Por eso, enamorados, a veces cometemos muchos errores.

En nuestro cuerpo existe el amor para el fin biológico de la procreación, para que la especie sobreviva, y por eso ocurre la atracción, la cual tiene que ver específicamente con las hormonas, o sea con los estrógenos en las mujeres y con la testosterona (o andrógenos) en los hombres. Durante el enamoramiento estamos en un momento de expansión, de perfección, en que todo es maravilloso. La miramos y decimos: Es perfecta. Perdemos la capacidad de discernimiento porque nos parece maravillosa. ¿Qué pasa en este caso?

Leonardo.- Es muy interesante lo que ocurre con el amor pasional. Se ha podido evidenciar que todos estos cambios bioquímicos que nos llevan a esas circunstancias duran entre uno y tres años. Es una etapa de amor pasional, furibundo y tremendo, cuyo principal objetivo es la reproducción. Es evidente que la pareja enamorada va a buscar tener relaciones sexuales y lo que busca biológicamente es la reproducción.

Hay dos posibilidades: o la pareja rompe, sus miembros no logran establecer el vínculo para llegar al amor verdadero y buscan a otros, o logra continuar hacia la etapa del amor verdadero.

Durante el despecho, que es una experiencia absolutamente terrible y a la que tenemos un nombre buenísimo los colombianos, «tusa», se producen también unos cambios dramáticos en el cerebro que tienen que ver con un área llamada el córtex cingulado anterior, la misma que se activa cuando una persona sufre una experiencia dolorosa, no solo afectiva, sino física. Una bailarina que se fractura justo antes de una presentación siente el dolor multiplicado por veinte. Es parecido durante el despecho, porque la dopamina es adictiva y por eso la gente la busca.

Santiago.- ¿Por qué uno dice que ama con el corazón? ¿Dónde juega el corazón en este cuento?

Leonardo.- Tiene que ver con un dilema de siglos atrás y era si la razón y las emociones estaban ubicadas en el corazón o en el cerebro. Hace mucho tiempo, estamos hablando de casi 25 siglos, corazón y cerebro no estaban relacionados y se decía que el corazón era donde estaba todo lo importante, no en el cerebro, que era considerado un refrigerador de la sangre. Veinticinco siglos después lo que sabemos es que todas esas sustancias actúan sobre el corazón. Por eso uno siente que se le acelera el pulso, que siente mariposas en el estómago cuando piensa o ve al ser amado, especialmente en esa etapa del enamoramiento, porque esas sustancias también desempeñan un papel importantísimo en la presión sanguínea. Durísimo es decirlo, pero no amamos con el corazón, amamos con el cerebro, y él impacta todos los demás órganos y de manera especialísima el corazón. Valga la pena anotar que el corazón se puede enfermar ante un despecho. Es el síndrome de Tako-Tsubo. El despecho nos puede enfermar somáticamente. El mal de amor existe, pues cualquiera que haya tenido un despecho sabe que se le rompe el corazón; aunque no sea el físico. La sensación es real y tiene que ver con toda esta neurobiología pero también con la sensación de pérdida del gozo, que es absoluta.

Santiago.- ¿Cuánto dura ese despecho bioquímicamente hablando?

Comer chocolate también aumenta la oxitocina.

Leonardo: El despecho va a depender de muchos factores de recuperación, si la persona tiene buenos mecanismos de defensa. Una persona madura, que pueda salir adelante, se va ayudar solita, aunque es muy común que tenga que buscar ayuda de sus mejores amigos, de su familia y, por qué no, ayuda terapéutica. Es importante trabajar en el duelo. El despecho es un duelo y los duelos deben resolverse antes de seis meses.

Santiago.- ¿Cómo es el enamoramiento bioquímicamente hablando?

Leonardo.- El amor verdadero es una de las etapas más lindas. Después de ese período de uno a tres años, la pareja empieza a consolidarse y digamos que empieza a caer la producción brutal de dopamina, de sustancias que aceleran, y las parejas pasan a algo que algunas persona han denominado «atracción intelectiva». Uno empieza a encontrar en el otro mucho más que una persona que lo atrae física, sensual y sexualmente, y pasa de esa etapa en la que le dice: «Te deseo» a decirle «Te quiero», etapa en la que se empiezan a producir otras sustancias. Voy a mencionar las dos más conocidas: la primera, la oxitocina, denominada «la sustancia química del abrazo», se conoce desde 1953, y desde entonces se sabe que funciona muy bien. La liberamos hombres y mujeres al tocarnos, al abrazarnos, y tiene un aumento máximo en el momento del orgasmo, cuando llega a subir hasta 400% por encima del nivel normal, y hace que nos apeguemos de manera muy importante; la segunda sustancia se llama vasopresina, a la que algunas personas la han llamado «la sustancia química de la monogamia». También aumenta y hace que el vínculo, el apego, se pueda prolongar durante muchos, muchos años.

Santiago.- Bueno, comer chocolate también aumenta la oxitocina.

Leonardo: Hay unos estudios espectaculares de chocolate y besos. Es cierto. El chocolate nos hacen sentir muy bien, ocupa los mismos receptores que tiene la dopamina en nuestro cerebro.

Santiago.- Técnicamente, cuando se habla de personas que son infieles, ¿existe el gen de la infidelidad?

Leonardo: Ahora muchos pueden tener el pretexto de decir: «Me da mucha pena, pero es mi gen de la infidelidad, lo mío es una enfermedad». Yo diría que la carga genética es importantísima, eso lo sabemos todos; hay cosas que traemos genéticamente, hay otras que se adquieren en el medio. Yo guardaría el optimismo de que, a pesar de tener ese gen, si uno está verdaderamente enamorado, atado, en el mejor sentido de la palabra, comprometido, si el otro o la otra lo llena y usted compromete su espíritu, puede superar la genética.

Mientras el enamoramiento es una acción de la biología para poder mantener las especies vivas, el amor de pareja es un decisión de la conciencia de cada ser para construir una vida junto a otra persona, que se sabe imperfecta y se acepta su condición. Es importante incluir en esa travesía la ternura, la amistad y el romanticismo, además de los momentos de pasión, para que persista el gozo al crecer juntos.

SEXO-AFECTIVIDAD

Conversación con el
Dr. Carlos Pol Bravo

*El amor no se manifiesta en el deseo de acostarse con alguien,
sino en el deseo de dormir junto a alguien.*
                                                            –Milán Kundera

Queremos hablar del sexo con amor, de la sexoafectividad. Cómo funciona esta posibilidad de que no solamente
nos dejemos llevar por el instinto de la procreación, que es
una de los más obvios para que las especies se mantengan,
sino que ese instinto se transforme en un sentimiento perdurable y tengamos una vida sexual afectiva, larga, coherente, adecuada, además amorosa y útil para todos.

El doctor Carlos Pol Bravo es catalán, máster en sexología de la Universidad de Valencia, España, y director de
la Central Médica de Sexología en Colombia.

Santiago.- ¿Qué tan importante es la sexoafectividad?

Carlos.- Es importantísima la sexoafectividad, la unión de la
sexualidad con el sentimiento. Diríamos que al igual que la playa recibe el mar en la arena, esos dos seres se mantienen en el
tiempo. Ahí habría que unir algo más, indudablemente esa tri-
logía que tanto menciono yo. La sexualidad son cuatro cosas:
educación, confianza, comunicación y complicidad. Si unimos
esos cuatro puntos en una educación válida para una confianza

necesaria, para una comunicación básica, llegamos a una complicidad elemental que, como los piratas en el mar, se unen para evitar las tormentas. Las parejas se unen para vivir muchos años en ese mar de placer, sentimiento y sexoafectividad.

Santiago.- Y también para soportar las tormentas por supuesto. ¿Cuánto significa un buen sexo en una relación de pareja estable y cuánto significaría un mal sexo desde el punto de vista del contexto de la relación?

Carlos.- El instante en que los seres mantienen esa sexualidad abierta, el tiempo que dure y la cantidad de ocasiones en que tengan coito; para ser exactos y crudos y claros no significan que esa situación dé una gratificación muy grande. Hay ocaciones, todos lo sabemos, en que un orgasmo se presenta sin coito, sea vía felación, vía cunilingus. ¿Dónde está el placer: en el coito o en el orgasmo? ¿Cuál es la finalidad del placer? El orgasmo es la finalidad principal, eso es algo que me encantaría que las parejas entiendan: el orgasmo es el final del placer erótico e incluso de la sexoafectividad por las vías que sean, todas válidas. No hay obligación de coito, no es el machus erectus el que domina a la hembra.

El tema no es la cantidad, es la calidad. No es que una pareja se quiera más porque tenga más coitos. Yo diría, más bien, que tiene más sensibilidad porque tiene más orgasmos.

Santiago.- Bien, entonces vale más el orgasmo que el coito.

Carlos.- Digamos que se trata de romper un mito, de generar una idea.

Santiago.- De hecho, muchas personas lo hacen en su propia privacidad cuando no tienen compañía.

Carlos.- Si hablamos de la masturbación, debemos decir que dentro de los derechos sexuales de la humanidad se habla que la autogratificación es parte del placer inherente a la persona, como cualquier otra parte de la sexualidad.

Santiago.- Además en el cuerpo están los placeres desde bebé, están en la evacuación, están en el mamar, están en el orinar y están sobre todo en el contacto afectivo, que es ese cariño que da la madre, quien nos da además mucho más bienestar.

Y eso es muy importante en la relación sexual, que no sea solamente el vínculo entre el pene y la vagina, sino que sea el contacto total: el roce de la piel, las miradas, las sensaciones, la energía, la vibración, y esos momentos posteriores, que son tan importantes en la mujer y que deberíamos aprovechar los hombres.

El orgasmo es la finalidad principal, eso es algo que me encantaría que las parejas entiendan.

¿Cómo hacemos entonces para favorecer estas cuatro experiencias? Hablemos un poco de la sexualidad completa en la educación, la confianza, la comunicación y la complicidad.

Carlos.- En nuestros países latinos, España incluida, falsedades en la educación. Considero que la cultura sexual es un nivel superior. Entonces, se debería exigir mucho más esa educación sexual. El problema es que no se habla de sexología médica. La sexualidad con la educación es lo que nos permite que haya una confianza.

Santiago.- Claro, en la intimidad, que es además en donde se pueden sacar todas las cartas.

Carlos.- Y sin ningún problema y no hacen falta las trampas.

Santiago.- Los juegos, además.

Carlos.- Son muy importantes.

Santiago.- ¿Cómo hacer el amor con la misma persona toda la vida?

Carlos.- Con la misma sensibilidad con que puedes leer un libro de Becker, con la misma frialdad con que puedes atravesar en un avión el Polo Norte, con la misma dulzura con que atraviesas en barco el Caribe o el Mediterráneo, y con la misma esperanza de llegar a un bello puerto porque la marinera te acompaña y te es fiel.

Santiago.- ¿Qué es el orgasmo? Digámoslo en el sentido técnico y en el sentido poético, porque quiero escuchar también un poco de poesía.

Carlos.- Creo que neurofisiológicamente es el resultante del ciclo de la respuesta sexual. Sabemos todos que es el volcán en erupción, el máximo poder que, además, define lo que es el ciclo de respuesta sexual. Este lo empezamos con la excitación, meseta preosgármica en hombre y mujer, y llegamos al orgasmo después de la fase de refracción o resolución, y culminamos con el período refractario en los hombres. Algunos les sirve de capricho, a otros de miedo, puede durar 20 minutos, 20 horas, o el tiempo que la pareja sepa llevar.

Indudablemente también influye la edad. Pero, ¡ojo! Al decir edad, vamos a romper una lanza a favor de los mayores de 40 o 50 años, y entraríamos en un área muy interesante y bonita, que es la gerontosexología, la tercera edad en la sexualidad, donde hay quien cree ese tabú de que la sexualidad ya no sirve. Es bonito recordarles a esos seres mayores de 50 años que el que bajen en su ritmo sexual no significa que pierdan la sexualidad, que el que lleguen a tener ese nivel de emoción, de erotismo y de erección en los hombres y de lubricación en las vaginas de las mujeres no es ninguna cosa perversa, es inherente al ser humano y que a esa edad ocurra, felices quienes lo tienen.

Santiago.- Pero, ¿cómo expresar el sentimiento del amor cuando hay de por medio personas que no pueden tener orgasmo por alguna razón biológica?

Carlos.- Tenemos casos de neuropatía muy delicados, de tetraplejias o paraplejias que lo impiden.

Santiago.- Sí, me refiero a condiciones médicas extremas.

Carlos.- Correcto. En esos casos hay una gratificación, pues la entrega es muy bella. Entraría en el sentido pleno de lo que es la caricia y el sentirse acompañado, el no sentirse solo o sentirse con alguien que te desee y te comprenda, aun en la situación que vives, y saber que va a estar a tu lado. «¿Qué puedo dar a cambio?», diría una persona afectada. Pues también su compañía y su sensibilidad. Porque la caricia, creo yo, es como tocar una guitarra o tocar un violín: o hace llorar, o emociona o brinda recuerdos. Eso es una caricia.

Santiago.- El sexo con afecto es esa sexualidad en donde la educación, la confianza, la comunicación y la complicidad se vuelven una sola. Hablábamos de ese fin del sexo que sería el orgasmo y no nos quedamos simplemente en la biología de la procreación porque eso sería simplemente para los animales. La sexualidad trasciende eso, el antes y el después.

Carlos.- ¿Qué es el antes? El enamoramiento, las cosquillitas en el estómago, las manos calientes, el no saber qué decir, el llevar la serenata. ¿Qué es el después? El mantenimiento de esa sensación llevándola a la enésima potencia en función de que tu pareja te responda porque tú le respondes a ella. Es decir, el antes significa esa ilusión vivida y el después es el mantener esa ilusión viva y activa, donde el fracaso y la frustración se dan cuando los dos elementos no se conjuntan. Eso es la sexoafectividad, una atracción sexual con los deseos instintivos propios de cualquier ser humano.

Santiago.- Y sobre todo mientras persista la imaginación.

Carlos.- Indudablemente, porque es la base principal y la llave de esa cajita de Pandora que todos llevamos dentro, solo que algunas personas no la han abierto. Hemos podido abrir incluso otras pero otros seres no lo han podido hacer.

Santiago.- Por eso las mujeres logran tener buenas relaciones cuando la imaginación está activa porque están compenetradas, pero cuando se acaba, se acaba la sexualidad.

Carlos.- En gran parte así es.

Santiago.- ¿Cuál es la diferencia entre la pornografía y el erotismo?

Carlos.- Yo me remontaría al asno de oro de Apuleyo, me remontaría a Ovidio, me remontaría a clásicos griegos y latinos, me remontaría al Renacimiento, cuando se hablaba siempre de que el erotismo era parte del juego de la pareja, del juego entre un hombre y una mujer o entre situaciones indolentes, por qué no de dos hombres o dos mujeres. Vamos a entrar en el tema porque todo es válido, siempre y cuando no haya victimismo, chantaje, violación o irrespeto.

Santiago.- O sea, mientras sea de común acuerdo y con respeto.

Carlos.- Evidentemente cada persona es libre con su cuerpo, ya lo dicen los derechos humanos, y de escoger su rol, su género o su identidad.

La pornografía es simplemente el resultado bastardo y espurio de unas imaginaciones, a veces podridas, que sin fines más que económicos intentan tergiversar el romanticismo en la realidad erótica de la sensualidad de la pareja.

Santiago.- Bueno, abajo la pornografía, arriba el erotismo.

Carlos.- Indudablemente.

Santiago.- ¿Y qué hacer con las personas que han sido víctima de un abuso sexual? ¿Cómo ayudar a esas personas que no logran tener un vínculo adecuado con su pareja por este antecedente tóxico agresivo?

Carlos.- Es tal la criminalidad del acto, la aberración del mismo, que solamente la Inquisición española podría hacer que esa persona purgara su culpa.

Pero por encima de todo está el estrés postraumático sin poesía, sino con desnudez clínica, gracias al cual esa persona puede tener unas anorgasmias brutales, coitalgias, vaginismos, pesadillas, somnolencias, es decir, estados psiquiátricos del estrés postraumático y afectaciones sexuales, por las cuales a esa mujer o a ese hombre se le quita la posibilidad de vivir una sexualidad sana, llevadera y duradera.

Yo invito a aquellas personas que hayan sufrido ataques sexuales que por favor los denuncien, porque es la única forma que los sexólogos podemos tener como arma de defensa, y por otro lado que también tengan el valor de buscar apoyo terapéutico de quienes estamos preparados. Hoy en día hay muchísimos médicos trabajando en sexología médica y clínica para ayudar a esas personas y sacarlas delante de un problema tan duro, tan grave, como es esa pesadilla dantesca de una violación o tan siquiera de un acoso.

Cuando un niño o niña ha vivido agresiones y violencias intrafamiliares, se reproduce la agresión intrafamiliar. Estos episodios con los años afectan la sexualidad con eyaculación precoz en el hombre o en la fase del orgasmo en la mujer. La ansiedad de un niño que ha tenido y ha vivido tremendos traumas dentro de la violencia intrafamiliar produ-

Abajo la pornografía, arriba el erotismo.

ce un pensamiento «gancho», que con el tiempo puede salir y aflorar en el estudio sexual de una persona.

Santiago.- Excelente esa reflexión para que todos los que hayan tenido una dificultad la denuncien y busquen apoyo. Doctor: una última reflexión para tener sexo con amor.

Carlos.- Que consientan a su pareja, que mantengan el rumbo en aquello que significa un compartir y no un imponer, que disfruten de la piel como se disfruta de un helado, que disfruten de la noche como se disfruta del momento del romanticismo, de la intimidad, y que en la intimidad, sea de noche o sea de día, sean dos seres que con esplendor puedan enmendar el volcán de la erupción de un orgasmo con pasión y con recuerdo positivo.

El amor es la fuerza coherente de la naturaleza que renueva todas las cosas. Es una medicina para cuerpo y alma. Para lograrlo, atrae, complementa y une a quienes se aman. Este acercamiento y unión con el otro ha de ser respetuoso, comprensivo, honesto y transformador para el crecimiento de los dos. Esta unión entonces incluye pasión, amistad y ternura, para que cumpla el fin sanador del que la misma naturaleza lo ha dotado.

FELICIDAD
Conversación con
Bernabé Tierno Jiménez

*Felicidad es la capacidad de disfrutar el presente
en cualquier circunstancia.*
—Bernabé Tierno

Bernabé Tierno es licenciado en filosofía, en ciencias de la educación y en psicología, y especialista en psicopedagogía. Autor de muchísimos libros: *Optimismo vital, Educación inteligente*... pero el que nos interesa es *Los pilares de la felicidad.*

Bernabé Tierno Jiménez.- Llevo ya a la espalda cincuenta y un libros, pues yo tengo los pilares actualizados, aparte de que los tenga en un libro. Fíjate que lo logré después de mucho trascurrir y hablar de la felicidad, y de leer una gran cantidad de autores que hablan sobre ella. Yo soy seguidor de Terencio, que es del primer siglo de nuestra era, hace pues 1100 años, quien decía: «Todas mis esperanzas están en mí». Tengo anotada esa frase desde que era adolescente, me ha dado muchísima felicidad y me ha ayudado muchísimo. Yo no estoy esperando a que alguien o algo me haga feliz. Ojo con esto y tomen nota. Sean cuales sean las circunstancias, si estoy vivo celebro la vida a cada momento, y soy feliz ahora mismo, en este momento.

Santiago.- ¿Cómo son esos pilares, además de que seamos directores de nuestra vida y de decidir ser felices? ¿Cuáles son esos pilares?

Bernabé.- Los pilares yo los renuevo. El primero es un buen soporte psicofísico, intelectual y espiritual... Prácticamente todos los días hago una hora de ejercicio. Mido 1,74 y peso 73 kg, y me encanta ser pura fibra, no demasiado musculoso y muy ágil, y lógicamente cuando cuido mi cuerpo procuro alimentarme de una manera adecuada y que por mi mente pasen ideas positivas. Luego está la dimensión espiritual, esa que tiene que ver con hacer el bien por los demás y mantener los valores humanos. Este es el primer pilar fundamental.

Santiago.- Mente sana en cuerpo sano. Tenemos principios dentro; un conductor que lleva un vehículo que es adecuado para llegar a la meta.

Bernabé.- El segundo pilar sería la fortaleza de espíritu unida a la valentía, el valor y la voluntad. De los cobardes se ha dicho poco. Hay que ser valiente, hay que ser ligeramente arriesgado, porque en la vida, como dice el refrán, quien no se atreve no pasa la mar. Cualquier persona que quiera hacer algo importante o medianamente importante en la vida tiene que ser valiente. Hay que arriesgar y hay que ser fuertes en ese sentido.

Santiago.- Los antiguos magos, los que hicieron la magia en el sentido más espiritual, dicen que el principio fundamental es ser osado, capaz de llegar un poco más lejos.

Bernabé.- Hay investigaciones de última hora que hablan de cara al éxito, que tiene que ver con la felicidad. Yo tengo un decálogo del éxito, y trata de cómo lograrlo en cada una de las cosas que uno se propone.

El tercer pilar importante es que cuanto más importante es una cuestión, más difícil es... Si tienes una discusión familiar con tu marido, con tu mujer, con tus hijos, y tomas cualquier decisión, hazlo por favor en un estado de estabilidad emocional. Ese es el pilar: el autocontrol. Calma y sosiego y paz interior, repito, estabilidad emocional. Ten paz, ten control de ti mismo, mantente al mando de tu propia vida. No hagas nada importante si no tienes eso como base.

Santiago.- Como dicen las señoras: «uno tiene que ir a hacer el mercado habiendo comido, porque si no, compra cosas que no necesita». Las decisiones deben tomarse con calma, con el corazón llenito, porque si no, va a cometer errores.

Bernabé.- El cuarto pilar sería tener un porqué para vivir, una vida con sentido, una vida que te motive, que te autorrealice. Lo que motiva mi vida es que con mis libros, con mi trabajo, con mis conferencias y con mis cursos puedo conseguir que alguien sea un poco más feliz. Cuando todos los días a las siete de la mañana me siento a escribir y estoy centrado en mi mente, en saber qué puedo hacer por los demás, me motivo, y ese es mi porqué para vivir. Procurar dejar una estela de felicidad donde vaya. A veces a alguien se le ocurre decirme, como sucede tantas veces en la universidad, casi llorando: «Usted ha estado conmigo hace 10 años sin saberlo, y es la causa de que tenga dos empresas. Mis padres no me reconocieron nada, me dijeron que no valía para nada, y hoy tengo dos empresas. Sus libros *Optimismo vital* y *Aprenda a vivir* son la clave y son como mis amuletos». Cuando alguien te dice eso, ese es el porqué de tu existencia, y quien no tiene un porqué fuerte para vivir, realmente carece de fortaleza auténtica.

El quinto pilar es la autoestima, pero más que nada, diría, una actitud positiva pero consciente, de tal manera que todo esté en la atención y la intención de lo que hacemos en ese vivir el presente y en esa alegría de vivir. ¿Cómo se resume esto? Te levantas por la mañana y vas a la ducha y disfrutas de ella los 5, 6 o 10 minutos, a tope. Sé consciente solamente de eso. Haz aquello que haces y ten una actitud positiva, no pienses como te ven en la vida, como va a estar tu vida, solo entérate de eso. Y cuando llegas al desayuno, haz lo mismo. Es decir, ten siempre esa actitud positiva con atención, intención y conciencia, viviendo ese presente, porque es eso lo que tienes ahora mismo, y es la manera más inteligente de vivir. Por eso lo he puesto en el punto medio, en la mitad.

El sexto pilar es La sociabilidad. Somos animales sociales, y con ello viene la sinergia, el compromiso, la capacidad de llegar a acuerdos, de salir del yo hacia el tú de manera positiva, afectuosa y acogedora, para conseguir ese no-

> Haz aquello que haces y ten una actitud positiva, no pienses cómo te ven en la vida, cómo va a estar tu vida, solo entérate de eso.

sotros universal en que todos nos humanizaremos mucho más. Por tanto esa capacidad de desarrollar la inteligencia social del ser humano, de saber hacer amigos, de saber relacionarse, de saber comunicarse, de saber llegar a acuerdos y pactos, hacer sinergia y unir fuerzas, de ser todos para todos, qué importante es para cualquier pueblo. Aplicar el principio universal todos para todos y no todos para unos pocos, y el principio de también de yo gano, tú ganas.

Santiago.- Es lo que estamos haciendo en este momento: dándonos la mano para crecer.

Bernabé.- Si quieres voy a insistir en uno de los pilares. Tengo mis preferidos y cuando doy un curso hacemos apuestas y la gente quiere adivinar cuál es mi preferido. El siete me gusta porque trata de cómo está la vía a la capacidad de supervivencia. Es un pilar de adaptación y de renovación. Démonos cuenta de que nuestros antepasados, por más mal que la pasaran, nos han dado una de las mejores herencias, y para decirlo de una manera algo científica, eso ha quedado escrito en el disco duro de nuestra mente. Por más mal que estén las cosas, debemos adaptarnos, renovarnos y después ser resilientes, capaces de renacer de nuestras propias cenizas. Eso se llama supervivencia. Por eso mi canción de guerra es la del Dúo Dinámico: «Resistiré para seguir viviendo y soy como el junco que se dobla pero siempre sigue en pie». Manolo [de la Calva Diego, uno de los miembros del dúo] ha pasado por un cáncer y me decía una vez que estuvimos en televisión, donde tengo otro programa: «Yo lo canto con fuerza, como si me tomara una medicina, y me está ayudando».

Santiago.- Vamos al octavo pilar.

Bernabé.- Bernabé viene del hebreo y significa «Hijo de la consolación y de la profecía», el que se dedica a consolar. ¡Y de apellido Tierno! Imagínate. Estoy muy orgulloso de mi nombre. El octavo pilar, también muy importante, tiene que ver todo con lo que llamamos inteligencia emocional, inteligencia para la vida. Yo le tengo otro nombre en un libro que se llama *Sabiduría esencial*. Dediqué todo un libro a este pilar de la felicidad. Uno puede tener esa sabiduría esencial para vivir, aunque no la tenga toda, aunque solo sea el punto básico o el punto cero. Nuestros actos tienen consecuencias. Lo que hacemos nos hace. Es decir, nada más y nada menos que saber que tenemos que ser prudentes porque somos nosotros los que buscamos y fabricamos nuestro infierno o nuestro purgatorio. ¡Qué responsabilidad la nuestra! Si aplicamos los demás pilares de los que hemos venido tratando junto con aquel que tiene que ver con ser inteligentes para la vida y que tiene como puntos fundamentales ser conscientes de los otros sentimientos y también por empatía con los sentimientos de los demás, estaremos en el lugar preciso. Saber ponernos al día, saber regular nuestras propias emociones, saber ser empáticos y luego ser capaces de relacionarnos con los demás, de tal manera que sin que ellos se den cuenta, nos hagamos mejores personas con esas actitudes. Al ser mejor para el otro con nuestra propia actitud, me convierto en sabio, en alguien que con mi pensamiento y mi actitud, y mi sentimiento positivo, está creando un nuevo ser humano en cualquier persona con sus propias palabras. Es un tema muy importante la sabiduría esencial.

El noveno pilar es la jovialidad, la simpatía, el buen carácter y el sentido del humor. Buen humor. Una sonrisa, por favor. Cuando alguien sonríe, sale el sol, aunque estemos en plena noche. Qué importante es el buen carácter, la jovialidad, la simpatía, tener una palabra agradable de alabanza. ¡Cómo hace de falta que alguien que está un poco deprimido suelte una carcajada con un chiste de esos buenos que te hacen tirar al suelo! El pilar 9 se lo dedico a todos mis amigos que leen la página Club Optimista Vital y a todos los optimistas vitales que sabemos que la mejor medicina y lo mejor que podemos hacer por los demás es hacerles reír, hacerles sentir felices. Que recuerden que somos personas que cuando hablan con nosotros, los recibimos con una sonrisa y se van con una sonrisa.

Les pido a los oyentes que vayan pensando con cuál pilar se quedan. Esto es como la ruleta de la suerte: ¿con cuál te quedarías?

El décimo pilar es el amor, la empatía, la bondad activa, la solidaridad. Amor... Amor a ti mismo, amor por los demás, amor a la vida. Si tú no te quieres, ¿a quién vas a querer? Si tú te desprecias, si tú no te valoras y no sabes perdonarte, debes trabajar en el amor a ti mismo. Como dice el precepto: ama al prójimo como a ti mismo. No hay virtudes, ni valores, ni pilar posible de felicidad sin este principio. Vicente Ferrer decía: «Mi única religión es el amor». Qué precioso. Lo conocí hace unos diecisiete años en Bilbao. Qué pequeño se siente uno ante personas tan agradables y tan sencillas. Me decía: «Me molestan aquellas personas que pretenden a alguien que tiene necesidades de todo tipo, tiene hambre o no tiene casa, y lo primero que hacen es meter la religión». Les digo: por favor, primero dale de comer, abrázalo, proporciónale una casa, y ahí sí ve con la dimensión religiosa, pero primero tápale si le da frío y dale de comer. Por eso el amor, la empatía, la bondad activa como la de tantos misioneros que incluso no creyentes hacen el bien, porque eso proporciona la solidaridad. Tú me interesas, tú me importas y como decía la madre Teresa de Calcuta: La más triste de todas las pobrezas no es no tener para comer, es no saber de alguien que te quiera, que le importa tu vida. Por eso el pilar diez lo estoy desarrollando con esta fuerza, con cariño, porque me doy cuenta que si no es de esa forma no es prácticamente nada.

Quiero contar una anécdota. Este año he estado en la Universidad de Granada. Conocí a una profesora que está trabajando con niños de familias muy desestructuradas y que venía a aprender más, a reforzar conductas. Una familia tenía muchísimos problemas con uno de sus hijos de siete años. Esta profesora se acordó de un curso que tomó conmigo, en el que yo dije: «Cuando ya os haya fallado prácticamente todo, tened en cuenta esto que os va a gustar, queridos amigos. ¿Sabéis cuáles son los últimos resortes, los definitivos? Son el amor y la confianza en esa persona que no quiere darte nada, que no quiere mejorar». La profesora le dijo al niño díscolo, mirándolo a los ojos: «Primero que todo, quiero que esto sea un secreto entre tú y yo. Quiero decirte que te quiero muchísimo y que tengo un secreto que tú no sabes, que dentro de ti hay un niño muy bueno, muy bueno, que está saliendo, que está aflorando, y lo noto en tus ojos. El otro día me di cuenta de que un compañero se cayó al suelo y tú inmediatamente lo levantaste del suelo, y eso usualmente lo hace un niño que es bueno. Creo que tú, aunque muchos digan y crean que te portas mal, vas a ver cómo cada día aparece más en ti ese niño bueno que hay dentro». Pues este niño a los dos meses era otra persona: el amor había hecho su milagro.

Santiago.- El amor lo cambia todo. A mí me gustaron el siete, el nueve y el diez, porque sin jovialidad y sin humor no tendría sentido la vida.

> Qué pequeño se siente uno ante personas tan agradables y tan sencillas.

Bernabé.- Yo soy un optimista vital y no permito tristeza en la gente. Ahora que trabajo como psicólogo clínico sé que la mejor dopamina, el mejor antidepresivo, es el ejercicio físico. A todos nos gusta tener bien nuestro cuerpo y yo digo: Cuida lo mejor que tienes, la mejor mansión, tu propio cuerpo. Yo me he programado para vivir siquiera hasta los 120 años.

Una persona exitosa no siempre es feliz, pero una feliz siempre alcanzará el éxito, y tendrá mejor salud, y por supuesto vivirá mejor todo lo que le pase en su vida. No hay que buscarla al final del camino: la felicidad se puede convertir en el propio camino. Así que es hora de pensar en todas las cosas buenas que usted tiene en su vida, agradecerlas y tomarlas como estímulo, y con gusto avanzar en cada paso que sigue.

ALCOHOL
Conversación con el
Dr. Luis Fernando Giraldo Ferrer

Con la primera copa el hombre bebe vino,
con la segunda el vino bebe vino y
con la tercera el vino bebe al hombre.
—Proverbio japonés

Se conocen los efectos negativos del alcohol cuando las personas conducen y se sabe incluso que muchas mujeres embarazadas en Estados Unidos lo consumen aunque existan posibilidades de afectar el feto. Cada día vemos los problemas que genera el consumo del alcohol, pero este tiene sus aspectos negativos y sus aspectos positivos. Depende del consumo, como una medicación. Para hablarnos de eso tenemos hoy a un médico de la Universidad de Antioquia, psiquiatra de la Pontificia Bolivariana especialista en adicciones hace más de trece años y docente: el doctor Luis Fernando Giraldo.

Santiago.- Cuéntenos, doctor, lo bueno y lo malo del alcohol.

Luis Fernando.- El alcohol desempeña un papel muy importante, digamos, en esta sociedad, como facilitador de la interacción social en algunos momentos, y ese podría ser uno de sus mayores beneficios. Según algunas publicaciones, como, por ejemplo, la *Guía Dietaria Americana*, entre los aspectos positivos del alcohol se destaca que tomado en cantidades moderadas puede disminuir los riesgos de infarto, muerte súbita y accidente

En Colombia tenemos el problema de que la gente no mide lo que toma.

cerebrovascular isquémico. Hay que aclarar que la moderación en la bebida, entre uno y nueve tragos a la semana (aproximadamente dos tragos diarios para los hombres y un trago diario para las mujeres), nos cuesta mucho en la cultura colombiana, y que no se trata de tomárselos todos una vez, porque entonces en ese caso se trataría de abuso.

Santiago.- ¿Qué es un trago?

Luis Fernando.- En Colombia tenemos el problema de que la gente no mide lo que toma. Casi siempre se toma en grupos y la gente no sabe realmente cuántos tragos consume. A nivel internacional, el trago estándar está alrededor de los diez gramos de alcohol, contenidos normalmente en una cerveza de 370 mililitros, dos copas de vino (130 ml) o un vaso de destilado, como el whisky o el aguardiente (40 ml).

Santiago.- Pero no pueden tomarlo todas las personas, incluso sin hablar de mayor consumo. ¿Quiénes no deberían consumir ni siquiera esta cantidad de alcohol?

Luis Fernando.- Hay unas directrices muy claras acerca de las personas que deben evitar tomar el alcohol: las que están en embarazo o tienen la posibilidad de estarlo.

Santiago.- ¿Cuáles son las contraindicaciones del alcohol en el embarazo?

Luis Fernando.- El alcohol en el embarazo está contraindicado, o sea que se recomienda no tomar nada de alcohol durante el embarazo. Existe el riego del síndrome alcohólico fetal, que es un síndrome que se presenta más cuando los consumos de alcohol son altos. Pueden presentarse malformaciones faciales y alteraciones en el desarrollo intelectual del niño. También está contraindicado si se toman medicaciones depresoras, medicaciones psiquiátricas. Igualmente el consumo de licor está contraindicado si se ha tenido un accidente cerebrovascular hemorrágico, o sea un derrame cerebral. Si hay una enfermedad del hígado o del páncreas, hepatitis crónica o cirrosis, o si se ha tenido pancreatitis aguda o crónica, estaría contraindicado el consumo de licor, al igual que si se tiene una enfermedad cardiaca, si hay una miocardiopatía dilatada o sea si el corazón está débil por falla cardiaca. Finalmente, si se va a conducir se recomienda que no se tome.

Santiago.- Eso salvaría muchas vidas, no sé cuántas. Infortunadamente todas las semanas escuchamos el reporte de la policía que coge a gran cantidad de personas en estado de embriaguez, a veces incluso personas que trabajan al lado de la ley pero que se olvidan de su responsabilidad. No tomar cuando se conduce evitaría muchos accidentes.

Yo creo que falta la edad.

Luis Fernando.- Claro. Si es menor de edad, no se recomienda la bebida. Asimismo, se debe evitar si hay historia de alcoholismo o de abuso del alcohol. También tendría que andar con cuidado con el alcohol quien tiene un familiar con alcoholismo. No es una contraindicación absoluta, pero sí una advertencia.

Santiago.- Una precaución.

Luis Fernando.- La otra situación en la cual se debe evitar el licor es si se tienen condiciones precancerosas en el tracto digestivo, como por ejemplo una distrofia o una atrofia gástrica, o si ha habido biopsia de laringe o similar. Otra contraindicación relativa es para las mujeres que han tenido familiares con cáncer de seno, porque el alcohol, aun en pequeñas cantidades, puede favorecer la aparición de cáncer de mama.

Santiago.- ¿Qué significa el abuso de alcohol y qué genera en el organismo?

Luis Fernando.- El abuso significa que la persona está tomando en proporciones que pueden causar dificultades o tener consecuencias físicas o en su ambiente social. El abuso está definido, según la clasificación de la Asociación Psiquiátrica Americana por cuatro puntos: el primero de ellos es que, a consecuencia del consumo, hay incumplimiento de las obligaciones, como la asistencia al trabajo; otro criterio es que la persona corra riesgos por el consumo, como conducir automóvil en estado de embriaguez, o manejar maquinaria que requiere mucho cuidado.

Santiago.- O un un médico que va a hacer una cirugía… O un piloto que va a volar…

Luis Fernando.- Otros dos criterios es que la persona tenga problemas legales o genere escándalos por consecuencia del consumo, o que incurra en fricciones familiares o de pareja.

Una persona puede usar la sustancia, abusar de ella o depender. Es una especie de escala. El alcohol es una sustancia que podría producir dependencia en las personas que tengan cierta predisposición. Cuando hablamos de dependencia estamos hablando de alcoholismo.

Existe un *test* de cuatro preguntas, el *test* de Keirsey, que ayuda a la gente a saber si podría tener un problema de alcoholismo. Se trata de estas preguntas: la primera, si la persona ha tomado para calmar el «guayabo», (la resaca, que es el término más adecuado); la segunda, si la persona se ha sentido culpable por su forma de tomar; la tercera, si la persona se ha sentido molesta porque le critican su forma de tomar; y la cuarta, si la persona ha intentado disminuir o controlar la bebida. Si la persona responde tres o cuatro de estas preguntas de manera afirmativa, puede decirse con mucha certeza que puede tener un problema de alcoholismo. Ha llegado al tercer escalón, el de la dependencia.

Santiago.- La pregunta sería: ¿Cuál es la medida internacional que se acepta para afirmar que uno esté abusando de alcohol? ¿Cuánto sería ya el abuso de alcohol en una fiesta, por ejemplo?

Luis Fernando.- Según los criterios canadienses, se considera un consumo dañino cuando un hombre se toma más de cuatro tragos en una fiesta, o cuando una mujer se toma más de tres. El consumo de largo plazo es mucho más dañino. Las personas que beben diariamente cinco o seis tragos tienen riesgo de daño a largo plazo, el cual incluye el aumento de riesgo de cirrosis, de daño cerebral y de demencia inicial, y la posibilidad de tener cánceres de mama, boca, laringe, faringe, esófago e hígado, así como la de sufrir pancreatitis, muerte súbita, accidente cerebro vascular hemorrágico y/o hipertensión arterial. El riesgo de suicidio y de accidentes se aumenta también con el consumo excesivo.

Santiago.- Todo esto es en el cuerpo. Pero quiero que me hable sobre el daño mental, social y relacional que el alcohol puede generar.

Luis Fernando.- Las consecuencias del alcoholismo a nivel familiar son desastrosas. La forma en la cual las relaciones inter-personales se pueden ver afectadas es uno de los problemas más graves del alcoholismo. El alcohol, como depresor del sistema nervioso central, actúa sobre las células gama. Inicialmente se produce una desinhibición: la persona se encuentra desinhibida, entonces puede contar chistes, salir a bailar o tornarse muy amistosa, muy amigable, o por el contrario muy celosa o irritable. Todas estas son manifestaciones de desinhibición que inicialmente pueden parecer euforia. El alcohol como depresor lo primero que apaga es el freno. Luego el alcohol sigue deprimiendo, y deprime áreas del cerebelo. La persona tiene entonces marcha tambaleante, descoordinación, problema para medir las distancias, dificultades para conducir. El alcohol deprime también las células del hipocampo, que tienen que ver con la memoria. Si el nivel de alcohol es suficiente, entonces sencillamente se apaga la memoria y al día siguiente es imposible recordar lo que pasó, lo que conocemos como una laguna de memoria, un indicador fuerte de riesgo de sufrir accidentes o violar normas. El alcohol sigue después apagando los diferentes circuitos del sistema nervioso central y la persona se queda dormida. Puede incluso llegar hasta el coma o la muerte, de acuerdo con el nivel de alcoholemia que tenga en el cuerpo. El consumo continuado de alcohol puede producir muerte neuronal y llevar a cuadros de demencia o a déficit cognitivo, o sea, dificultad para pensar, sentir, abstraerse, usar el lenguaje, hacer las cosas que habitualmente se hacen.

«Lo bueno, si breve, dos veces bueno», frase atribuida a diferentes autores, que ha de ser tenida en cuenta cuando vamos a estimular nuestros sentidos. Si pasamos esa fina línea al consumir alcohol con moderación a la de perder el control y sobrepasarse, dejaremos de sentir placer para sufrir malestares serios. A todo tipo de adicciones se llega por un camino gozoso y sencillo. El primer consumo genera gran placer, producto de la secreción de sustancias como la dopamina en el cerebro. Sin embargo, consumos sucesivos no lo logran en la misma intensidad, lo que lleva a aumentar su consumo, hecho que genera lo contrario, más incomodidad, sensación de vacío y malestar. Por eso hay que aprender a parar, y a disfrutar con lo poco y no sufrir con lo mucho.

HÁBITOS
SALUDABLES

Conversación con el
Dr. Mauricio Eraso Monzón

El verdadero disfrute viene de la actividad de la mente
y el ejercicio del cuerpo. Los dos están siempre unidos.
Wilhelm von Humboldt

Tenemos esta noche al doctor Mauricio Eraso, médico institucional de la Fundación Santa Fe de Bogotá, quien trabaja en el programa Vida Activa, un programa para generar hábitos saludables. Y vamos a hablar precisamente de eso: hábitos saludables, hábitos para tener bienestar, calidad de vida, para contar con mejor salud, para hacer lo que la OMS llama promoción en salud.

Santiago.- Empecemos por definir qué serían hábitos saludables y luego los vamos desglosando, los que tienen que ver con la mente, los que tienen que ver con ejercicio, con la dieta, en fin...

Mauricio.- Los hábitos saludables son en realidad cosas muy sencillas que han existido siempre y pertenecen a todos los sistemas de salud antiguos, pero que últimamente la medicina tecnológica convencional o alopática ha venido recuperando como una estrategia para prevenir las enfermedades, para tratarlas y para promocionar la salud.

Santiago.- Dividámoslos como hábitos del cuerpo, de la mente, de actividades.

Mauricio.- Lo que nosotros hacemos en Vida Activa en la Fundación Santa Fe es trabajar en dos capítulos grandes que tienen que ver con la actividad física y el ejercicio, y con los hábitos de nutrición saludable o de alimentación sana. Le diría que empezáramos por eso y termináramos con el estrés.

Santiago.- Bien empecemos entonces con la actividad física y el ejercicio.

Mauricio.- Actividad física y ejercicio son temas inherentes al ser humano. Supuestamente hemos evolucionado durante millones de años y digamos que hoy en día tendríamos que estarnos moviéndonos de la misma manera como se movía el cazador recolector, o sea que deberíamos caminar unos buenos tramos durante todos los días y hacer cosas similares a las que seguramente hacía el cazador recolector como ejercitar nuestra fuerza y probablemente nuestra elasticidad. Hoy en día la actividad física para la salud se compone de esos tres elementos: actividad física aeróbica cardiovascular, entrenamiento o desarrollo de la fuerza y estiramiento o flexibilidad.

Santiago.- Hablemos de las tres, una por una. Hablemos de la actividad cardiovascular.

Mauricio.- La actividad cardiovascular es tal vez la que más tradición tiene en la salud actual. Casi siempre que decimos que el ejercicio es bueno para la salud, estamos diciendo que la actividad física cardiovascular o aeróbica es importante para la salud. Podríamos decir que se trata de caminar todos los días una hora, aunque en nuestra época es difícil sacar el tiempo para eso. Aunque hay otras maneras de hacer entrenamiento cardiovascular o ejercicio aeróbico, que es hacer ejercicio de fondo, como trotar o correr a una velocidad y con una intensidad que nos permita conversar; nadar a condición de tener buena técnica también es bueno para el sistema cardiovascular o de transporte de oxígeno, que es lo mismo; y pedalear, pero pedalear ruta o sea montar en bicicleta en plano, son como las más básicas.

Santiago.- Bien, entonces en teoría podríamos caminar, trotar o hacer un ejercicio en el que todavía conservemos el resuello, como se dice popularmente, y podamos comunicarnos con el vecino. Una hora todos los días. Nadando por supuesto no podemos hablar, pero sí debemos tener una técnica que no nos permita caer al fondo y ahogarnos.

Mauricio.- Correcto. La norma internacional actualmente está en ciento cincuenta minutos por semana de ejercicio de moderada o baja intensidad, como caminar, y eso supone que sea media hora cinco veces a la semana, pero yo prefiero decirles a los pacientes y a las personas sanas también que traten de hacerlo durante una hora. Sacar una hora para hacer actividad física es complicado, pero se sabe que si uno hace pequeños bloques de mínimo diez minutos puede ir sumando a lo largo del día, porque sabemos que el problema es de tiempo, sobre todo, aunque también problemas de motivación y problemas de disponibilidad del medioambiente. Por ejemplo, una ciudad como Bogotá no es muy amigable para caminar, podríamos caminar y hacer nuestras vueltas a pie o desplazarnos a pie un poco hacia el trabajo, en la medida en que haya mayor disponibilidad de ciclorrutas, por ejemplo, pues los ciudadanos podríamos tener mayor facilidad para cumplir con ese quántum de actividad física que necesitamos. El problema no es solamente médico y de salud sino que es un problema que trasciende a la política, a las decisiones de los líderes al urbanismo, al medioambiente.

Santiago.- Bueno, sigamos con la fuerza.

Mauricio.- Es importante desarrollar la fuerza por muchas razones. Hay entidades donde no estaba tan aconsejada la fuerza, pero hoy en día sabemos que tener fuerza en las grandes masas musculares es importante; por ejemplo, tener fuerza en el cuádriceps es importante para prevenir dolores en las etapas ulteriores de la vida; en la parte delantera o anterior de los muslos para las personas que tienen problemas de rodillas; con osteoporosis, por ejemplo, es importante desarrollar la fuerza, porque algo ayuda a mejorar la calidad de nuestro huesos; para

> Tener una hora para hacer actividad física es complicado, pero se sabe que si uno hace pequeños bloques de mínimo diez minutos puede ir sumando a lo largo del día.

las personas mayores es importante desarrollar la fuerza sobre todo en los miembros inferiores, para evitar las caídas que son gran problema en el adulto mayor; en los niños, por ejemplo, saltar lazo, que es un ejercicio anaeróbico que se asimila mucho a los ejercicios de fuerza, es muy importante para crear una buena calidad de los huesos; en los problemas de columna es importante tener una musculatura que la soporte mejor y que evite, digamos, la mala postura y los dolores, y también es importante la fuerza. Es importante hacer fuerza dos veces por semana, durante sesiones de veinte minutos cada una.

Santiago.- Además de saltar lazo, ¿qué sería? ¿Cargar pesas, utilizar qué tipo de tecnología?

Mauricio.- La fuerza se desarrolla contra resistencia. Pueden ser las pesas, saltar lazo, trabajar con elásticos, con cualquier cosa que exija carga, y la carga puede ser a veces solamente el peso de nuestro cuerpo.

Santiago.- Y llegamos a la elasticidad.

Mauricio.- Como dicen tradicionalmente los médicos del deporte, la elasticidad es como el pariente pobre del acondicionamiento físico. Generalmente se nos olvida trabajar la elasticidad. Esta es importante para mantener los arcos de movimiento normales de nuestras articulaciones y es importante también trabajarla dos veces por semana entre diez y veinte minutos por sesión. La elasticidad es un mantenimiento de nuestras articulaciones y es sobre todo importante en el adulto mayor, que es tal vez donde uno más lo ve, porque al igual que la fuerza ayuda a prevenir el riesgo de caídas, que es como lo más grave que le puede pasar a una persona mayor. Yo diría que en todo el mundo el trabajo de elasticidad es como una preparación para llegar ágiles a las etapas de más edad en la vida.

Santiago.- Los hombres generalmente somos más fuertes y las mujeres más elásticas. Se trata de combinar un poquito esto para cada sesión.

Mauricio.-Los hombres somos muy poco elásticos comparados con las mujeres.

Santiago.- Hablemos entonces de hábitos alimenticios, doctor Eraso.

Mauricio.- No queremos volver a ser cazadores recolectores como nuestros antepasados, ni estamos proponiendo eso. La sedentarización nos ha cambiado de manera abrupta nuestros hábitos, incluidos los de alimentación, con los cuales hemos evolucionado y no nos adaptamos bien a esos cambios. Por eso estamos viendo actualmente un aumento en la incidencia y la prevalencia de la obesidad, en las enfermedades crónicas como las enfermedades cardiovasculares, y en algunos tipos de cáncer, y esto es válido para la actividad física y para la alimentación. Básicamente estamos comiendo de una manera diferente de aquella para la cual fuimos programados. Comemos demasiado refinado, no consumimos suficiente fibra y todo esto lo ha resumido la Organización Mundial de la Salud diciendo que lo primero que tenemos que hacer es consumir más frutas y verduras, mínimo cinco porciones de frutas y/o verduras al día, y de ahí para arriba, y eso casi que resume gran parte de esto, porque ahí está la fibra, ahí están las vitaminas, minerales y oligoelementos de la manera en que mejor los podemos aprovechar en los alimentos frescos y bien cocinados también.

Santiago.- Para no tener que caer en el estrés del tiempo, porque tenemos poco, háblenos del estrés.

Mauricio.- Bueno, el estrés es el último gran tema que es importante en relación con los hábitos saludables. El estrés es una condición natural hoy en día para todos los que vivimos en estas sociedades actuales. Puede ser el gran catalizador de problemas asociados a la falta de ejercicio y a la mala alimentación, o sea que si comemos mal y hacemos poco ejercicio, y fuera de eso estamos sometidos a mucho estrés y sobre todo si no lo podemos liberar muy probablemente caeremos enfermos. Hay muchas técnicas antiestrés, pero hay una muy antigua y vieja que es la meditación, sobre la cual se está trabajando mucho actualmente, y que se sabe que sirve para combatir también el dolor.

Santiago.- ¿Y qué sugiere entonces para las personas que nos escuchan, frente al tema del estrés y la meditación?

Mauricio.- Podemos empezar a practicar en nuestra vida cotidiana la meditación de una manera muy simple, y es aprendiendo la técnica de la atención plena. Hay muchas maneras de

Estamos comiendo de una manera diferente de aquella para l cual fuimos programados.

hacerlo, pero una es simplemente quedarnos en silencio, buscar un espacio físico y de tiempo donde podamos estar veinte minutos en silencio, y podamos cerrar los ojos, y estar tranquilamente con nosotros mismos, observando nuestra respiración sin querer manipularla mucho, y observando nuestros pensamientos sin juzgarlos. Simplemente observando, observando nuestros pensamientos, observando nuestras emociones y observando nuestras sensaciones.

Hay muchas técnicas y entre más sistemático sea uno, tal vez puede desarrollar mejor esta técnica sencilla. Hay otras técnicas un poco más sofisticadas, pero yo creo que si podemos repetir eso diariamente es de gran ayuda para evacuar el estrés. Es lo que algunas personas hacen cuando oran.

Santiago.- Para el cerebro no hay diferencia. La estrategia es diferente pero el proceso al fin y al cabo es un estado de conciencia, de integración espiritual con la divinidad.

Para terminar, doctor, algo más para el estrés.

Mauricio.- La fe.

Santiago.- Maravilloso que la respuesta de un médico, científico de la Fundación Santa Fe de Bogotá, una entidad totalmente ortodoxa en ciencia, sea la fe. Quiero escucharlo.

Mauricio.- Es muy difícil hablar de la fe, pero yo creo que la dimensión que nos da nuestro trabajo como médicos en la Fundación Santa Fe, o en cualquier parte, nos lleva a confirmar que tener fe nos ayuda a soportar mejor las vicisitudes de la vida cotidiana, dentro de las cuales puede estar el estar enfermos. ¿Fe en qué? Se lo dejo a cada quien, pero es eso que nos hace tener confianza así sea en nosotros mismos, en algo, en alguien, en Dios, en lo que sea. Definitivamente creo que tiene impacto muy positivo para nuestra salud.

Santiago.- Una certeza de lo no visto. Así la definen algunos. Pero más allá de lo que se teorice, es el valor que le da poder a los que creen, y como dicen muchos de los autores, aquel que tiene fe no necesita pruebas.

Los problemas que se presentan en un país son tan importantes que requieren la atención de todos los ciudadanos, sin dejar solo a los políticos en su solución, por todo lo que ello conlleva. Así mismo ha de pasar con la salud, la cual no se debe dejar solo al cuidado de los médicos. La forma de recuperar el control de la propia salud es el cambio en los hábitos de vida, donde radica la clave para la buena calidad de vida y la posibilidad de evitar la aparición de la gran mayoría de las enfermedades.

ELECTRO-MAGNETISMO

Conversación con
Rafael Hernández Moscoso

¿Por qué esta magnífica tecnología científica que ahorra trabajo
y nos hace la vida mas fácil nos aporta tan poca felicidad?
La respuesta es esta, simplemente:
porque aún no hemos aprendido a usarla con tino.
—Albert Einstein

Hablaremos acerca de cómo la tecnología nos puede ayudar en los problemas de salud, pero también cómo nos puede afectar. Y cómo la Tierra, las energías telúricas de nuestro planeta pueden afectar nuestra salud. El experto en el tema invitado el día de hoy es Rafael Hernández, arquitecto e investigador de electromagnetismo. A esta ciencia se le llama hoy en día geobiología.

Santiago.- ¿En qué consiste el electromagnetismo y por qué puede afectar la salud de un ser humano?

Rafael.- Existen dos clases de electromagnetismo, uno de origen natural, que tiene la Tierra desde la misma creación, y otro artificial, que es el producto de todos los aparatos que ha desarrollado la tecnología humana. ¿Qué podríamos decir del electromagnetismo natural? Gauss investigó sobre el particular y concluyó que el 99% de la energía que existe sobre el planeta viene del campo magnético que se origina en el centro de la Tierra, lo cual quiere decir que estamos metidos en un mundo casi total de energía. Esta energía es susceptible de ser afectada por las energías artificiales. ¿Dónde puede suceder eso? Por ejemplo, en la oficina, donde a veces es un poco difícil hacer cambios. Pero hay un sitio especialísimo donde sí se podrían hacer cambios y donde la mayoría de las personas, estoy casi seguro, no conocen los efectos negativos que pueden suceder. Ese sitio es el dormitorio. En nuestro dormitorio generalmente tenemos muchísimos electrodomésticos: equipo de sonido, televisión, parlantes, lámparas, calentadores, a veces hay camas eléctricas... Cuando tenemos todas esas cosas conectadas, estamos generando una energía invisible, representada en campos eléctricos y magnéticos, que pertenecen a una parte muy baja del espectro electromagnético. Estas ondas coinciden con ondas cerebrales con ondas de la Tierra, pero tienen una pequeña diferencia y es que son de corriente alterna, entonces cuando entran al cuerpo —porque entran a pesar de que no estamos pegados a un enchufe o a un cable—, se presenta un fenómeno de transmisión de energías del espacio que se llama inducción, que en física significa pasar corriente de un cuerpo a otro sin necesidad de estar conectados. Del cable de la lámpara de la mesa de noche, a través del caucho blindado, pasa corriente que podemos medir con un aparato técnico. Y si esa lámpara está conectada con un enchufe que queda en la cabecera de la cama, al día siguiente muy seguramente la persona que duerma en ella amanezca con la cabeza que no le gira bien, con dolor de cuello, y a veces ese dolor continúa por la espalda hacia abajo y puede llegar hasta la cintura, porque estos son problemas musculares que ocasiona la inducción del campo eléctrico en los músculos a partir del cuello.

Si la cama es eléctrica o la persona por tener más electrodomésticos tiene una multitoma debajo del colchón y tiene un colchón de resortes, eso va a amplificar el problema, porque ese campo se va a ir por los resortes que actúan a modo de bobinas, y esas bobinas amplifican la corriente, que va a entrar por todas las partes del cuerpo.

En ocasiones, no en todos los sitios la energía electromagnética terrestre es igual. Hay anomalías geomagnéticas, y en caso de que en nuestra habitación haya una de ellas, puede darse lo que en medicina se conoce como geopatías o enfermedades o problemas ocasionados por la Tierra. Su asociación con las energías artificiales va a generarnos unos problemas bastante delicados, sobre todo molestos y continuos. Podemos asistir cinco veces al año al médico, y nunca nos van a detectar qué tenemos, porque llegamos a la casa y volvemos al mismo problema. Y resulta que la solución es muy simple: desconectar lo que se tenga en la cabecera de la cama. Pruébenlo, ensáyenlo, para que lo puedan observar con sus propios ojos.

> En nuestro dormitorio generalmente tenemos muchísimos electrodomésticos: equipo de sonido, televisión, lámparas, calentadores, a veces camas eléctricas...

Refirámonos ahora a humanos más pequeños de cuerpo, a bebés. Hoy es común que existan bebés que no puedan dormir una hora, dos horas seguidas. ¿Qué está ocurriendo? Que los papás le colocaron un sistema de radio en la cuna para controlarlos, un monitor de televisión y una cámara. Estos aparatos esta introduciendo en el niño corrientes que pueden ir desde los 250 kilovatios, hasta megavatios y gigavatios, y esa corriente en el cerebro de un niño, que es diez o más veces susceptible a las ondas electromagnéticas artificiales que los adultos, ocasiona una disfuncionalidad. Si quieren tener ese cuidado, ténganlo, pero traten de colocar el equipo de monitoreo lo más lejos posible de la cuna del niño. Es una recomendación práctica, la hemos usado y funciona. He visto otras cosas como colchonetas eléctricas para los bebés con campos electromagnéticos altísimos que también pueden ocasionar muchísimas dificultades en el sueño del niño durante la noche.

Santiago.- ¿Además de afectar el sueño, qué más efectos infortunados en la salud puede tener toda esta exposición a campos electromagnéticos en la noche?

Rafael.- El que más me ha impresionado desde que comencé a estudiar estos fenómenos es la posible relación entre los campos eléctricos y magnéticos y las leucemias. Hay un componente muy claro de la sangre, que es el hierro, que por sus mismas características físicas es magnético. Esto es bastante delicado. Por otro lado, en el Manual del Arquitecto del año 83 se describe un problema que es la astenia o pérdida de fuerza y cansancio, ese cansancio con que se amanece en las mañanas.

Santiago.- Nuestros oyentes nos preguntan vía twitter acerca de los nuevos dolores de la era digital, causados, por ejemplo, por el uso del BlackBerry, por tenerlo siempre en el bolsillo o dormir con él cerca de la almohada.

Rafael.- El primer reconocimiento científico sobre los efectos de las radiofrecuencias del Blackberry, porque ya está funcionando por encima de los 2GB de potencia, es el calentamiento celular, pues son aparatos que emiten unas ondas capaces de calentar las células. El primer síntoma que se puede experimentar es ardor en los ojos, porque las capas externas del ojo son las más sensibles a la radiofrecuencia. El ejemplo más sonoro que he visto es cuando en carretera uno atraviesa un corredor de microondas y de pronto tiene un ataque de ojos secos terrible, o va manejando y de pronto comienzan a llorarle los ojos por un rato. Es una afectación de microondas, y la hemos medido. Dejar un BlackBerry cerca va a producir otro tipo de radiación, que es la de la pila, y si se deja conectado cargando peor. Por su parte, las llamadas, por la propia frecuencia de operación del aparato, van a contribuir mucho a las cefaleas. He visto, además, que la exposición continua trae problemas de inmunidad. La persona comienza a tener gripitas, a tener deterioro, un deterioro progresivo de la salud. No se aconseja llevar los celulares pegados al cuerpo, porque ya no habría solo inducción, sino conducción. La pila esta pegada a la piel, transmitiendo la corriente. Una pila de celular normalmente funciona con 1,5 voltios, es decir, 1500 minivoltios. Una célula humana funciona con 90 minivoltios. Un marcapasos funciona con un minivoltio y ayuda a toda la gestión cardiaca para la que está diseñado. Hay entonces una carga excesiva sobre las células.

Santiago.- ¿La fertilidad de la mujer se ve afectada por trabajar con el computador en las piernas?

Rafael.- Sí se puede dar la afectación, pues un aparato que genere una radiación electromagnética artificial pegado al vientre necesariamente tiene que afectar, y afecta en proporción al tiempo que se tenga, porque las dos condiciones para que la radiación afecte son distancia y tiempo de exposición. Podemos decir que la distancia es ninguna porque está pegado al cuerpo, y sobre el tiempo de exposición, va a ser más grave una hora que cinco minutos, pero si lo lleva doce horas durante el trabajo, y durante 320 días al año, la cosa comienza a tener otro carácter.

Santiago.- Juan Pablo Rodríguez nos pregunta si la ducha eléctrica genera algún tipo de energía electromagnética perjudicial...

Rafael.- Sí. La ducha eléctrica tiene un campo bastante fuerte, pero el tiempo de exposición es muy corto, y además el agua está bajando y produce un campo agradable. Es importante cerciorarse de que la instalación esté bien hecha y que haya una manera de desconectarla cuando no esté en operación, para que no genere campos desagradables en la casa.

Santiago.- Hay una pregunta de un twittero: Si el uso de audífonos para escuchar música produce alguna alteración.

Rafael.- La exposición a un magneto es lo mismo. Por tiempo prolongado puede ocasionar molestias y la mejor prueba de observación que podemos tener es la de aquellos muchachos que están con unos audífonos todo el día. Podemos observar su introversión, su genio, su comportamiento y la postura del cuerpo, doblados, manos en los bolsillos, como si estuvieran bravos. Entonces probablemente ese magnetismo está molestando. En los casos de saneamiento de alcobas que hemos desarrollado técnicamente, hemos retirado también los parlantes grandes que algunas personas tienen sobre las mesas de noche, uno a cada lado, porque el campo magnético alcanza a ser alto. En medicina se utiliza el magnetismo de una manera terapéutica, pero tiene una característica: dura un tiempo exacto, no es de todo el día, y es muy raro que los dispositivos tengan un imán. ¿Por qué? Porque el magneto esta ocasionando un efecto, una vibración que es terapéutica, pero cuando se sobrepasa cierto tiempo comienza a ser molesta.

Santiago.- Andrea Serrano nos pregunta si la exposición electromagnética puede cambiar la vibración o energía individual de una persona, digamos su estado de ánimo.

Rafael.- Claro. El solo cansancio comienza a volverse depresión porque en la medida en que yo estoy cansado y no puedo hacer las cosas comienzo a generar toda una patología emocional.

Santiago.- ¿Qué tipo de dolores se pueden presentar en el cuerpo cuando hay exposición nocturna al electromagnetismo?

Rafael.- En mi práctica, dolor muscular, dolor de espalda, dolor del cuello, dolor al girar la cabeza. Cuando hay exposición a la corriente de los cables, a teléfonos inalámbricos, a celulares, en general a sistemas de radiofrecuencia, a antenas externas a la casa, a sistemas de Internet inalámbrico, se generan dolores de cabeza, ardor de ojos y una cosa que he encontrado ahora, que son ataques de angustia. Hay señoras a las que les toca salir de la casa a pasear porque la casa las deprime y las angustia, y hemos suspendido esos sistemas experimentalmente y hemos visto que la angustia desciende.

Santiago.- Mauricio Camargo nos pregunta si lograr una compensación de esa radiación o esa energía electromagnética con diferentes plantas dentro del mismo espacio podría ser eficaz.

Rafael.- Sí, lo mejor es combinar unas medidas de precaución desconectando, teniendo un polo a tierra perfecto, teniendo plantas que nos generen iones negativos, abriendo ventanas, generando ventilación natural para que la electricidad del aire esté equilibrada, y en general tener una vida que busque lo natural por lo menos en las horas de sueño.

Santiago.- Lo primero es buscar distancia para que tengamos menos exposición.

Rafael.- Correcto.

Santiago.- Si dejamos el celular cargando lo ponemos en el baño y no en nuestra habitación…

Rafael.- No. Hay muchas personas que cargan el celular y dejan conectado el transformador todo el día generando iones positivos en el ambiente.

Santiago.- ¿Cuáles son las plantas que tendrían esa carga de la que habla?

Rafael.- Los más famosos son los cactus, los sirius peruvianus. Hay toda una cantidad de cactus divinos, algunos de los cuales incluso se ven actuar ante la radiación. También están los helechos y hay libros donde se exponen diferentes tipos de plantas con propiedades, como el balazo. Tenemos que saber si las vamos a tener en materas o las vamos a tener en jardineras o jardines. Es todo un concepto.

Santiago.- Bien, la última pregunta: ¿El cáncer y las enfermedades más graves se pueden relacionar con este tipo de problemas?

Rafael.- Sí, desde un estudio que se hizo con 1500 personas, el electromagnetismo está relacionado con la leucemia. La OMS declaró oficialmente hace algunos meses que las radiaciones son potencialmente tan cancerígenas como el alcohol y el tabaco, ya están declaradas.

Cuando hay exposición a la corriente de los cables, a teléfonos inalámbricos, a celulares, se generan dolores de cabeza y ataques de angustia.

La clave del buen uso de la tecnología es validarla como muy útil pero, sin embargo, como no indispensable para nuestro día a día. El computador, el celular, el iPad, el televisor, todos pueden hacernos la vida más fácil y eficiente si les damos su uso adecuado. Sin embargo nos llevan a la tensión y hasta a la enfermedad cuando no podemos estar sin ellos. Poder estar sin ellos por períodos de tiempo sin sufrir nos permite optimizar su uso en los momentos en que en realidad cumplan su función establecida.

CAFÉ

Conversación con el
Dr. John Duperly Sánchez y Ana
María Sierra Restrepo

Y el café debe ser caliente como el infierno,
negro como el diablo, puro como un ángel
y dulce como el amor.
—Charles Maurice de Talleyrand-Périgord

Seguramente esta mañana muchos se despertaron con ganas de tomarse una tacita de café. ¿Qué les hace el café a muchos? Los activa. A otros los pone nerviosos. ¿Será que es bueno? ¿Será que es malo? ¿Será que es tan importante para la salud? Ya sabemos que es básico para los cafetaleros. ¿Será que lo podemos utilizar de una manera saludable?

Para hablarnos del café buscamos a dos especialistas en el tema. El doctor John Duperly, médico internista de la Fundación Santa Fe de Bogotá, conocedor científico de lo que significa beber café, y Ana María Sierra Restrepo, coordinadora ejecutiva del programa Toma Café.

Santiago.- John: ¿Qué hace el café en el cuerpo? Empecemos por ahí antes de darle una catalogación de bueno o de malo...

John.- El café es una bebida muy interesante, llena de químicos que tienen efectos sobre el organismo, pero realmente lo que más se ha estudiado es la cafeína, una sustancia que activa el sistema nervioso, que tiene efectos sobre la circulación y sobre

> Hay gente que toma café y no le da gastritis; hay gente que tiene gastritis sin tomar café.

el metabolismo de forma muy variada, y que ha sido maltratada por una cantidad de mitos históricos asociados erróneamente a otras conductas y a otros hábitos, y por lo tanto a desenlaces negativos y a problemas.

Santiago.- Empecemos entonces por uno de los mitos: que el café da gastritis.

John.- La gastritis es una enfermedad compleja y como la mayoría de problemas de salud, multifactorial. Los trabajos que se han hecho alrededor del mundo para tratar de dilucidar esta asociación muestra que no es clara, es decir que hay gente que toma café y no le da gastritis, que hay gente que tiene gastritis sin tomar café y que hay por lo menos diez factores diversos, la mayoría de ellos dietarios, pero otros como los fármacos, el estrés y la predisposición genética, que hacen que estos problemas digestivos aparezcan.

Santiago.- ¿Estamos hablando solo de café negrito y no de café con leche ni café con azúcar? Porque me imagino que esas variables también modifican el resultado...

John.- Modifican algunas de las características del sabor, de la cantidad total de las sustancias biológicamente activas que se está tomando, como la cafeína, y pueden cambiar el pH de la bebida. Hay bebidas que tienen impacto en la estabilidad del estómago, con posible acción sobre los ácidos gástricos, pues tienen que ver con el pH y las modificaciones que ocasionan.

Santiago.- Otro de los mitos es que el café le hace daño al corazón, que da taquicardia.

John.- Yo creo que ese es uno de los miedos principales. Tradicionalmente el café se les prohíbe a las personas que han tenido infarto, que tienen presión alta o que tienen arritmia. Si les preguntamos a la mayoría de los colegas, lo siguen haciendo. De hecho, en los hospitales es prohibido subirle un café a un paciente aunque lo tome, si no hay una autorización médica expresa. Sin embargo, al revisar la literatura científica, esta asociación no es clara y no tiene evidencia para lo más controvertido, que son las arritmias. Ya hay evidencia científica de que no solo no las empeora, si no que algunas arritmias inclusive podrían mejorar bajo el efecto de la cafeína. Para la hipertensión arterial, por ejemplo, hay estudios muy grandes que ya demuestran en forma clara que no es un factor de riesgo, y en otros se ha comprobado que las personas que toman café pueden sufrir menos eventos cardiovasculares y cerebrovasculares asociados generalmente con la hipertensión.

Santiago.- Por los flavonoides que tiene el café...

John.- La razón no es muy clara, parece que no es solo el efecto sobre la circulación, sobre el endotelio, que es como una piel que recubre los vasos sanguíneos, si no también debido a múltiples antioxidantes que contiene; el efecto aislado de cada uno de ellos no ha sido totalmente estudiado porque es muy difícil aislarlo y probarlo en humanos de una manera certera. Metodológicamente es difícil.

Santiago.- Bueno, aquí tenemos a alguien que nos puede hablar del lado del consumo del café. ¿Cómo es eso del programa «Toma café» y qué tanto puede servir para que la persona del común tome la bebida teniendo ya el conocimiento científico de que no le va a hacer daño?

Ana María.- «Toma café» es una coalición que han hecho todas las marcas de café del país y la Federación Nacional de Cafeteros, una alianza de torrefactores y productores, en busca precisamente de hacer que los colombianos tomemos nuestra bebida nacional. Nos movemos con cuatro grandes ejes. El primero, que es netamente para la promoción de consumo, para reposicionar la bebida como una bebida joven y actual. La percepción típica que se encuentra en los estudios es que se le considera una bebida de viejitos, de profesores. Se trata de darle la vuelta al tema y que los jóvenes la consuman.

Santiago.- Como es el té para muchas personas...

Ana María.- Correcto, que los jóvenes encuentren en el café una bebida que se ajuste a su estilo de vida. En segundo lugar, hacemos un ejercicio muy juicioso de educación, una tarea silenciosa que busca de dónde vienen los mitos y que preparemos y sirvamos el café para que conserve sus propiedades, el aroma y el sabor, que son los que lo hacen maravilloso. En tercer lugar, hay un ejercicio de divulgación científica que lo que busca es precisamente que los profesionales de la salud y la comunidad se acerquen a las fuentes. Hay muy buena investigación reciente —de cinco años para acá— en la cual hemos ido descubriendo una serie de beneficios del café para la salud. Y por último, buscamos que los canales de distribución y venta tengan mejor información sobre el producto, de manera que eso permita, con muy buena información sobre el consumidor y el mercado, acelerar la innovación, de manera que el café tenga una oferta de valor muy interesante y muy competitiva para el consumidor final.

Quiero añadir que hemos detectado que el origen del mito de que el café produce gastritis es el hábito muy marcado en la tradición del consumo de café aquí en Colombia de hacer el café, dejarlo reposar y recalentarlo. Las tradiciones hay que respetarlas, pero evidentemente cualquier alimento que uno deja reposando se oxida, y en el caso del café se vuelve ácido, como muchos otros alimentos que uno deje reposar, y si se toma un café ácido, eventualmente puede producirle malestar.

Santiago.- O sea que el café recién preparado no va a producir gastritis…

Ana María.- Correcto. Tenemos un lema que repetimos constantemente y es: Si el café nos produce placer por su aroma y su sabor, preparémoslo y sirvámoslo fresco; preparemos el café que nos vamos a tomar, disfrutémoslo. Eso hace que esa bebida no solo sea más placentera desde el punto de vista de los sentidos sino mucho más agradable para el organismo.

Santiago.- Doctor Duperly: hablemos un poco más de los beneficios.

John.- El beneficio principal y seguramente la razón por la que muchos consumimos café es una mejoría en las habilidades cognitivas, en la capacidad de concentración, en la toma de decisiones, en el estado de alerta, especialmente cuando hay fatiga. Esto tiene importancia en diferentes profesiones desde el punto de vista de rendimiento físico y mental. Es muy importante, por ejemplo, en los conductores que están sometidos a grandes cargas de trabajo. Los accidentes se han asociado claramente a períodos de falta de concentración o una toma de decisiones lenta en un momento crítico. El consumo de café también adquiere importancia en el deporte competitivo. Hay trabajos recientes que muestran que dosis moderadas mejoran el rendimiento deportivo. Esto no reemplaza nunca ni la nutrición sana, ni el entrenamiento, ni la genética, pero puede brindar cierta ventaja para ganar una competencia o sobresalir en algunos deportes, especialmente en los deportes extremos, de muy larga duración o de mucha intensidad.

La razón por la que muchos consumimos café es una mejoría en las habilidades cognitivas.

Santiago.- ¿Esto no se considera dopaje?

John.- No señor, ha sido estudiado, está hace varios años en observación. Para ser catalogada como *doping*, una sustancia fuera de mejorar el rendimiento y ser detectable en sangre y orina, debe tener la connotación de ser nociva para el organismo y haber demostrado que es un riesgo para la vida. Nada de esto se ha demostrado para el café en los deportistas, por lo tanto la agencia internacional para el dopaje, que es la WADA, no lo incluye dentro de las sustancias prohibidas y lo permite, tanto es así que en algunos países se está incluyendo la cafeína como parte de las bebidas hidratantes que consumen en cantidades altas los deportistas. El otro tema bien interesante desde el punto de vista de salud pública es una asociación reciente con la reducción de diabetes melittus tipo 2. La diabetes está creciendo en forma epidémica en Latinoamérica, asociada al sedentarismo, a la obesidad y al síndrome metabólico. Probablemente se deba a lo que usted mencionaba, al cúmulo de antioxidantes. No tenemos una explicación suficientemente clara para los mecanismos por los cuales esto ocurre con la cafeína, pero ya hay metaanálisis en cohortes, que son grupos de estudio de muchas personas a las que se les ha hecho seguimiento desde hace muchos años, que muestran que tiene un efecto protector para el desarrollo de esa enfermedad.

Santiago.- Pero en esas personas sería sin azúcar, café negro, porque habría problemas de otro orden si estuvieran consumiendo varios cafés al día con azúcar...

John.- En esos estudios metodológicamente ha sido imposible cuantificar la cantidad de dulce agregado. Se han comparado personas con bajo consumo, consumo intermedio y consumo alto, y se ha visto que las personas que más toman café desarrollan menos diabetes.

Santiago.- Explíquenos esa diferenciación. ¿Qué es un consumidor bajo, medio y alto?

Ana María.- Cuando hablamos de un consumidor alto nos referimos a que en Colombia el 70% de las personas que tomamos café, lo tomamos 21 días del mes.

Santiago.- ¿Y cuánto cada día?

Ana María.- Estamos hablando de entre cuatro y seis tazas de café.

Santiago.- ¿Y cuánto es una taza?

Ana María.- Si uno revisa los estudios —hay estudios de cinco mil hogares en Colombia, unas bases gigantescas—, para los colombianos una taza puede significar hasta seis cosas distintas, que van desde un *mug* de 260 ml, hasta la pequeñita, típica, esa que tiene la banderita de Colombia, que son 110 ml. No hay una medida uniforme. Eso es parte de lo que afortunadamente empezamos a ver en los estudios, no solo de mercadotecnia sino científicos, y es la necesidad de tener una unidad de medida clara.

Santiago.- Entonces, ¿cuánto son esas cuatro o seis tazas?

Ana María.- Te tengo que decir que son las cuatro o seis tazas de las cosas que cada colombiano describe como taza. No hay un estudio.

Santiago.- Pero en *mugs* serían tres tazas de las otras...

Ana María.- Correcto. Hablemos más o menos de seis tazas de tinto de las que conocemos. El 36% de los colombianos utiliza esa taza de tinto típica de la banderita de Colombia. Además, hay que pensar en la dilución, la concentración en la infusión de café. En Colombia, en términos generales, estamos hablando en que en esa taza tintera, que es la que más utilizamos y que sabe-mos que tiene 110 ml, estamos tomando 3,5 gr de café. Cuando la comparamos con la taza típica de países importadores, de Europa y Estados Unidos, estos consumidores utilizan el doble de gramos de café por taza.

Santiago.- En Italia es impresionante…

Ana María.- Correcto. Estamos hablando de 7 gr de café por taza, lo cual hace, evidentemente, que el efecto que produce el café en nuestro organismo cambie radicalmente.

Santiago.- Más o menos 15 o 20 gr de café al día correspon-derían a un consumidor alto. Para saber la diferencia ante los be-neficios, ¿cuándo se es moderado?

Ana María.- Hay personas que consumen entre dos y tres tazas de café al día y personas que consumen una sola taza de café al día. En la Universidad de Antioquia, el doctor Mauricio Duque y un equipo donde estaba la nutricionista Gloria María Agudelo hicieron un muy interesante estudio sobre el efecto del café en la homocisteina para poder entender si sube o no la tensión arterial.

Santiago.- Es uno de los grandes indicadores de enfermedad cardiovascular. Cuando se tiene alto es un factor de riesgo car-diovascular alto…

Ana María.- En las entrevistas iniciales para seleccionar los grupos y el grupo de control hubo quien se tomaba hasta quin-ce tazas de café. Dijeron: «Una maravilla, vamos a poder hacer unas comparaciones excelentes». Cuando empezaron a suminis-trarles quince tazas de café, evidentemente no había ni uno que se las tomara. Eso también es importante, porque en muchos de los estudios, sobretodo de mercadotecnia, la respuesta es anec-dótica: ¿Usted tomo café ayer? ¿Cuánto café tomó ayer? Hoy en día se utilizan cada vez más metodologías que permiten tener información mucho más precisa sobre los consumos.

Santiago.- Me quedan dos preguntitas frente al insomnio y frente a la ansiedad. ¿Realmente el café produce insomnio?

John.- Al igual que en el terreno cardiovascular y metabólico, las respuestas de cada persona son bien diferentes. En discusiones recientes sobre este tema hemos oído anécdotas sobre personas que necesitan una taza de café para poder conciliar el sueño. Evidentemente no es lo más común y no es de esperar. El café es un estimulante, el sistema nervioso central mejora el estado de alerta y a las personas que tienen problemas para conciliar el sueño se les recomienda no consumirlo en las últimas horas antes de acostarse, en dosis que equivalen para la mayoría de las presentaciones en Colombia entre 30 y 60 mg de cafeína. El efecto de tales dosis dura entre tres y cinco horas. Eso de que me tomé un café al almuerzo y no puedo dormir a las diez de la noche, por lo menos biológicamente no es explicable.

Santiago.- Cualquier otro tipo de acción puede producir eso…

John.- Sobre el nerviosismo y la ansiedad, nuevamente hay que decir que hay sensibilidades variables, características de cada individuo, su peso, o si es mujer u hombre, si es joven o viejo, y sobre todo características de personalidad que lo hacen más o menos sensible a cualquier tipo de estímulo, incluyendo la cafeína. Naturalmente, en una persona que maneja niveles altos de ansiedad, en una persona sensible, en una persona ansiosa, es muy probable que una dosis adicional de una sustancia que estimule el sistema nervioso genere ansiedad, pero es bien importante no generalizar y tratar de aislar los efectos de cada uno de los alimentos y de cada uno de los nutrientes sobre el organismo de cada persona.

Santiago.- Y tener la capacidad de hacer una autoobservación y definir realmente la tolerancia propia. ¿Es adictivo el café? ¿Se puede usar esa palabra?

John.- Es una sustancia que no cumple los criterios de adicción, una sustancia que a pesar de generar costumbre al inicio, no cumple con el criterio de tolerancia y de taquifilaxia necesario para clasificarla como adictiva. Yo no soy psiquiatra, pero los expertos en el mundo en este tema de adicciones y de café, y la literatura internacional, no lo clasifican como una sustancia adictiva.

Santiago.- ¿Los niños pueden tomar café?

John.- Los niños son un tema debatido. Yo pienso que sí pueden tomar, pero quisiera poner el énfasis en que sobre todo nos preocupa la cafeína, no darle a un niño antioxidantes, que es todo lo demás que viene en el café. Si nos preocupa la cafeína, es bueno estar conscientes de que más del 80% del consumo de café en los niños viene de otras bebidas que no son el café, incluido el chocolate, el té y las gaseosas. Es bueno entonces no satanizar una fuente de cafeína cuando hay otras fuentes que nos muestran que no es tan grave el problema. Los riesgos para la salud en los niños no están claros. Hay una investigación reciente sobre el déficit de atención, donde tampoco se ha podido encontrar asociación clara entre personas o niños que consumen sustancias estimulantes y el déficit de atención.

Ana María.- La investigación a la que hace referencia el doctor Duperly es de la Universidad de Caldas. La doctora María Victoria Benjumea, nutricionista doctorada, y Fernando Arango, pediatra epidemiólogo, acaban de hacer un metaanálisis —que es tomar la literatura científica respecto de un tópico y analizarla a la luz de muchos años— de 1968 al 2011 de cuatro tópicos específicos de café en niños: déficit de atención, adicción, metabolismo del zinc y metabolismo del hierro y, para resumir, en casi todos los tópicos la conclusión es que no hay investigación que permita hacer ninguna afirmación. Nuestra tarea hoy en día es llevar esto a los foros científicos para interesarlos en adelantar investigación que nos permita llegar a unas conclusiones contundentes.

Santiago.- Por lo pronto no tenemos una idea clara pero tampoco tenemos una contraindicación evidente. ¿Hay alguna contraindicación del café?

John.- Sí. Yo diría que hay que tener cuidado con altas dosis de cafeína en las mujeres embarazadas. La literatura es prudente en la cantidad que se debe tomar; no se deben sobrepasar los 200 mg, algo así como seis tazas al día. Un consumo usual de café no representa ningún riesgo, pero hay que sumar chocolate, té, gaseosas. No es una sustancia teratogénica, es decir, no produce un daño directo sobre el desarrollo del embrión ni en el niño, pero si son dosis muy altas sí podría comprometer la circulación.

Santiago.- ¿Y descafeinado tiene algún problema?

John.- Ninguno.

Santiago.- ¿Alguna forma de café es más saludable?

John.- Yo diría que las preparaciones que generen mayor placer. Que cada uno encuentre en esas dosis de cafeína y de antioxidantes lo que más le convenga, de acuerdo con sus características biológicas. Obviamente no todo es medible, pero sí se reconoce el impacto sobre el bienestar.

Ana María.- Cuando hablamos de la perspectiva de paciente a médico, el café es bienestar, y evidentemente el fin del profesional de la salud es buscar el bienestar de su paciente. El mensaje nuestro es: «Señor profesional, por favor documéntese» y «Señor paciente, pregúntele a su médico. Si tiene alguna inquietud, consúltele, y seguramente él, con información detallada, va a poderle contestar sus dudas y sus inquietudes». La tendencia generalizada de hace unas décadas era la de prohibir algunos alimentos antes de indagar qué placer y qué bienestar le producían al paciente. Afortunadamente está cambiando, porque finalmente —lo que decía el doctor Duperly—, si nos produce placer, si es una bebida que hace parte de nuestro estilo de vida, pues probablemente es una bebida que deberíamos seguir tomando.

Santiago.- Estas bebidas que hoy se utilizan como energetizantes, si se le pueden llamar así, con alto contenido de cafeína, ¿tienen algún efecto diferente al café?

John.- Es una pregunta muy interesante. Primero hay que establecer qué es una bebida hidratante, que se utiliza para brindar más energía y se asocia a ella. Naturalmente, una mejor hidratación (agua, sal y azúcar) es indispensable para el buen rendimiento del cuerpo. Las bebidas hidratantes no tienen cafeína. Las que llamamos energizantes, que se deberían llamar cafeinadas, son bebidas que tienen una concentración por mililitro un poco más alta que la que tiene normalmente un café, pero si las comparamos con un café expreso es muchísimo menor. Por otra parte, son bebidas que no tienen los antioxidantes del café, que es de donde parten estos estudios de protección y efectos benéficos para la salud. Tampoco, como lo mencioné antes, se ha demostrado que haya problemas graves de seguridad si no se sobrepasan las dosis que tolera cada persona. La advertencia que tienen estas bebidas es que hay que tener cuidado en las personas sensibles, lo cual es cierto para cualquier alimento que contenga sustancias estimulantes.

Santiago.- Y no mezclarlas con alcohol y menos con manejar carros, porque a veces se nos olvida y hacemos irresponsabilidades. Maravilloso. El café es una bebida saludable, un hábito saludable, yo lo uso, lo recomiendo y hoy lo reafirmo más.

Ana María.- El café además moviliza una cadena productiva en este país, vital para más de 563 000 familias que en el campo viven del cultivo de café. Mueve mas de 10 000 empleos directos e indirectos, y llega a 300 000 establecimientos de comercio.

Santiago.- Podríamos decir que le quitamos el dolor ajeno a otras personas cada vez que nos tomamos una tacita.

Ana María.- Eso es lo que hay detrás de una taza de café.

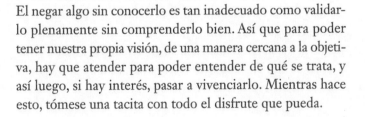

El negar algo sin conocerlo es tan inadecuado como validarlo plenamente sin comprenderlo bien. Así que para poder tener nuestra propia visión, de una manera cercana a la objetiva, hay que atender para poder entender de qué se trata, y así luego, si hay interés, pasar a vivenciarlo. Mientras hace esto, tómese una tacita con todo el disfrute que pueda.

MENTE
Conversación con la Dra. Elsa Lucía Arango

El silencio libera la mente de su jaula verbal.
—Jaime Tenorio Valenzuela

Ya hace dos años Michelle Obama, la esposa del Presidente de los Estados Unidos Barack Obama, enseñó un programa muy interesante para que hubiese calidad de vida, lo que se llama bienestar, que es lo que buscamos los seres humanos: no solamente no tener enfermedades sino hábitos saludables. Hoy hablaremos de hábitos saludables para la mente, para el correcto actuar, para la forma de pensar y relacionarnos, porque nos podemos enfermar de la forma en que sentimos. Todos los sentimientos, como el odio, la tristeza, la rabia, el miedo, afectan nuestra salud. Somos una unidad mente-cuerpo. Tenemos a la doctora Elsa Lucía Arango, médica de la Universidad Pontificia Javeriana de Bogotá, especialista en terapias alternativas hace más de veinte años.

Santiago.- Cuéntenos, doctora, cómo serían esos hábitos saludables de nuestra mente y de nuestras emociones para vivir sanamente.

Elsa Lucía.- La mente lo que más hace es pensar. Si uno quiere buenos hábitos mentales, una de las cosas que debe hacer es cuidar el primer pensamiento, el de cuando se despierta, y el último pensamiento, antes de dormirse. Eso marca la línea en la que uno va a dirigir su mente. La mayoría de nosotros tenemos pensamientos negativos al despertarnos o traemos los pensamientos negativos con los que nos acostamos, entonces la mente recicla pensamientos tóxicos. Si uno decide levantarse y escoger el pensamiento con el que inicia el día y con el cual termina, va cambiando la vida, porque la vida es el reflejo de lo que pensamos.

Santiago.- ¿Nosotros construimos la vida de acuerdo a como pensamos?

Elsa Lucía.- Si dejamos que la mente piense solita, vamos siendo esclavos de la mente. La mente empieza a tener hábitos de pensamiento; el que se acostumbra, por ejemplo, a culparse, cada rato va a caer en pensamientos de culpa. Uno es el que dirige la mente, porque no somos la mente, somos el ser interno que tiene una mente y la mente la puede uno controlar o ella lo puede controlar a uno.

¿Cuánta gente se ha pasado la vida autosabotiándose? Apenas llega a un buen estado, digamos en su trabajo, empieza a decirse: No, tú no lo mereces, tú no lo puedes hacer, estás tan bien que vas a empezar a tener un problema, porque a la mente le encanta hacer ruido, a menos que la eduquemos.

Uno de los hábitos más importantes para fortalecer el primer y el último pensamiento es la oración o la meditación. En casi todas las culturas nos enseñan que uno inicia el día con una oración de gratitud, una charla con Dios, cualquiera que sea la imagen o el concepto de Dios que tengamos, y terminarlo con lo mismo, entregándole el día a Dios, así sea con errores —porque todos los tenemos— pero con cariño. Así uno descansa realmente la mente. Y si al día siguiente uno amanece con la energía del último pensamiento, eso va a marcar el resto del día, a tener en general mejores pensamientos.

¿Qué hace uno con la mente si tiene una adversidad, un fracaso? Crear el hábito de la pausa, de poder observar que la adver-

> La mente empieza a tener hábitos de pensamiento; el que se acostumbra, por ejemplo, a culparse, cada rato va a caer en pensamientos de culpa.

sidad no siempre tiene que venir como algo desastroso, sino que puede ayudarte, y se vuelve un hábito mental enfrentar las adversidades y no salir corriendo.

Hay momentos en los que uno está desencantado, triste, aburrido, y ese día no quiere ni orar ni meditar. Es muy sencillo: ese día habla con la naturaleza, otro hábito muy bonito, otro hábito mental.

Santiago.- Como hacen los campesinos, que se levantan a las tres o cuatro de la mañana y empiezan de una vez su contacto con la naturaleza y viven en armonía con ella, la respetan y por supuesto se nutren de ella... ¿Pero no es una locura hablar con el perro o con las flores?

Elsa Lucía.- Todo lo contrario, porque la mente vive en un diálogo permanente, y si ese diálogo lo proyectas hacia Dios, hacia el animal que tienes, hacia las plantas, no es locura. Cantidades de estudios han mostrado que las plantas escuchan y mejoran su comportamiento, su vitalidad cuando alguien les habla y las quiere. Cuando adquirimos el hábito mental de respetar la naturaleza, entrar en diálogo con ella, la mente se apacigua y empieza a pasar algo delicioso: se silencia, te vuelves apacible y mucho más sereno.

Santiago- Hay culturas orientales que se levantan y saludan al Sol, como hacían los incas con Inti.

Elsa Lucía.- Eso ayuda a que la mente se alinee ante un Ser Superior, ante una energía trascendente, y además te da confianza, y la confianza es un hábito mental para que tu vida la manejes con más fortaleza. Otro de los hábitos mentales que recomiendo a los pacientes es leer. Cuando uno lee entra en el mundo interior de otras personas, puede cambiar y fortalecer sus creencias. Leer te enriquece y hace que la mente se mantenga madura, porque cuando uno lee está adquiriendo siempre conocimiento. No hay mente sana que no le guste aprender, porque eso la repara, la renueva y la recrea.

Santiago.- Leer en internet y todo eso es interesante, pero leer un libro es un gran gozo...

Elsa Lucía.- Otro de los hábitos importantes es el silencio, dedicar un rato para la pausa, para no hacer absolutamente nada, de pronto escuchar música, dibujar, hacer un mandala o simplemente practicar el silencio. Más importante es hacer silencio cuando otro te está hablando. La mayoría de nosotros no nos comunicamos porque cuando el otro habla no hacemos el silencio para escuchar. Mientras el otro habla, pensamos en lo que le vamos a contestar o simplemente la mente anda en otra parte. Al escuchar, las relaciones mejoran. Un hábito importante es tener relaciones con las amistades y con la propia familia. La salud de quienes las tienen es muchísimo mejor que aquella de quienes viven en conflicto o no tienen relaciones familiares.

Santiago.- La radio ha logrado que las personas escuchen en la distancia y en silencio, y puedan comprender, aprender y luego enseñarnos a través de sus reflexiones.

Elsa Lucía.- Cuando cultivas algo, le echas agua y fertilizante en las cantidades justas, y les haces recibir el sol justo. Si le echas demasiada agua lo ahogas. Yo creo que las personas que logran cultivar amistades realmente tienen una vida mejor, aunque eso no significa que aquellas personas que por cualquier motivo tengan soledad no tengan capacidad de tener salud, pero entonces puede cultivar la amistad con Dios, con los libros, con los animales, porque realmente el hombre vino a amar y la mente lo que tiene como oficio es ayudarnos a mejorar nuestra capacidad de amar.

Santiago.- Quiero que hablemos un poco más del amor como estrategia para una vida saludable.

Elsa Lucía.- Algo que confundimos con el amor es que necesitamos que nos amen. La persona que realmente ama está disponible, está atenta a la necesidad del otro sin permitir que abusen de él. El que ama agradece todo. La gratitud es otro hábito mental importantísimo. Por otra parte, servir es realmente el mejor hábito para cualquier ser humano. Yo creo que es la manifestación cumbre de la mente.

Santiago.- ¿Por qué no nos cuenta un poquito del agradecimiento, que también es un hábito saludable?

Elsa Lucía.- Cuando uno agradece, se da alegría a sí mismo y le da alegría al otro. La gratitud produce en el cerebro y en todo el cuerpo una serie de sustancias y neurotransmisores que mejoran la calidad de vida, y mejora todo el funcionamiento metabólico.

Santiago.- ¿A todo el mundo hay que decirle que sí o hay «nos» importantes?

Elsa Lucía.- Un maestro espiritual dice: «Reaccionar con rabia es cuestión de unos instantes». Pero también dice: «Reaccionar con paz requiere años de entrenamiento». Para que uno logre realmente tener serenidad ha tenido que tener entrenamiento y el entrenamiento solo se logra con la práctica constante. Apenas uno observa que se enfada, que se molesta, que se culpa, que se amarga, debe decir: «No, gracias». Si uno aprende a decir: «No, gracias», no escojo eso, la mente va a tener que ofrecer otra idea. Lo mismo cuando alguien me invita a hacer algo que no vale la pena. Hay que aprender a decir «No, gracias» con respecto a la comida, con respecto a miles de cosas que uno realmente podría aceptar simplemente por cobardía, por miedo a no ser aprobado. Aprender a decir «No, gracias» te va a evitar toneladas de sufrimiento.

Santiago.- Entre otras las adicciones… El problema fundamental de los adictos es que empiezan. Si uno puede evitar esa primera vez, la siguiente ya no se va a dar.

Bueno, y dentro de este proceso de hábitos saludables, ¿cómo manejar un aspecto fundamental, que es la falta de tiempo?

Elsa Lucía.- La mayoría de nosotros no estamos en el presente y estamos tan acelerados en buscar lo que vamos a hacer en el futuro que no hacemos las cosas que tenemos que hacer eficazmente, sino torpemente, por estar acelerados. La mejor forma de hacer las cosas bien y con el tiempo justo es hacer un poco menos, y cuando uno hace menos, está mucho más contento. Tenemos tantas metas interiores inadecuadas que nos impedimos a nosotros mismos ser felices.

Santiago.- ¿Pero hacer menos significa no llegar a lo que buscábamos?

Elsa Lucía.- Repensar que es lo que buscamos.

Santiago.- Tal vez estamos sobredimensionando las necesidades…

Elsa Lucía.- Creemos que lo que nos va a dar felicidad son muchos logros externos y la mayoría de la gente llega a obtener

> Si sonreímos del corazón cada vez con más frecuencia, el corazón, que es la conciencia, va a ordenar la mente y vamos a tener una mente que realmente responde al alma.

todos esos logros fatigada y agotada. Es mucho más importante una vida más sencilla, más tranquila y donde se hagan las cosas bien. Hay que elegir.

Santiago.- Pero si lo ve uno en todas las fábulas, todas las historias que se cuentan digamos de conocimiento oriental y antiguo. Siempre nos enseñan que la felicidad no está afuera. La buscamos afuera pero la encontramos adentro.

Una última recomendación para las personas que están buscando hábitos saludables de vida.

Elsa Lucía.- La última recomendación es que mantengan una sonrisa, pero no la alguien que está intentando una sonrisa para una foto, que observen cómo está su rostro, cómo les gustaría verse. Ese hábito va cambiando toda la musculatura de su cara y va cambiando también el cerebro, porque el cerebro se refleja en la cara y la cara va modelando el cerebro. Si sonreímos del corazón cada vez con más frecuencia, el corazón, que es la conciencia, va a ordenar la mente y vamos a tener una mente que realmente responde al alma.

Santiago.- Cuatro músculos se necesitan para sonreír y como veinte para hacer mala cara. Incluso implica un menor esfuerzo.

Para quienes se vayan a dormir en un ratico, un pensamiento positivo, amoroso, respetuoso, de unión con el Creador o la naturaleza.

Elsa Lucía.- Ese pensamiento es decirle a Dios: Entrego todo aquello que hice en tus manos, incluso los errores. Cuando uno es capaz de entregar los errores se está liberando de uno de los principales malos hábitos, que es la culpa.

La fuerza de voluntad es la que sirve para iniciar un cambio, pero es insuficiente para perpetuarlo, pues por mucha que se tenga, tarde o temprano flaquea. Es el crear hábitos lo que nos da la comodidad de hacer nuevas cosas sin permanecer en el esfuerzo con todo su desgaste. Así como creamos hábitos insanos que volvimos normas de comportamiento en la vida, así mismo podemos hacerlo en la otra dirección. Es solo cuestión de adecuada motivación sin perder el disfrute, teniendo, eso sí, muy claro el objetivo.

HISTORIAS
DE VIDA

*De la teoría a
los hechos*

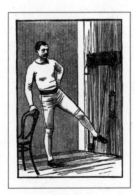

ESTA ÚLTIMA PARTE se basa en tres de los programas que durante el último año hemos realizado en sanamente cada viernes. Son conversaciones directas con pacientes, realizadas por Vanessa Ortiz y el equipo de producción, en las que nos cuentan su historia personal y la manera como han afrontado su vida y sus dificultades.

El término «paciente» proviene del latín *patior, pateris, passus sum*, que significa padecer, y se le designa así a la persona que padece un sufrimiento o una enfermedad. Pareciera más simple asociarlo al que espera por su curación o incluso por los largos períodos que pasa en las antesalas de una consulta o procedimiento médico. Sin embargo, mi maestro y amigo, el médico Jorge Carvajal, usando el lenguaje simbólico, lo define como «el que paz siente». De ser posible esto último, retornará el bienestar de aquel que padece y espera en paz interior, tomando las riendas de su propia vida, trabajando de manera activa en su proceso de recuperar su salud perdida y delegando en el terapeuta lo que le corresponde sin perder el control ni la responsabilidad de su propio bienestar.

A lo largo de los años he visto que los pacientes que logran afrontar y salir avante de cualquier tipo de padecimiento cuentan con tres condiciones esenciales: la propia fuerza interior, las terapias con los terapeutas adecuados y el apoyo de alguna persona que ya recorrió el mismo camino. Son puntos en común. Para tener activa esa propia fuerza interior, que se relaciona con la confianza en sí mismo y que se sustenta en una fortaleza espiritual, el apoyo y el amor de la pareja y/o la familia y/o los amigos son esenciales. Lo anterior actúa de manera directa sobre la terapia bien escogida, la cual no se puede separar de un terapeuta que conozca y comprenda bien al paciente y su enfermedad. Por último, los consejos de alguien que antes recorrió el mismo camino y logró superarlo se convierten en un apoyo inigualable para aquel que durante su sufrimiento se siente generalmente incomprendido por su grupo cercano.

Por años he visto cómo los pacientes validan por igual, e incluso en ocasiones más, los consejos de pacientes que han superado el mismo padecimiento que los de su terapeuta profesional. Prueba de ello es cómo siguen con toda confianza diversas terapias encontradas en Internet, algunas poco sustentables, sin importar los esfuerzos y dedicación que ello conlleva. Por esto es que acostumbro a pedirle a muchos de mis pacientes antiguos que «apadrinen» a los que recién empiezan un padecimiento, convirtiéndose de manera gustosa en los mejores maestros para quienes apenas inician el mismo camino.

Con esta última parte quiero que los lectores completen las tres condiciones descritas, para que con todas ellas superen sus dificultades en salud. Esta obra es una invitación a lograrlo.

EL GERMEN
DE LA VIDA

Ya hace 21 años que Consuelo Bedoya siente el alma más limpia y el cuerpo más honrado. Todo empezó el día en que decidió dejar de alimentarse del que para ella parece ser el cuarto enemigo del hombre: la carne.

Pero no la que seduce al ser humano con las dulces tentaciones de la lujuria y los excesos, sino la que proviene de animales vivos, la que cubre sus huesos. Para ella fue una decisión sencilla. «Simplemente dejé de comerla y mejoró mi salud», dice.

Al darse cuenta y sentir en carne propia –y que valga la expresión– los beneficios de ese natural cambio de vida, tomó entonces la trascendental resolución de conocer aún más los secretos de esta providencial gastronomía y de hacérselos saber a los demás. Ya lleva once años de haber comenzado a investigar los comestibles vegetarianos con tanto rigor y éxito que ya publicó su primer libro de recetas, escrito en compañía de su amiga Sandra Figueroa: *Cocina Vegetariana: 500 recetas*. Como afirma su título, contiene 500 apetitosas fórmulas que rinden homenaje al cuerpo y literalmente alimentan el alma.

Un día, sin embargo, se planteó otra alternativa vital: por qué no darle la oportunidad, a quienes van a venir a este mundo, de aprender las ventajas que tiene aquel tipo de alimentación. Y se sentó a escribir, con su socia literaria, el libro *Vegetarianos desde el embarazo*, dirigido a las madres que deseen inculcar en sus futuros hijos la nutrición sana.

Algo que deben hacer incluso sin saber que serán procreadoras. «Las mamás deben prepararse hacia la limpieza de su cuerpo desde antes de quedar embarazadas», advierte la autora.

Y para ello, el primer consejo que les da es basar su alimentación en los cereales. «Son el germen de la vida», dice. Ellos, unidos a vegetales, frutas y semillas, por ejemplo, garantizarán que el bebé que va a nacer al menos conozca esta alternativa saludable y no la rechace cuando deba enfrentarse a la tentación del mundo de la carne, las gaseosas y los dulces.

«Hay que alimentarse con quinua, por ejemplo, que es un cereal empleado por nuestros ancestros indígenas y que tiene maravillosas propiedades para el bebé», señala Consuelo. Pero también recomienda el amaranto, la cebada, la avena, el trigo, el maíz, el arroz, el mijo...

Un plato de unos 200 gramos de cualquiera de estos cereales cocinados, siempre acompañados de leguminosas y proteínas como fríjol o lenteja no solo es nutritivo sino muy sabroso.

Los bebés, en cambio, pueden empezar a comer cereales desde los tres meses de edad, si no lactan o seis si lo hacen. «Así aprenden a conocer toda esta maravilla de sabores», afirma la especialista en cocina vegetariana.

La clave, luego, es empezar a darles frutas, siempre variando el menú no solo para que pueda conocerlas sino para ver si alguna les puede causar alergias.

Otra de las advertencias que hace la escritora es no temer que abstenerse de darles carne les pueda causar daños o retrasos en el crecimiento, como creían las abuelas. «Un niño vegetariano de nacimiento tiene grandes ventajas: su cuerpo está libre de toxinas animales y su temperamento y espiritualidad son más desarrolladas. Es un niño en paz», dice. Y agrega: «Son pequeños que se vuelven deportistas y buenos estudiantes».

Para Consuelo Bedoya, estas ventajas de la comida vegetariana deben complementarse no obstante con otras actitudes positivas. Son ingredientes que completan el círculo de una buena alimentación. «Primero que todo, es preciso organizar los horarios para que los niños coman a las mismas horas. En segundo lugar, nunca hay que cocinar con afán, sino con amor», añade ella. El tercer consejo es el más importante: además de planear hay que acompañar. Comer en familia es una de las actividades más saludables que pueda haber, si no la más. «No es solo el plato de comida, sino el ambiente, y la fórmula mágica es la compañía», sentencia.

Y ahora lo más suculento: sus recetas generales. «El desayuno siempre debe tener frutas, pero sin mezclar ácidas con dulces, cereal y una proteína fuerte, como queso de soya o salchichas vegetarianas», aconseja ella. La lonchera de los niños debe contener también frutas y galletas hechas en casa con maní, ciruelas o ahuyama. Nunca paquetes, según propone la experta.

A la hora del almuerzo hay que sorprender a los pequeños con verduras con una presentación divertida, acompañadas de arroz, quinua o cus cus. «Lo mismo pasa con la merienda: debe ser alegre y conformada por ejemplo con batidos de helado hecho en casa o tortillas de maíz», indica.

La cena, a su turno, debe ser liviana. Una torta de queso con leche de soya es una opción.

Todo lo anterior, desde luego, debe ser consultado con el pediatra. Pero eso sí, lo primero y fundamental es quitarse de la cabeza las ideas erróneas del vegetarianismo. «Es que no es solo comer hojas verdes», concluye.

EL PODER DE LA ENERGÍA

Postrada en una cama de hospital, Gina García apenas tenía fuerzas para mirar su propia fotografía y descubrir que no se conocía. En la superficie de colores del papel se hallaba una muchacha feliz y llena de esperanzas, y en cambio ella se sentía moribunda a los 33 años, con el cuerpo desgastado por la leucemia y a punto de abandonar la lucha. «Ya no tenía fuerzas», recuerda.

Sin embargo, al volver a mirar aquel rostro cargado de vida pudo advertir que la agonía, poco a poco, empezaba a ceder. El consejo de un amigo, el médico Santiago Rojas, de recordar su imagen de mujer deseosa de vivir y abierta al futuro, obraba el efecto deseado. «Una nueva energía interna comenzó a nacer. Me di cuenta de que contaba con la fuerza suficiente para salir adelante: volví a creer en mí», dice.

Era el renacer de una batalla contra el cáncer que creía perdida. Todo comenzó hace unos años, cuando vivía con su esposo en Canadá y le había apostado al porvenir en ese país. Una visita al ginecólogo para saber si podía tener hijos cambió la luz por las sombras. «Al hacerme un examen de sangre, nuestra médica de familia descubrió trazos de anemia aplásica, que no es sino el desarrollo incompleto o defectuoso de las líneas celulares de la médula ósea», cuenta.

La noticia, no obstante, no parecía tan grave y quedó opacada por otra más trascendental entonces: la muerte del padre de su marido, que obligó a la pareja a regresar a Colombia. Lo que no alcanzaron a prever era la tragedia que se cernía.

«Al aprovechar que estábamos acá, me hice otros exámenes –recuerda ella– que confirmaron el diagnóstico fatal: tenía leucemia». La noticia fue acompañada de los primeros tratamientos de quimioterapia y las primeras desilusiones de la vida. «El primero no sirvió para nada», señala ella. Las células malignas, en lugar de ceder, aumentaron.

Iban a ser seis sesiones, pero desde la primera ella empezó a desfallecer. «Al principio no entendía qué pasaba. El tratamiento en sí no era doloroso, pero la parte emocional sí: debía permanecer encerrada en un espacio muy pequeño en donde no pueden darte ni un abrazo… La vida empieza a no cobrar sentido», advierte.

En medio de los procedimientos conoció a quien iba a ser su psicóloga, Clara, lo mismo que al médico Santiago Rojas. Pero el pesimismo le mostraba su cara más terrible. «La única cura para mi enfermedad era el trasplante de médula. Entonces mi hermana se hizo los exámenes para ver si era compatible, pero no: apenas tenía un 50 por ciento de afinidad», reconoce.

Las siguientes sesiones de quimioterapia empezaron a hacer efecto contra la dolencia, pero ella se sentía enloquecer. «Apenas pasaba una semana en casa y de resto en aquella cárcel blanca», dice. Por fortuna estaban su familia y sus amigos. «Santiago, por ejemplo, me llenó de energía a distancia: me enseñó estrategias para luchar, como la de mirar una fotografía en la que estuviera feliz».

Las nuevas energías tomaron fuerza. «En esos momentos difíciles es cuando tú aprendes a conocerte y a quererte y a afrontar la situación. Y, o sales o te quedas», señala. «Ahí es cuando uno se da cuenta de que uno no vive consigo mismo y que piensa que se conoce. Es estar solo y hablar consigo mismo, y son palabras de aliento que le dicen a uno que la vida me sigue dando el espacio para continuar».

Después de cinco ciclos de quimioterapia empezaron a desaparecer células malignas, pero la solución seguía siendo el trasplante.

De modo que fue a la clínica Marly, en Bogotá, en donde desde hace un año se realizan estos procedimientos gracias a un convenio con un banco de médulas de los Estados Unidos. Pero no era nada fácil hallar una que fuera cien por ciento compatible. «Eso es como ganarse un baloto», dice ella.

Después de esperar y esperar, la sentencia de la clínica era devastadora. «Me dijeron que no había esperanzas. Que me dedicara a vivir cada día como si fuera el último porque en cualquier momento podría morir. Que no había ya opciones», anota.

Pero las ganas de vivir eran más fuertes. Viajó de nuevo a Canadá, país en donde realizan trasplantes con médulas de personas hasta de 90 por ciento de compatibilidad. Pero tampoco se pudo.

Cuando volvió con las manos vacías, la energía por fin se tradujo en resultados. «Yo no sé quién fue, si Dios o los ángeles. El caso es que el 4 de julio pasado en la clínica encontraron una persona que era 100 por ciento compatible».

«Todo llega en el momento en que tiene que llegar —dice ella, con una sonrisa esperanzadora—. Con la noticia, recobré la fuerza para volver a una clínica y descubrir que sí se puede, que sí hay de dónde sacar fuerzas… Ojalá mi historia sirva para que quien esté pasando por esto mismo sepa que es posible salir adelante».

La operación se realizó en la segunda semana de octubre del 2012 y es el final feliz de una historia linda, como ella misma la bautiza. Un adjetivo que muestra cómo es ella de positiva y de cómo la fe que tuvo en su recuperación le dio la energía suficiente para vivir.

Y para engendrar vida. «Yo quiero tener bebés. Carolina, mi psicóloga, también tuvo cáncer y ya tiene dos niños». El poder de la energía la acompaña.

EL VALOR DEL VALOR

Cuando el agua tibia empezó a recorrer su cuerpo y su mente estaba a punto de escapar libre por los vericuetos de sus pensamientos, Maria Lexy Mora sintió que quedaba paralizada y sin aliento. Una pequeña bolita que había palpado con la mano detuvo aquel trance cotidiano y feliz, para convertirlo en un instante de conmoción. «Aquí hay algo raro —se dijo— y no hay nada más que hacer: que pase lo que sea».

La noticia fue devastadora en la cita que tuvo con el médico unos días después: cáncer en el seno. «Es un momento que uno nunca espera en la vida, aunque yo ya lo presentía porque mi mamá lo tuvo casi a la misma edad», dice esta diseñadora gráfica de 51 años. La diferencia, según asegura, es el valor que tuvo para enfrentar el diagnóstico.

«Acepté la enfermedad, pues todas las personas tenemos algo que nos aterriza: lo mío era mi hijo de cuatro años. Mi mamá murió, pero yo no lo voy a hacer», recuerda.

Esa fuerza la acompañó durante la dolorosa batalla contra la enfermedad. La imagen de su niño estuvo presente en los exámenes, en las quimioterapias, en la operación para extraer la parte atacada. Pero además contó con el apoyo sentido de sus seis hermanos. «En esos momentos no salen las palabras, pero sí los abrazos», señala al recordar aquellas valiosas caricias que le salvaron la vida.

Enfrentar con valentía el destino no fue fácil. «Cuando se lo dije a mi pequeño, salió corriendo a esconderse. Tuve que sentarlo en la cama y contarle que aunque se me iba a caer el pelo, no dudara nunca que me curaría», afirma.

Hoy, cuando ya derrotó la dolencia, no duda que esa entereza la sacó adelante. «A través de los años pienso que todo ha sido una bendición: con la enfermedad uno retoma la vida de otra forma: fructifica momentos, aprovecha amistades y vive un cambio rotundo que devuelve la vida», dice. Su matrimonio, que por aquellos días estaba en crisis, se arregló. Su esposo se volvió también un apoyo incondicional.

«Es un momento de solidaridad que ayuda a afrontar la enfermedad. Gracias a ella cambió mi vida: me volví más tranquila y menos obsesionada. Empecé a cuidarme más», recuerda.

Eso sí, no deja de advertir que los primeros momentos son duros, y una mezcla de miedo y ansiedad. «Cuando me confirmaron la presencia de cáncer, yo pensé "Gracias a Dios me tocó a mí y no a una de mis hermanas. Este es un trance fuerte y tengo que pasarlo. Voy a sacar valor para hacerlo como sea"».

Ahora que ha dejado atrás la tormenta, la calma la emplea para pensar en cómo ayudar a otras mujeres. «Lo único que sé es que nosotras debemos cuidarnos. No descuidarse en palparnos los senos todos los días, acudir a los controles médicos. Es decir, querernos a nosotras mismas», dice.

Es la única forma de prevenir una dolencia que ha crecido considerablemente en los últimos años en Colombia. Actualmente, el 12 por ciento de las muertes por cáncer en el país lo tienen localizado en el seno.

«Sé que saber que una lo padece causa depresión. Pero yo sentí mucha valentía por mi hijo –repite–. Por eso yo no lloré durante el tratamiento, sino cuando acabó: era la alegría del triunfo», anota ella.

El ánimo que la invadió la hizo ser cada vez más solidaria con su género. Hoy trabaja con la Liga Colombiana contra el Cáncer, trabajo que combina con el de ser empresaria independiente. Tiene una microempresa pero además realiza estrategias de imagen corporativa para varias empresas. «Nunca me di por vencida. En medio del tratamiento me dije a mí misma: "No pasa nada: me pongo la peluca y salgo a trabajar"», recuerda.

Y, cada año, en octubre, es una de las más fervientes organizadoras del «Partido por la Vida», un evento en el que participan famosas mujeres del espectáculo y la farándula, que juegan un encuentro de fútbol dirigido a llamar la atención de la importancia de estar atentas ante la presencia de cualquier anormalidad en el cuerpo. «Que no "senos" olvide hacernos el examen, que no "senos" olvide hacernos la radiografía» es el eslogan de esta campaña.

En el partido por la vida juegan no solo las estrellas, actrices y cantantes, sino también otras favorecidas por la fortuna: las sobrevivientes. «Yo soy una de ellas», dice con orgullo.

Haber tenido el valor para sobrevivir le hizo además crecer. «Mientras miraba el techo de la casa, en medio de la enfermedad, le pedía a Dios volver a pintar: una de mis frustraciones». La petición fue concedida al parecer. «Ya he hecho seis exposiciones en la Liga y soy monitora de otras muestras. Me reencontré con el arte», dice.

Dos consejos tiene ella entonces para las mujeres. El primero es cuidarse: practicarse los exámenes anuales y amarse a ellas mismas. «El segundo es confiar totalmente en los designios de Dios: decir "estoy en tus manos" y confiar», advierte.

Por eso nunca sintió rabia con Dios. «aunque estaba muy asustada, nunca pregunté por qué esto me estaba pasando a mí —recuerda—. Sabía que tenía que vivir y que alguna señal me iba a decir que todo saldría bien».

Y remata con una frase del libro *La insoportable levedad* del ser, de Milan Kundera: «Lo que se repite es mudo y solo las causalidades nos hablan».